臨終行儀の歴史

―高僧往生伝―

岸田緑渓

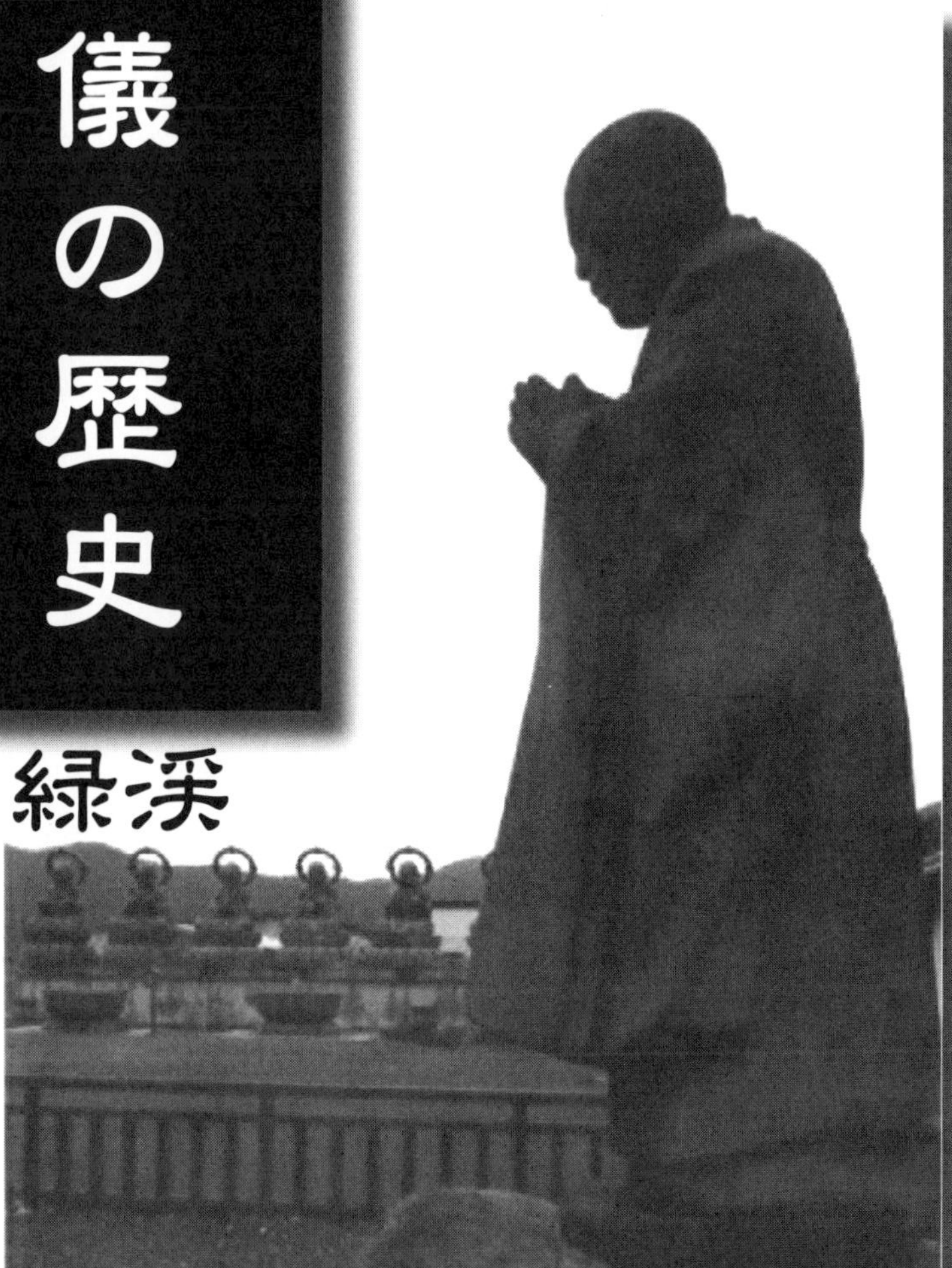

湘南社

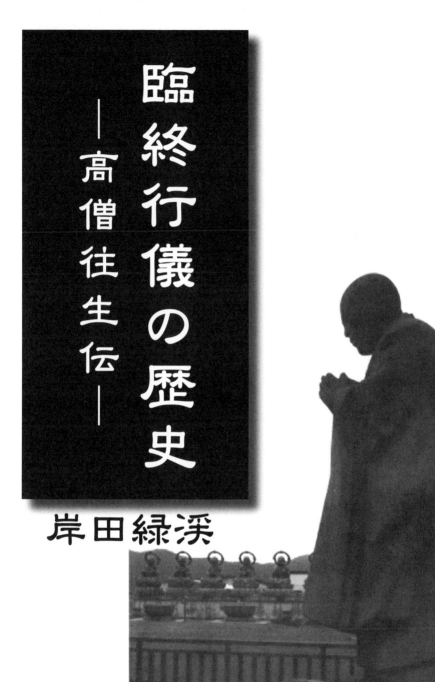

臨終行儀の歴史―高僧往生伝―　＊　目次

まえがき　「死にとうない」

仏教は「生・病・老・死」という人間の根本的な悩みを解決する教えとされます。なかでも「死苦」からの解脱が究極の問題です。仏教の修行をどれほど積んだ高僧といえども死は免れませんが、高僧と讃えられる偉い人ならば、凡人にはとうてい口に出せない悟りの言葉を辞世の句としてのこすはず、と期待されます。たとえば、九州は博多の臨済宗・聖福寺《しょうふくじ》を継いだ仙厓《せんがい》和尚（1750—1837）は書画に長けていただけでなく、その行実も諧謔に富み、一休さんの再来とも評されました。米寿を迎えた幕末の天保八年に没しましたが、今でも洒脱飄逸な人柄と作風は多くの人を惹きつけています。この人の臨終の言葉は有名です。

　禅僧はその生涯の最後が近づくと末期の言葉をのこします。漢詩形式で、遺偈《ゆいげ》といいます。遺偈は筆を持つぐらいの体力がのこされていなければ書けません。表現にも工夫がいりますし、内容も高僧にふさわしいものが期待されます。仙厓和尚の遺偈は「来時《らいじ》知来処《らいしょ》　去時知去処　不撤《てつ》手懸崖《けんがい》　雲深不知処」です（〔大意〕生まれるときにはその生まれてきた処を知り、死ぬときには死に行く処を知らねばならないが、一度崖から手を放してみなければ、雲が深く垂れこめているので知ることはできない）。この遺偈はいまわの際《きわ》の肉声とはちがい、おそらく絶命するまで間があったときに書かれたものでしょう。意識が混濁する以前のことです。

　ところで、仙厓和尚は「死にとうない」という臨終の言葉をのこしたそうです。この故事が史実かどうかは分からないのですが、仙厓さんなら言ったとしてもおかしくないとおもわれています。しかし、仙厓さんは高僧の誉れ高い人物です。難解な遺偈を書きのこし、仏法を深くわきまえているはずの和尚が、このような迷いごとを口走るとはどうしたことでしょうか。死に際にボケがひどく進んだのでしょうか。

この他に、仙崖さんの面目躍如の逸話として知られているのが、『仙厓語録』（三宅酒壺洞〔編〕）に賀句として収録され、『仙厓百話』（石村善右）の第四十四話に紹介されている逸話です。おめでたい内容の書を揮毫してもらいたいという黒田藩の重役の申し出に応じて、和尚は即座に「父死子死孫死」と書いたそうです。これが「賀句」とはお笑いです。依頼した人は顔をしかめたでしょう。「これでは家族がみな死んでしまう、縁起でもない」と。仙厓さんが言わんとしたのは「人間として生まれた以上、誰もが死を免れられない。それでも、親・子・孫の順番に死ぬのはこの世でもっともめでたいことである。これが逆さまであればとても困ったことになる」ということでした。この逸話にてらしても、「死にとうない」の末期の言葉は同じ坊さんが発したものとはおもわれません。自分のこととなると、命が惜しくて仕方がないのでしょうか。枕元に集まっていた弟子たちはわが耳を疑いましたが、仙厓和尚は再び「ほんまに死にとうない」と、言って、こと切れたそうです。どのようなつもりで「死にとうない」と言ったのかは分かりませんが、すくなくとも本音にちかい内容をもらしたのでしょう。

臨終の言葉にはとりすまさない、素顔の思いがこめられているはずです。あらゆる俗世の執着から離脱し、与えられた生命だけの存在になった境地で発せられた言葉のはずです。そうとすれば、「死にとうない」は宇宙の摂理そのものを示す言葉なのでしょうか。とにかく、執着心の狭い枠を飛び出した言葉でしょう。概して、高僧であろうとなかろうと、死に際に発せられる言葉は、仙崖さんと同じく、単純明快なものかもしれません。「ありがとう」などの言葉がよく聞かれるというのは、肉体の衰弱とともに、自我に執着する心が消え、他者への感謝の気持ちが強くなるからでしょうか。仏教では〈執着《しゅうじゃく》〉を避けるべきものとしますが、それは真実を見る眼を濁らせるからで、人生を回顧して総括することもできなくなります。

仙厓和尚は近世末期の人ですが、鎌倉・室町時代では一休宗純のように座禅したまま眠るように逝去したという死に方が知られています（『東海一休和尚年譜』八十八歳条）。一般に、「座逝《ざせい》」が禅僧の望ましい死に方だったようです。一休さんも座逝するさいに「死にとうない」と、言ったそうです（山田風太郎『人間臨終図巻』下）。これは仙厓さんの話を一休さんに当てはめた創作でしょう。類型化した高僧の臨終譚のようにおもえます。

平安時代末期から鎌倉時代初期に生き、七十三歳で死亡した西行の辞世の和歌が「願わくば花の下にて春死なん　そのきさらぎの望月のころ」であることはよく知られています。ところが、これは辞世の句ではなく、五十代から六十代のころの和歌とされます。「いまわのきわ」に発せられた素顔の言葉ではないようです。臨終にしては、あまりにも出来過ぎた耽美的な和歌のようにおもわれます。

平安時代後期から鎌倉時代にかけて成立した往生伝では、天台浄土教の影響をうけて類型化した臨終行儀がみられるのですが、死ぬ寸前に意識がもうろうとなった状態で発せられた高僧の言葉は、浅学の故に、筆者の管見には入ってきません。仙厓和尚の末期の言葉に近い「本音」に接することができないとすれば、残念です。往生伝では、念仏を唱えながら眠るが如く息絶える臨終が理想的なものとして語られます。たとえば、『拾遺往生伝』（巻中三二）の尼妙意の臨終は「唱念之間　如眠而終」（大意）念仏を唱えているうちに、眠るが如く絶命した）と、あります。

浄土往生を願う天台浄土教では「一心に阿弥陀仏を念じて、極楽往生する」ことが最大の眼目です。一心に念仏をして命を終える「臨終正念」が浄土往生に不可欠な要素、とされました。「臨終正念」のうちに死ぬ心境では、個人的な感情のこもった「本音」を語る余裕はなく、「今わのきわ」の言葉を聞くことは期待できません。

浄土教が導入されてからほぼ三百年後、末法・末世の意識が高まる平安時代後期には、浄土往生を切実に願う高僧たちは往生を確実にするための「臨終行儀」を熱心に行い、「臨終正念」のうちに仏菩薩の来迎を待ち望みました。実は、浄土往生はそう簡単にできるものではありませんでした。臨終にあたり、「紫雲」「音楽」「異香」などの瑞相があらわれなければ、浄土往生は保証されません。病状によっては、苦悶のために「臨終正念」ができないこともありえます。それだけに、往生を祈願する高僧の姿には切実な願いがこめられていました。「五色の糸を引く作法」や複数人の「善知識」（看護人）を枕元に付き添わせるのは、浄土往生を少しでも確実にしたいからです。全身全霊をもって浄土往生を祈願しても、往生の証《あかし》をえられず、号泣のうちに死亡した高僧もいました（『拾遺往生伝』巻下〔八〕、大法師頼暹《らいせん》）。「今わのきわ」の言葉が聞かれなくても、高僧の往生伝には切実な浄土願生の姿がみられるわけです。

「臨終儀礼」にも栄枯盛衰があって、導入時期にしても違いがあり、それは信仰の変化と連動します。たとえば、「五色の糸の作法」は平安時代後期の天台浄土教と深く結びついています。仏・菩薩の来迎思想が盛んになる時期です。源信、法然、さらには親鸞、一遍など、日本浄土教の祖師の「臨終観」はそれぞれの信仰にともなって内容が異なります。たとえば、法然・親鸞は「臨終正念」を重んじませんでしたが、法然には「天台浄土教」の影響がのこり、「内《ない》専修、外《げ》天台」という評価がつきまといます（本書第三章第一節を参照）。また、捨聖《すてひじり》の一遍にとって、「臨終正念」とは、『南無阿弥陀仏』と唱えて自分の心を捨てきったときでした（『一遍聖絵』巻第七第二十七段）。

親鸞、一遍は、ともに、肉身への執着と喪葬《そうそう》儀礼への関心を捨て去っていたことから、親鸞は「某《それがし》 親鸞閉眼せば、賀茂河にいれて魚《うお》にあたふべし」（覚如《かくにょ》『改邪鈔《がいじゃしょう》』第一六条）、一遍は「我（が）門弟に於《おき》ては、葬礼の儀式を整《ととの》ふべからず、野に捨てて獣に施すべし。但（し）、在家の者、結縁の志を致さんをば労《いろ》ふに及ばず」（『一遍聖絵』巻第十二第四十八段）（〔大意〕死後の葬礼の儀式を私の門弟は行ってはなりません。死骸は野に捨て、獣に施しなさい。ただし、在家の人たちが仏縁を結ぼうという意志をさまたげてはいけません」）という言葉をのこしたとされます。ただし、親鸞・一遍にしても、火葬にふされ、遺弟によってそれなりの墓所がつくられています。親鸞には笠塔婆、一遍には五輪塔が建てられました。

本書では、仮死状態からの蘇生を願うものとされる古代のモガリ（殯《ひん》）を起点に、中世浄土教を中心に「臨終行儀」の変遷を跡付けます（モガリは広義の「臨終行儀」とも解釈できます）。モガリ・浄土教の臨終行儀が近現代の「通夜」とどのような関係を持つのかが問題となります。モガリが通夜に変化したとする説がある一方、かつて生前に行われた臨終儀礼の多くが通夜儀礼のなかに採り入れられたのではないか、という問題もあります。

通夜儀礼の本義について、死者の霊魂の復活もしくは子孫への霊魂の継承とみられることから、浄土教の臨終行儀の意図とは重ならないという問題もあります。現行の通夜儀礼には複数の目的が混在しているようで、何のために行われるのか分かりにくくなっているようです。モガリ・浄土教の臨終儀礼と通夜のもつれた関係を解きほぐすことが本書の目的の一つです。

まず、序章で「臨終行儀」の歴史を概観したうえで、古代のモガリを起点に、浄土教の高僧たちの臨終行儀をたどります。平安中期から鎌倉末期までが中心となります。

本書で引用する源信の『往生要集』を含め浄土教に関係する聖教は、主に『浄土真宗聖典（注釈版）』（『注釈版聖典』と略します）、『浄土真宗聖典　七祖篇（注釈版）』（『注釈版聖典　七祖篇』と略します）、及び『浄土真宗聖典―原典版―解説・校異』（『原典版聖典―解説・校異』と略します）所収の流布本を利用しました。その他の史料については、該当箇所で注記します。

なお、本書では「臨終儀礼」と「臨終行儀」を、前者では個々の儀礼、後者では儀礼を総称したものとします。また、遺体を葬地に運ぶ際に執行される「葬送」儀礼を「喪葬《そうそう》」儀礼と区別して扱います。後者は死亡前後から追善供養までの儀礼一般を広く指す用語とします。さらに、地名は調査時のものとします。

「臨終行儀」の盛衰

「今わのきわ」、すなわち、生と死の中間状態ともいえる「臨終」で、今日、どのような儀礼が行われるのかを考えてみると、なかなか思いつくものがありません。せいぜい、死水《しにみず》を口に含ませる「末期《まつご》の水」が浮かぶくらいです。しかし、「末期の水」についても、それが絶命後に行われるのであるならば、厳密には「臨終行儀」とは言いにくいという問題があります。

さらに、「臨終行儀」は浄土往生のために行われるという認識が普通ですが、その趣旨の臨終行儀は平安時代前期まではみられませんでした。たとえば、『日本書紀』巻第二十九の天武天皇紀によると、天皇が発病したのが朱鳥《しゅちょう》元年（６８６）五月二十四日で、死亡は九月九日ですが、その間、川原寺《かわらでら》などで僧侶が『薬師経』や『観世音経』などを説き、病気平癒を願っています。六月十六日、「近頃、わが身は病む。三宝の功徳により身体の安楽を得ることを望む」（大意）と、飛鳥寺《あすかでら》の諸僧に平癒誓願を行わせました。延命・治療のための儀式はされても、崩御前に浄土往生を祈願する法会は一切みられませんし、臨終行儀らしきことも記録されていません。ただし、『日本書紀』舒明天皇紀十二年（640）五月および孝徳天皇紀白雉三年（652）四月に、『無量寿経』が講説された記事があって、浄土教典が大化時代頃の七世紀中葉には認知されていたことがうかがわれます。

なお、天武天皇のモガリでは、没後数日で殯宮《もがりのみや》が建てられ、九月二十四日にモガリ（仮埋葬）に入り、ここに遺体が安置され、二年ばかり経ってから、持統二年（688）十一月に大内陵《おほちのみささぎ》に葬られました。モガリが衰退するのは七世紀以降で、元明《げんめい》天皇（661―721）からは、喪葬儀礼に仏教色が強まります（和田萃『日本古代の儀礼と祭祀・信仰』上 40頁）。しかし、浄土往生を願う臨終行儀が執行されるのは第三世天台座主・円仁（慈覚大師〔794―864〕）の頃からだったようです。

和田萃氏（『前掲書』上 第I章第二）によると、飛鳥・奈良時代の天皇・豪族については、死の儀礼としては、「殯斂《ひんれん》（モガリ）儀礼」「葬送儀礼」「墓前儀礼」「追善儀礼」などが行われました。天武天皇が死亡した白鳳時代には、まだ極楽浄土に往生することを説く浄土思想が根付いていなかったことから、仏教的な臨終行儀はみられません。

モガリについては、生死不明の仮死状態の者に対し蘇生を期待して行われた儀礼とする説が有力です（折口信夫「大嘗祭の本義」『折口信夫全集』第三巻 197頁／和歌森太郎「大化前代の喪葬制について」（『古代史研究』第4集〔古墳とその時代〕第2）68頁／井之口章次『日本の葬式』16頁）。仮死者を「蘇生」させる目的で儀礼が行われる場合は、死が確定する以前の臨終状態で行われることから、広義の「臨終行儀」とみなせるでしょう。つまり、「臨終行儀」とは、本来は、死が迫ってから、死が確認されるまでの間に行われる儀礼の総称といえるでしょう。古代人にとっては、死体が原形をとどめている間は、その者の「死」を認め難かったとおもわれます。すなわち、モガリの期間がそれにあたり、蘇生儀礼が行われました。

ただし、モガリの本義は「仮死からの蘇生」とされますが、狭義の仏教臨終行儀の目的は「浄土往生」で、両者は正反対の方向にむかいます。「この世」への生還と「あの世」への往生です。なお、戦後しばらくまで、臨終の病人を生き返らせるために、その名前を呼ぶ、「魂呼《たまよ》び」という民俗がみられましたが、これなどは「モガリ」儀礼と類似する臨終儀礼といえるでしょう。柳田國男氏（『葬送習俗語彙』一、喪の始め）は、いったん呼吸が止まっても、それだけではあきらめきれず、死を認めるまでに若干の期間があって、それから「喪」にはいるのが常態であったとし、その間に「魂呼ばひ」（伊豫喜多郡では「人呼び」）を行う民俗を報告します。この「魂呼ばひ」はモガリで儀式化されています。五来重氏（『五来重著作集』第十二巻　**Ⅲ葬儀論1**—２）は「魂呼ばひ」を死者への鎮魂儀礼とみなすことから、蘇生呪術とは考えず、これを臨終儀礼とすることに否定的です。しかし、「魂呼ばひ」の蘇生説は多くの学者に支持されているので、この儀礼を含むモガリ儀礼には臨終行儀の意味合いがある、と考えることが可能でしょう。なお、モガリの「魂呼び」儀礼は『日本書紀』で「発哀《みね》・慟哭《どうこく》」などと書かれます。

浄土往生のための「臨終行儀」が本格的に導入されたのは平安時代中期からですが、この臨終行儀の原型は中国の唐代にさかのぼります。唐の道宣《どうせん》、善導《ぜんどう》が説く臨終行儀を日本に紹介したのが碩学で高名な天台僧・源信で、その著書『往生要集』が臨終行儀の成立に多大な影響を与えました。「浄土教」では極楽浄土に往生して成仏することを願うのですが、源信は比叡山延暦寺の大御所で、この流派を「天台浄土教」と呼びます。法然・親鸞・一遍などの教えはこれより派生しました。とくに、親鸞系の「浄土真宗」（以下、「真宗」と略します）は中世後期から大勢力を占めるようになりました。真宗第八代宗主・蓮如（１４１５—１４９９）は中興の祖として教勢をひろげ、浄土教信者（門徒）を飛躍的に増やし、領主勢力を圧倒して、一国を支配するほどにまで教団を成長させました。一遍門下の「時衆」については、戦場で討ち死にする武士のために往生を保証する「最後の十念」を与える陣僧が多かったとされます。ただし、「時宗」は中世後期から衰退し、その所属寺は江戸時代には最盛期の百分の一に激減しました。

近現代では、『往生要集』の臨終行儀はほとんどみられません。その理由は追々論考しますが、五来重氏（『前掲書』

第十二巻　166頁）は、一つには、『往生要集』などで説かれる臨終行儀は僧侶や貴族などの上流階級が行ったものだったので、一般庶民には縁が遠かったのではないか、と考えているようです。確かに、臨終の場に往生行儀の心得をもつ看病人を招き、あの世に行く準備を内面・外面ともに整えるのは、生活に余裕のある階層でなければ、極めてむずかしかったでしょう。しかも、中世の看病指南書には臨終の場に控える看病人は三人がよいとするものもあります。良忠（１１９９―１２８７）の『看病御用心』や覚鑁《かくばん》（１０９５―１１４３）に仮託された『孝養集《きょうようしゅう》』がその代表です（後者は鎌倉時代から室町時代初期にかけて成立）。奥付に正和三年（１３１４）の年紀が書かれている中世の絵巻『融通念仏縁起』（正和本の下巻第十一段）に、名主の娘の臨終場面が描かれていますが、付き添って念仏を唱える僧は三人です。富裕層の臨終です（図①）。

　やはり、富裕層の話ですが、『今昔物語集』（巻第二十七第三十六）に「夜ふけ、はるか西の方から、多くの人が鉦《かね》をたたき、念仏を唱えながらやって来た。松明をともしていた。なかには、多くの僧がいて、鉦をたたき、念仏を唱

図①　『融通念仏縁起』正和本下巻　第十一段（クリーブランド美術館蔵）
「名主の娘の臨終」

えていた。棺を埋め、葬儀がすっかり終わり、それから下人たちが墓を築き、その上に卒塔婆を立てるのを見た」（大意）とあります。野辺送りで、念仏を唱え、鉦をたたく風習が平安末期に定着していたようです。さらに、『融通念仏縁起』にみられるのと同じように、臨終行儀をしたのであれば、念仏を唱えるぐらいのことはしたでしょう。この時代は天台浄土教の最盛期だったとおもわれます。なお、墳墓を築いたとありますが、これは『一遍聖絵』巻第五第十九段にみられる一遍の祖父・河《こう》野《の》通信《みちのぶ》の塚（土饅頭）を小型にしたようなものであったでしょう。一遍はここに卒塔婆を建てなかったようです（図②）。

他方では、平安時代の京都では、重病の使用人が往路に運び出されたという記録もあります。『今昔物語集』（巻第二十八第十七）に、読経僧が「どうせ死ねば大路にすてられるのがおちだ」と嘆く話がのせられています。藤原道長（1027年没）が、狂言自殺を試みたこの下級僧の話を耳にして、笑ったとも書かれています。道長の読経僧ですら死ねば大路に捨てられてしまうといった状況もあって、十世紀に「二十五三昧会」という喪葬扶助組織が天台僧を中心に結成されます（本書第二章第三節）。主家の屋敷の外に捨てられるのは死穢に感染することが嫌われ

図②　『一遍聖絵』巻第五第十九段（神奈川県・遊行寺蔵）
「聖塚」

たからでしたが、この結社は触穢を厭わず、病中の看護を含め、喪葬の雑事に最後まで従事するのが結縁衆の義務とする規定をもちます（『横川《よこかわ》首楞厳院《しゅりょうごんいん》二十五三昧起請《きしょう》』八箇条の第五条）。なお、死穢観はとくに院政期から鎌倉時代にかけて強まります（井原今朝男『史実　中世仏教』第2巻　227頁）。庶民を葬るさいに、死体遺棄のような処置法が少なからず室町時代まで続いていたようです。貧しく縁者に恵まれない階層では、看護人が付き添う臨終行儀は夢のまた夢であったでしょう。遺棄された死体の状態は『餓鬼草紙』（疾行《しっこう》餓鬼《がき》）に描かれています。平安時代末期の墓所を描いたものでしょう。わずかに遺体のそばに食器らしきものがころがっているので、まったく供養がされなかったわけではないようです（図③）。

それでも、貧しい庶民ですら、極楽往生を願って、阿弥陀如来像の建立のために、わずかであっても、浄財を布施した記録が残されています。たとえば、平松令三氏（『聖典セミナー「親鸞聖人絵伝」』152―153頁）によれば、法然上人没後一周忌を縁として造像された仏像の胎内に勧進名簿が残されていて、貴族・皇族から庶民に至る四万六千名にも及ぶ人名が記録されていました。その勧進の願文は、法然の高弟だった勢観房源智《せいかんぼうげんち》が書きました。「もし、この中の一人、先に浄土に往生せば、忽ちに還り来たりて残衆を引き入れ」（〔大意〕もし、結縁の人々のうち一人が先に極楽浄土に往生すれば、すぐにこの世に帰ってきて、残った衆生を浄土に引き入れよう）という還相《げんそう》回向《えこう》的な発想がこの願文にみられます。「還相回向」とは、先に浄土に往った者が再びこの世に戻り、人々を仏道に向かわせる、という考えです。また、「一人一切人、一切人一人」（一人は万人のため、万人は一

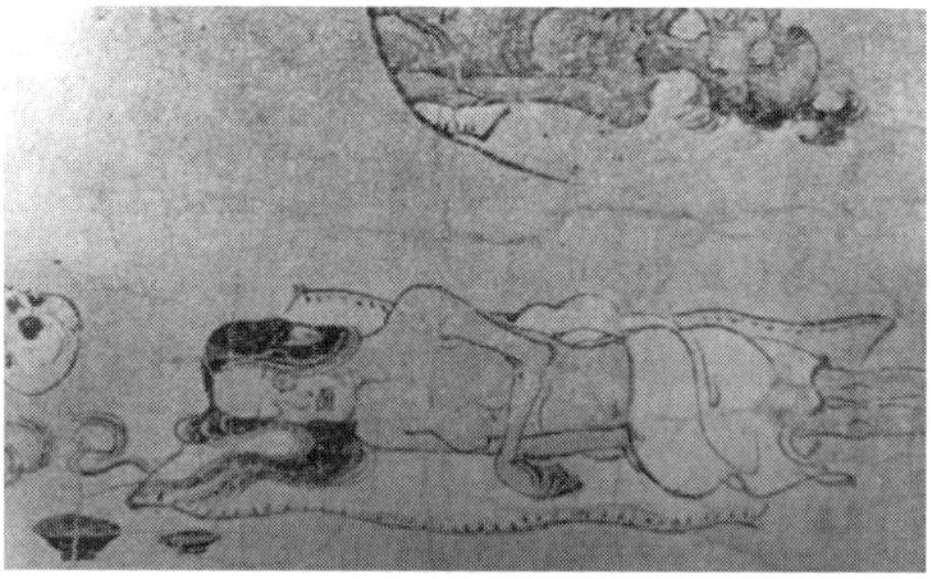

図③　『餓鬼草紙』第四段
（河本家本・東京国立博物館蔵）
「疾行餓鬼」

人のため）という融通念仏的な発想もあって、貴賤老少・道俗男女がともに助け合って浄土往生を願う勧進に参加しました。それにしても、法然の人気は絶大なるものがあります。

さらに、井原今朝男氏（『史実　中世仏教』第1巻　128―130頁）によれば、兵庫県鶴林寺の行基菩薩像の胎内にあった勧進名簿には、一般庶民の寄進が記録されているのですが、「モミ女」という記載が五十人以上も続く部分がみられるのだそうです。銭を寄進できない貧しい女が籾米を布施した記録です。この勧進名簿には「文明十八年」（1486）の記入があります。

このような貧しい階層がどのような臨終行儀をしたのかは不明です。単に、念仏を唱えるぐらいだったのでしょうか。あるいは、「枕直し」に類する儀礼や「魂呼び」をしたのでしょうか（「枕直し」は、本来は、臨終で行われました）。経費や手間がかからないのであれば、簡便な儀礼を行ったとしても、不自然ではないように思われます。一般庶民に念仏が普及しはじめたのは天慶《てんぎょう》年間（938―947）からで、空也（903―972）が声を出して「南無阿弥陀仏」と唱える口称念仏をひろめた、とされます。空也の時代では、民衆には意味不明の「真言念仏」が密教の験者《げんじゃ（ざ）》によって唱えられ、また、高度の精神統一を要する「観想念仏」が上流階級で重んじられていました（本書第二章第一、第二、第三節）。

臨終行儀が廃《すた》れた、もしくは、一般に普及しきれなかった要因について、経済的な問題だけではなく、本書第三、第四章で論考しますが、信仰に関連した部分が少なからずあるようにおもわれます。法然・親鸞・一遍の浄土教がこれに絡みます。

臨終行儀は生前に執行された

五来重氏（『前掲書』第十二巻　140頁、170頁）は、臨終行儀の痕跡は「安楽死」「末期の水」「逆さ屏風」

にわずかにみられるだけ、と指摘します。しかも、このうち「逆さ屏風」は平成年間では廃《すた》れました。「安楽死」のために「千巻心経」（『般若心経』をたえまなく読誦）にはげむのも同様でしょう。また、「末期の水」は死亡前ではなく、死亡後にされる傾向がみられます。すでに指摘したように、死亡後に行われる儀礼は、正確には「臨終行儀」とはいえません。現代では、かつて臨終時に行われた儀礼が死後に行われるようになり、死亡前にはほとんど儀式らしいことはしません。

　戦後では廃れましたが、「魂呼《たまよ》び」という蘇生儀礼が全国的に報告され、「末期の水」と同じく、臨終や死亡直後に行われました。たとえば、三重県浜島町、松阪市などでは、臨終の人の名を井戸の底に向かって呼ぶ習わしがみられたのだそうです。また、絶命後であっても死者を「蘇生」させる目的で「魂呼び」が行われることもありました。三重県阿山町では産死の場合、当人の赤い腰巻を屋根に上げ、「帰って来い」と三度叫んだなどの例があげられます（堀哲「三重県の葬送・墓制」『近畿の葬送・墓制』）。三途の河を渡る前であれば、生き返ると信じられていたそうです（柳田國男『葬送習俗語彙』一、喪の始め）。

　そもそも、臨終にはある程度の時間の幅があって、知らぬ間に息絶えていたという場合もあります。臨終行儀が生前だけでなく死後にも行われる理由です。また、臨終行儀のなかにはその意義が複数にわたるものがあります。たとえば、かつては生死の判断がむずかしかったので、死を確認する意味もあって、「魂呼び」をすることもありました。「魂呼び」をして反応がなければ、死亡したことになります。産婦が気絶しかかると、その名を呼んだりしましたが、これには正気に戻す実用的な意味があります。これは「ヨビカエシ」などともいいます。ただし、番傘をさして屋根に上る動作をともなう場合は呪術的な作法となります（福井県三方町遊子《ゆうし》）。番傘をさすのには、遊離していく霊魂を傘の内側に包む意味があるのでしょうか。

　なお、「魂呼び」は今では廃れた「哭女《なきめ》」（泣女）による「号泣儀礼」と類似します。「哭女」はかつて海沿いの村落でみられた習俗で、出棺時や葬列で故人を悼んで大声で泣きました。哭女習俗は「魂呼び」と混じりあい、泣きながら故人の名を呼ぶことも少なくなかったでしょう。

「魂呼び」が記録されるのは古くは十一世紀の貴族（藤原嬉子《きし》（1025年没））の死亡直後です。庶民にもこの儀礼が定着していた可能性はあります。その目的は「蘇生」「死の確認」、さらに「鎮魂」だったようです。なお、「魂呼び」の「鎮魂説」をとる五来重氏（『前掲書』第十二巻　226頁）は、蘇生のためではなく、死者の荒ぶる魂を鎮めて、共同体を安全にする意味がある、とします。

藤原嬉子の場合、『栄花物語』（巻第二十六）によると、「魂呼び」の招魂作法は「蘇生」を願って「限り」（臨終）で行われました。さらに、死亡して一晩過ぎてから、枕を直し、几帳や屏風の表と裏を逆にして立てています。死後すぐに「枕直し」などの臨終儀礼がされなかったのは、蘇生の希望をなかなか捨てきれなかったからでしょう。

新村拓氏（『死と病と看護の社会史』第四部第二章二）によれば、平安時代後期、北枕にする臨終作法（「枕がへし」）を行うと、死が決定し、もはや生き返れないと意識されていたそうで、死が確定されることを恐れ、息が絶えてからも「枕がへし」をせず、入棺に及ばないこともありました。ただし、「枕がへし」をしなくても、死体の色が変わるようになれば、死を覚悟せざるを得ません。このように、いったん臨終行儀として認知された儀礼は、生死不明とみなされる状態では不吉なこととして避けられ、死が確定してから行われるようになった、と考えられるでしょう。

また、一定期間、死者を仮に安置する「殯斂《ひんれん》儀礼」（モガリ）にも「魂呼び」と類似する儀礼がみられました。『日本書紀』のモガリ儀礼「発哀《みね》」です。民俗の哭女《なきめ》による「号泣儀礼」も「発哀」に類似します。しかし、モガリの号泣儀礼が衰退し、その残存形として「魂呼び」や哭女習俗が行われるようになったとは断言できません。

古代モガリの「発哀」の意味についても、仮死者の「蘇生」のための儀礼とする説が有力です（『日本書紀』の

「発哀」については、本書第一章第一節で扱います)。「仮死状態からの蘇生」がモガリの意図であるとすれば、モガリを広義の臨終行儀とみなすことが可能です。なお、前項でふれたように、五来重氏(『前掲書』第十二巻 **Ⅲ葬儀論1** 三「民俗の臨終儀礼」)は、モガリを「鎮魂」儀礼と考え、「蘇生」のための臨終儀礼とはみなしていません。

七世紀以降にはモガリは衰退し、現行民俗の「通夜」がモガリの遺風・残存形に当たるともいわれます。「モガリ」と「通夜」に類似した儀礼があらわれるのはそのような理由からであろう、とされます(五来重『前掲書』第十二巻 Ⅳ一 2「殯と通夜」)。この説は魅力的ですが、確証に欠けます。追々、この問題にふれます。

仁明、清和、醍醐、後白河、北条義時の臨終

序章冒頭で、天武天皇(686年没)の崩御についてふれましたが、この頃には、仏教の臨終行儀はまだ導入されていなかったようです。さらに、平安時代初期、嘉祥三年(850)三月、四十一歳で死亡した仁明《にんみょう》天皇(810—850)は、『続日本後紀』(巻第廿)によれば、病弱で、死亡の年の二月一日に「不予」(病気)、病状重く、諸寺で誦経《じゅきょう》が行われ、延命法が修されています。疲弊・衰弱してきたので、天皇の床を囲んで僧が加持を行い、二月十五日より紫宸殿で三日にわたり六十人の名僧が大般若経を転読しています。三月五日にも名僧百人を呼び、転読させせました。十一日に受戒しましたが、十六日には瀕死となり、多くの名僧がたえまなく呪言を唱え五体投地をして誓願しています。三月十九日、天皇は戒律を誓授し、多くの皇子が出家入道しましたが、二十一日に清涼殿で崩御しました。このように、仁明天皇の場合、修法による治病の記事は多いのですが、臨終行儀らしい記事はみられません。

ところが、清和天皇(850—880)については、『三代実録』(巻第三十五~三十八)によると、在位十九年で後の陽成天皇に譲位してから、元慶三年(879)五月八日に権少僧都・宗叡を戒師として出家したのですが、

病が重くなり、元慶四年十二月四日に三十一歳で死亡。出家入道していたからでしょうか、臨終にあたり、近侍の僧などに金剛輪陀羅尼を誦させ、正しく西に向かい、結跏趺坐して、手には結定の印を結んで、崩御したとあります。念珠を手に掛けて、まるで生きているかのように不動の姿勢だったそうです。遺言により、火葬した後、山陵《みささぎ》をつくらず、挙哀《きょあい》素服を禁じました。挙哀とは「発哀《みね》」ともいい、参列者が悲しみの声をあげる儀礼です。モガリの儀礼に由来します。「素服」は無地の白色喪服で、ある期間が過ぎると、祓いをして河などに流します（増田美子『日本喪服史　古代篇』88頁）。清和天皇の臨終行儀は密教の影響が強いのですが、西方浄土に往生することも意識されていた、と考えられます。この頃は、病弱な天皇が続き、密教修法が重んじられました（速水侑『呪術宗教の世界―密教修法の歴史―』62頁）。

醍醐天皇（８８５―９３０）も出家してから間もなく、延長八年（９３０）九月二十九日に西枕右脇で崩御し、十月一日、沐浴の後、埋葬用の装束を着させ、入棺に及び、葬送は十日で、葬列の先頭には僧四十人が立ちました（『吏部王記《りほうおうき》（増補）』史料纂集㊴）。ここでは、生前の臨終行儀をうかがわせるのは「西枕（西首）」だけで、死後に「沐浴・浄衣」の儀礼がみられます（「西枕」については、本書第四章第二節の**【伝絵・絵伝に描かれた臨終】**参照）。なお、十月十一日条に、葬列が進む道筋の両側にある八十六ヶ寺は幕を張って僧が鉦を鳴らして念仏を回向した、とあります。

西方浄土への往生を願う臨終行儀が密教修法と混じりながらもかなり濃厚に行われ始めたのは、第十五世天台座主・延昌（９６４年没）からでしょうか。天台浄土教の隆盛期に先行すること三十年程前です。『吏部王記』の天暦六年（９５２）八月二十日条によれば、朱雀天皇の葬送でも、午後十時頃、陵所の諸寺は道の両側に幕を設け、念仏を回向したとあります。「このころから貴族のあいだで臨終・葬送の念仏が一般化し、病者の容態が悪化して臨終をむかえると病気平癒を祈っていた験者の僧に代わって念仏僧が参入し、臨終念仏を唱える」とあって、浄土教の臨終行儀は少なくとも上流階級では定着したようです（高取正男「本来的な世俗的宗教」『民衆史の遺産』第二巻）。

また、寛弘八年（１０１１）六月二十二日に没した一条天皇の臨終について、『権記』（六月二十二日条）によると、一条院は臨終で時々念仏を唱えていたそうですが、近くに伺候したものが念仏を唱えて極楽への往生をねがい、上席の僧が臨終の正念をさまたげる魔障をはらうための加持を行いました。堀一郎氏（「民間信仰に於ける鎮送呪術について」『民俗學研究』第三輯）は、「念仏が死者靈を極樂に廻向すると共に、別に魔障を追う呪法としての機能が認められている点」に注目します。『栄花物語』巻第二十五によれば、万寿二年（１０２５）七月九日に小一条院《こいちじょういん》の女御・寛子が死亡し、葬送は十一日でしたが、葬列の先頭に松明を一本かかげ、御前僧（葬列の前に立つ念仏聖）の一団が「南無阿弥陀仏」と大声で唱えたそうです。なお、中世に下りますが、貧しい庶民階級がわずかな布施を差しだすことによって浄土往生の縁を願った記録はすでに紹介しました（十三、十五世紀）。口称念仏によって浄土往生するという法然門流の信仰がこの頃には幅広く浸透していたようです。

鎌倉時代では、『吾妻鏡』第十一（建久二年（１１９１）閏十二月廿七日条）に、後白河法皇がこの月の中頃から下痢と不食が重なったため、幕府として潔斎し、法華経を読誦して祈願した、とあります。翌、建久三年二月四日の記事では、病状悪く、法皇の身体が腫れたので、将軍家はしばしば祈祷し、秘蔵の剣を石清水宮に寄贈したのですが、二十二日には危篤に陥りました。三月十三日、午前四時頃、腹水がひどく、崩御。善知識として本成房上人を呼び寄せ、高声の念仏七十返、手に印契を結び、臨終正念して、居ながらに眠るが如く遷化しました。十九日に初七日を迎え、幕府として仏事を修し、また七日ごとに潔斎・念誦をした、とあります。なお、法皇は嘉応元年（１１６９）に出家しています。

『吾妻鏡』第廿六（貞應三年（１２２４）六月）に、第二代執権・北条義時（１１６３—１２２４）の臨終行儀について記録があります。六月十二日条に　義時の病悩が記されています。このところは心身に不調が生じていたものの、特段のことはなかったのですが、今度はすでに危急に及んだので、陰陽師を呼び寄せ、卜占させたところ、「大事はない、軽快する」とのことでした。それでも、各種の御祈祷を始めていますが、時が経つにつれて、ますます重態となりました。十三日には臨終に及び、剃髪しました。前日の朝から、弥陀の宝号を絶え間なく、最期の時まで唱えつづけ、律師の頼暁《らいぎょう》が善知識を勤めました。印契《いんけい》を結び、念仏を数十返唱えて、寂滅しました。十三日、午前十時または八時頃でした。葬送は十八日の午後八時頃で、法華堂の東の山に墳墓を築きました。参会する御家人などが群をなし、愁嘆し、涙に溺れたとのことです。このように、義時の臨終行儀も生前に行われています。剃髪・念仏・印契などが記録され、善知識の手助けもありました。

蓮如の臨終行儀は二段構造

中世後期の高僧の臨終例として、本願寺第八世・蓮如（１４１５―１４９９）の臨終を『第八祖御物語空善聞書』によって確認します（筆者の空善の生没年は未詳）。明応八年（１４９９）三月七日、蓮如は御開山聖人に暇乞《いとまご》いするべく、「行水」をし、「御イシヤウ（衣装）ヲ御アラタメ」、阿弥陀堂に参りました。蓮如は「これは極楽に参る暇乞《いとまご》いで、かならず極楽で聖人にお会いする」（大意）と、声高らかに言いました。この七日の「沐浴・浄衣」を臨終行儀とするのには問題があります。というのは、江戸時代中期成立とされる『蓮如尊師行状記』では、三月二十五日に往生してから「沐浴・御カミ剃リ・御衣メサセラル」とあり、それから遺体は本尊臨終仏の前に頭北面西で安置されました。むしろ、往生後の「沐浴・浄衣」を自身のための臨終行儀とみなせるでしょう。なお、「剃髪」は蓮如の場合は不要のはずですが、世間の習俗にしたがって行われたのでしょう。

このように、三月七日に「沐浴・浄衣」の記録があってから、かなり間があって、十六日後の三月二十五日に往生したことになり、七日の「沐浴・浄衣」が自身の臨終行儀として行われたとは言いにくいでしょう。しかも、往生後にも「沐浴・浄衣」の行儀がなされました。なお、江戸時代安永年間に刊行された『蓮如上人縁起』の第十巻第四段（七日）と第六段（二十六日の暁）の両方に、「行水」が記入されています。最初の「行水」は親鸞聖人への暇乞い、二度目の「行水」は死亡直後に行われたのですが、これは自身のための臨終行儀でしょう。『第八祖御物語空善聞書』によれば、三月七日に「沐浴・浄衣」をすませた蓮如は、三月九日、臨終の部屋の床の間に御開山聖人の像をかけ、頭北面西に臥し、十九日からは薬も重湯も拒否して、念仏ばかり唱え、早く往生したいとの念願が定まっていました。二十三日には脈もとぎれとぎれになり、二十五日に眠るが如く往生しました。荼毘は四月二日となっていたのですが、俄かに二十六日にかえられました。『蓮如尊師行状記』では、前日の早朝より、念仏のみを唱え、余言は言わず、無苦・無悩で息絶え、二十六日には、遺骸を白い帷子《かたびら》に着替えさせ、布の袈裟を掛けたとあります。

このように、蓮如上人については、御開山の親鸞聖人の像を三月九日に掛けて、頭北面西で臥したとあり、生前に親鸞聖人への別離の行儀をすます意図があって、「行水・御衣（七日）、聖人像を掛ける・頭北面西（九日）」などが行われたことが注目されます。つまり、蓮如の臨終行儀は二段構造になっていて、生前では親鸞聖人に対するお別れ、死の直後からは阿弥陀仏の前での臨終行儀という意味が濃厚で、それは前者では聖人像、後者では本尊臨終仏像が掛けられたことから、想定できそうです。絶命半月以上も前に行われた聖人との別離儀礼は「沐浴・浄衣・聖人像を掛ける・頭北面西」です。さらに、絶命後にも「剃髪・沐浴・浄衣・頭北面西」の臨終儀礼がみられます。

実如の臨終行儀は死後へ集約

次に、第九世・実如《じつにょ》（1458―1525）の葬礼を記す『実如上人闍維《とい》中陰録』を紹介します。死期が迫ってから行われる臨終行儀としては、実如の場合、臨終仏を病床に掛けることぐらいしかみられません。大永五年二月二日、実如の息が荒く、目を回すようになってから、御亭長押《なげし》に「臨終仏」を掛けたとあります。死を迎えるにあたって、浄土往生の象徴として阿弥陀仏の臨終仏を掛けたのでしょう。

二月二日、死亡が確認されてからは、本尊臨終仏を九間の西三間の中に掛けました。死亡してからは、教義上は死者の魂はすでに浄土に往生しているので、臨終仏は必要ではありませんが、死者の霊をあの世に送りたいと願う民俗感情を反映した儀礼とも考えられるでしょう。遺体を頭北面東に安置し、本尊臨終仏の前で勤行がされました。「面東」の理由については不明とされます（遠藤一『戦国期真宗の歴史像』第一部第三章、60頁）。死装束は「白小袖・絹袈裟」でした。

七日に入棺するまで一日に二度勤行がされています。なお、往生後、沐浴をすませてから、御影堂に輿に乗せられて運ばれ、遺骸拝礼がされました。御開山の御戸を開いたことから、親鸞聖人への暇乞いの儀式とも考えられます。蓮如上人の場合、死亡の半月以上も前に行われたことです。実如の遺骸は再び御影堂から御亭に戻り、本尊左に置かれました。

二月二日に往生してから七日の入棺までの間に、臨終仏を寝所に掛け、沐浴させ、頭西面南に枕直しをして、畳はあげず、蓆《むしろ》は縁なし、石枕をさせ、屏風は絵を内側にして立てた、とあります。筆者の実孝はこの屏風作法を不審とします（「枕直し」では、これとは逆に、屏風は絵の描かれている内側を外に向けて立てるのが普通だったようです）。民俗例では上下を逆にして立てる「逆さ屏風」が多くみられましたが、昨今、屏風の使用は廃れています。

お勤めは正信偈・短念仏・回向から成ります。入棺後、棺のフタに名号を書いた紙を貼りました。御影堂の内陣の敷板の正面に棺を安置してから、七条袈裟を棺に掛けました。「沐浴」は蓮如の場合には生前にも行われたのですが、ここでは死後に見られるだけです。なお、出棺勤行は阿弥陀堂で「十四行偈（帰三宝偈）」が読誦されますが、蒲池勢至氏（『真宗の葬送儀礼』『講座　蓮如』第三巻）は、このお勤めは阿弥陀堂の本尊へのお別れを意味する、と指摘します。葬場勤行・火屋勤行では本尊はありません。また、御亭の本尊臨終仏は火屋《ひや》から帰ってから外され、実如の寿像に代えられました。

実如上人の場合、臨終行儀らしきことは臨終仏を掛けることを除いては死亡前にはとくに行われませんでした。死後から入棺までのあいだに臨終行儀が行われ、入棺してから葬礼に入ります。御影堂でお勤めした後、七条袈裟を掛けた棺を御影堂正面より出しました。棺を阿弥陀堂に移し、出棺勤行がなされ、ここから火屋に向かい、火葬に付し、翌八日に収骨、という運びです。死亡から入棺までの期間は五日間でした。なお、親鸞は弘長二年（１２６２）十一月二十八日午後二時頃に息絶え、翌日の午後八時頃に東山へ葬送され火葬にふせられました。

蓮如の親族の臨終行儀

『真宗史料集成』（第二巻）に収められた蓮如の親族の葬礼について、臨終行儀はすべて往生後に行われています。蓮如第六男・蓮淳（天文十九年没）、蓮如の五人目の内室・蓮能（永正十五年没）、蓮如第八男・蓮芸（大永三年没）、蓮如第九男・実賢（大永三年没）、蓮如第十一男・実孝（天文廿二年没）などで、「本尊を掛ける、沐浴、浄衣、頭北面西（東）、棺を七条袈裟で覆う」といった臨終行儀が往生後に行われます。蓮淳と蓮能は、石枕をさせて寝させています。蓮能は女性だったので頭を剃りました。蓮如が没したのが十五世紀末（１４９９年）、上記の親族はすべて十六世紀前半に死亡しています。

なお、蓮如およびその親族の臨終行儀は、真宗の開祖である親鸞の信仰に影響されたもので、「臨終正念」は重んじられません。親鸞は「臨終業成《りんじゅうごうじょう》」ではなく「平生業成《へいぜいごうじょう》」を本とします。つまり、臨終時に往生が決定するという伝統的な考えを否定します。ただし、本書第四章第二節でふれますが、石枕を使用するなど、親鸞の子孫が必ずしも伝統的な臨終行儀を無視したわけではありません。天台浄土教の影響も無視できません。

時代で変わる儀礼の意味

後白河法皇や北条義時は生前に臨終行儀を行っています。西向きに端坐して、臨終正念のうちに絶命するのが代表的な臨終行儀です。天台浄土教の隆盛期では、「五色の糸」を引く作法が上流階級で行われ、仏菩薩の来迎をむかえようとするなど、臨終行儀は手の込んだものになります。ただし、中世後期では、生前に行われた「沐浴」「浄衣」の儀礼は死後に行われるようになります。今日では、こうした儀礼の多くは消滅したか、残っているにしても、儀礼の意味が変化したり、理解しにくくなったりします。

しかし、臨終行儀を詳細に説いた源信（９４２—１０１７）は臨終の念仏をもっとも重視し、臨終を迎えた病者に次のように説くことを看病人に勧めます——（大意）臨終の一念は百年の業にまさっている。もしこの刹那を過ぎるならば、来世に生まれる処が決まってしまう。今はまさしくその時である。まさに一心に念仏して必ず西方極楽の蓮台の上に往生すべきである。まさに『願わくは仏、かならず引摂《いんじょう》したまえ、南無阿弥陀仏』との念を起こすべきである（『往生要集』巻中〔別時念仏　臨終行儀〕勧念〔十〕）。ここでは、源信は「念仏」を「観想念仏」と「口称念仏」を含めたものとしているようです（観想念仏については、本書第二章第三節の**【『往生要集』の念仏の多義性】**参照）。このように、かつては、「臨終正念」の念仏を臨終、すなわち、絶命寸前にとなえることが、浄土往生の必須の儀礼とされていました。

ところが、今日では「臨終」の念仏にこだわる人は多くはないでしょう。臨終の瞬間に来世が決まるという考えも定着していません。むしろ臨終は生命現象の終焉を意味するだけです。また、浄土に往生したいと願い、滅罪のために臨終行儀を整えることに腐心するような人も少なく、臨終行儀に対する関心がうすれ、行儀の意味も不明となっています。そのような事情から、臨終行儀の多くが死後に行われても、そのことを不自然にはおもわなくなったようです。患者の死亡を確認したにもかかわらず、「ご臨終です」と言うのが医師の常套文句ですが、「死の確定」を宣言するのを避けたいという心情が働いているのでしょうか。「大往生」の「往生」が「浄土に往って生まれかわる」という意味であることも、あまり知られていないのでしょう。せいぜい「立派な死に方」ともわれています。

臨終行儀の代表格だったともいえる「五色の糸を引く」作法（本書第二章第二節を参照）も、とっくに消滅し、民俗でかすかに痕跡が残るだけです。たとえば、大分県東国東郡の昭和四十七年と平成四年の葬送では、棺に納まっている死者の指に糸を巻き、棺の外のサラシ布につなぎ、これを「善の綱」としました（『国立歴史民俗博物館資料調査報告書』死・葬送・墓制資料集成10、西日本編2）。

今日では、たいてい、死亡後に行われるのですが、かつて瀕死の病人を極楽浄土に送る臨終儀礼だったと考えられるものとして、「臨終仏の安置」「頭北面西（枕直し）」「焼香」「散華」「端坐」「沐浴」「浄衣」「念仏・読経」「屏風」「曳き覆い」などがあげられます。これらは、平安・鎌倉期では生前に行われることが多く、現代とは違い、「臨終行儀」の意味を濃厚にもちました。ただし、先に**【臨終行儀は生前に執行された】**でふれましたが、北枕で臥す「枕直し」が死亡後に行われたことを示す記事が『栄花物語』（巻第二十六）にみられます。藤原道長は娘・嬉子《きし》を失い落胆し、枕直しをすると死が確定されてしまうので、「しばし御枕も何も同じさまにおはしまさせつれど（下略）」（〔大意〕しばらく枕もなにもかも同じままであられましたが…）と、死後一晩過ぎるまで北枕にしませんでした。北枕は蘇生の可能性を否定するものでした。この記事によれば、当時の貴族社会では、北枕は蘇生がわずかにでも期待できる間は行われにくかったとおもわれます。ただし、法然や親鸞などの浄土願生者では死亡前に行われています。ちなみに、かつては、北枕で臥す「頭北面西」よりも「西向き端坐」が正式の行儀でした。昭和でも、周辺地方では西枕の民俗例が報告されています（拙著『日本の葬送儀礼』Ｉ九）。

なお、江戸時代中期の浄土門系の僧・可円（１６９３―１７８０）は、『臨終用心』（神居文彰、他『臨終行儀―日本的ターミナル・ケアの原点―』２０７―２１９頁）第十二条で、死者を頭北面西にすることに何の益があるのか、とこれを退けています。さらに、病人の希望にまかせて病床の位置を決めよ、と看護人に勧めます（第十一条）。可円は臨終行儀が本来は死を目前にしている病人が浄土往生のために行うものであることをわきまえ、死後に形式的な儀礼を執行することを否定します。また、病人にいたずらに苦痛をあたえる行儀を否定するなど、合理的な発想の持主でした。

往生が決定する臨終時では、端坐が正式ですが、衰弱して端坐できない場合には、頭北面西に臥すという作法は覚鑁《かくばん》『一期大要秘密集《いちごたいようひみつしゅう》』（『興教大師全集』下）の「第八用心」にもみられます。十二世紀前半に成立した密教系の臨終指南書です。平安・鎌倉時代では少なからず端坐西面の姿勢で臨終をむかえたのですが、現代では、端坐西面は廃れ、頭北面西に寝させるのも死後に限られ、厳密には、臨終行儀とはいえなくなりました。「頭北面西」「焼香」「散華」「端坐」「沐浴（湯灌）」「浄衣」「念仏・読経」「屏風」「曳き覆い」などの臨終行儀は仏菩薩が極楽から来迎するのに備え、その場を荘厳するために行われたものですが、同じ儀礼であっても、時代によって意図される目的が違う場合があります。たとえば、「屏風」は良忠《りょうちゅう》の『看病御用心』では病人の糞尿の始末を本尊から隠すために使うとされました。中世の葬儀指南書『吉事次第』では単に遺体の周りに屏風・几帳を立て回すと書かれています。ただし、藤原道長の娘・嬉子の死亡翌日（万寿二年〈１０２５〉）では、屏風や几帳の表裏を逆にする風習が述べられています（『栄花物語』巻第二十六）。近代の民俗例では上下を逆にして立てますが、長幼不順の死者が出た場合に上下逆さの屏風にすることがあったようです。この「逆さ屏風」は悪霊防除のための呪術とみられます。さらに、その悪霊を死者の内部に潜む荒魂《あらみたま》としてこれを体内に封鎖する意識があって、それが外部の悪霊が死者に侵入するのを防ぐとする見方に変遷した、と五来重氏（『前掲書』第十二巻１８９—１９０頁）は主張します。なお、「逆さ屏風」はモガリ（殯）を象徴する、ともいいます。遺体を喪屋に納め、荒魂を封鎖した状態に似ているからです。「逆さ」は呪術的な力を強化すると信じられました。

　また、「浄衣」は糸止めしないで縫われ、死霊をはやく体外に追い出す意図で着させる意図が民俗例でみられますが、浄土教では「浄衣」と「沐浴」は典型的な臨終儀礼で、仏菩薩の来迎をむかえて浄土に往生するのにふさわしい清浄な身じまいを意図するものでした。「沐浴」は生前（臨終）に行われたもので、今日では「湯灌」と称される死後の行儀に変わりました。つまり、臨終儀礼の「沐浴」が死後にずれこんで行われ、「湯灌」という儀礼として定着したものとおもわれます。湯灌は死者の出家作法として剃髪・授戒と組み合わされることもありました。死体を扱うことから、湯灌には強烈な穢れ感がつきまとい、死穢に対抗する作法が様々に工夫されるようになりました。死霊を鎮撫するのに、読経・念仏・線香・鉦・注連縄・酒・汁掛け飯・左柄杓・逆さ水などが求められました。今日、看護師などが「エンゼル・サービス」と称して遺体を拭く「清拭《せいしき》」を行い、死穢感は抑えられますが、当事者には死者の霊を浄化する意識まではまずないでしょう。

　死者の身体全体を清める「湯灌」は、勝田至氏（『死者たちの中世』79頁）によれば、中世後期には行われていたとされます。ただし、死期の迫った者が自ら「沐浴」して臨終に備えるのは平安・鎌倉期の古風な儀礼で、浄土教の臨終行儀として導入されたものと考えられます。古い例では天台座主・円仁（８６４年没）の「手を洗ひ口を漱ぎ」、延昌（９６４年没）の「沐浴して」が臨終にみられます（『大日本国法華経験記』巻上）。

なお、「野辺帰り」に遺族らが潮水を使って身を浄める作法は古墳時代にさかのぼれます（『魏志』倭人伝、『記・紀』）。簡略化はされてはいますが、塩の粉末を使うのは現代でもさほど廃れていない清めの作法です（本書第一章第一節**【『魏志』倭人伝と『隋書』倭国伝の喪葬《そうそう》儀礼】**参照）。

「末期の水」（「死水」）については、平安時代末期から鎌倉時代初期には定着していた習俗のようにおもわれます（貞慶《じょうけい》『臨終之用意』、良忠『看病御用心』にみられます）。「末期の水」の意図は入り組んでいます（次項**【「安楽死」の問題】**で扱います）。

「安楽死」の問題

心安らかに臨終を迎えるのはすべての人の願望です。善導《ぜんどう》、源信らが説く「臨終十念」「臨終正念」はそのための心構えの中核となるべきもので、臨終行儀は「安楽死」のための行儀ともいえます。ところが、病人をすみやかに、苦しまずに死なせることを目的とする狭義の「安楽死」について、仏教は必ずしも積極的に関与しませんでした。しかし、民俗例は散見できます。このような「安楽死」の儀礼は誰に対しても行われたわけではありません。なかなか死ねないで苦しんでいる病人が対象となり、僧侶は慈悲行の修法と意識していたでしょう。以下、民俗例をいくつか紹介します。

北信濃小川村では、臨終で病人が苦しみだすと、一升マスを豆で満たし、縁者が一粒ずつとりながら「南無阿弥陀仏」と唱え、マスの豆がなくなると、病人は楽になるとされます（箱山貴太郎「長野県の葬送・墓制」『南中部の葬送・墓制』）。豊川市平尾町で、危篤のときに大般若経をあげてほしいと寺に頼みます。病人を楽にするためで、豊田市のある僧は「生き返る人の場合は、お経が楽に読める」と、言ったそうです（伊東宏「愛知県の葬送・墓制」『南中部の葬送・墓制』）。

生前に願をかけて死んだ場合、かけっぱなしであれば、執念にしばられ、いつまでも成仏しないで苦しむので、これをほどきます。「ガンモドキ」、一般には、「願もどし」と呼びます。豊田市本徳町では、ガンモドキの作法として、身に着けていた襦袢《じゅばん》を破って屋根にあげると、二時間後に死んだ、という民俗例がみられます（伊東宏「前掲論文」）。木村博氏（「『安楽死』をめぐる民俗」『葬送墓制研究集成』第二巻）は、病気快癒の願をかけていたものの、治るどころか、なかなか死ねない病人のために、その願を解いて、安楽死を願う茨城県結城地方の民俗例を紹介します。また、山形県米沢には「コロリ薬師」の信仰があるのですが、なぜか福島県下からの参拝が多いのだそうです。この信仰にはうしろめたい部分があるからでしょうか。

五来重氏（『前掲書』第十二巻　１４０頁）も、かつて高野山で安楽死祈願の読経の声を聞いたそうです――「瀕死の病人も周囲もあきらめが早かったようで、早く楽になるように『千巻心経』をあげた。そのような家から心経の声がきこえはじめると、もうあの人も駄目だなと近所の人もおもったという」。安楽死の御利益があるとされる「ぽっくり寺」が多数の参詣者でにぎわう情景について、五来重氏（『前掲書』第十二巻　１３８頁）は「滅罪の実修と死の覚悟をあたえないで安楽死だけを売りつけるところに問題がある」とします。成仏には滅罪が必要という考えは現代では希薄です。

「末期の水」が安楽死とむすびつく民俗例が奄美大島で報告されています。病人の苦痛が甚だしく、回復の見込みがない場合、先祖の位牌の前で「何々を早くあの世に連れて行ってください」と唱え、病人に「もうご先祖のところに行かれたらどうですか」と告げ、水を少し飲ませると、五分もしないうちに息絶えるのだそうです。これをミジトリ（水取り）といいます（恵原義盛「奄美の葬送・墓制」『沖縄・奄美の葬送・墓制』）。

死が近づくと、どんな酒飲みでも、水を欲しがるといいます。どこそこの水が飲みたいと言えば、臨終が近いことを覚悟します。「望み水」です。とはいえ、水を飲ませれば、窒息し、悪くすれば、ただちに命を失ってしまう恐れがあります。そんなことで、死亡直前に飲ませていた「末期の水」を死後に行い、あるいは、水を含ませた脱脂綿で唇をうるおすようになったと考えられます。また、水を口に含ませて、喉元におちないときに死を確認するという方法もかつては知られていましたが、今日、医学の発達によって、死亡確認が容易になり、そんな危険な方法はとりません。

なお、前項**【時代で変わる儀礼の意味】**でふれた可円(1780年没)は、『臨終用心』の第九条で、死後に見苦しいからといって瞼をなでたり、枕をはずして死期を早めたりする民間習俗を「愚なる料簡」と非難していますが、「末期の水」についても、身心の衰弱した病人の口に水をつぎ込むのは、拷問にひとしいとします(第七条)。当時、「この水は誰々からのもの」と、一々親しい人の名を呼び聞かせる習俗があったようです。「末期の水」は「魂呼び」の儀礼と同時に行われる場合もあり、死亡確認・蘇生願望・安楽死などの意図がない交ぜになっているようです(拙著『前掲書』I七)。

まとめ

古墳時代には一般庶民に至るまで広く行われていたモガリは、仮死者の蘇生を目的とした臨終行儀とみなせます。モガリには「号泣儀礼」や「歌舞飲酒」がともないました。こうした儀礼が戦後しばらくまで行われた民俗の「泣女《なきめ》」「魂呼び」や「通夜振る舞い」などにつながる、と指摘されます。これらの儀礼は臨終行儀ともみなせますが、通夜がモガリの残存であるという説は検討を要します。

仏教の臨終行儀は平安時代前期にはまだ発達していませんでしたが、平安時代中期以降に、末世の自覚・浄土思想の隆盛にともない、さかんに実践されるに至りました。ところが、『往生要集』で説かれる臨終行儀は民俗ではほとんど残っていない、と五来重氏は指摘します。その理由の一つとして、五来氏は『往生要集』の臨終行儀が僧侶、貴族などの上流階級が行ったものであったと考えます。本願寺第九代宗主・実如（１５２５年没）の葬儀にみられるように、中世後期以降、臨終行儀は死亡前ではなく死亡後に行われるようになり、喪葬儀礼全体のなかに吸収され、独立性を失ったようです。臨終そのものには、時間的な幅があって、死の前後が明確に区分できるとは限らないという背景もあるでしょう。また、臨終行儀を不吉と感じて、息のある間に行うことを嫌ったからとも考えられます。そもそも臨終行儀を整える時間的な猶予がなく、にわかに絶命することも少なくなかったでしょう。

さらに、現代医学は病人が死亡するまでひたすら「治療」に関与します。そんなことから、僧侶は息のあるあいだは病人には近づけず、現代では、宗教の出番がほぼ死後にかぎられ、そのことも臨終行儀への関心が失われることにつながったようです。

本書では、主として、古墳時代から鎌倉・室町時代までの喪葬儀礼の歴史を扱います。とくに「臨終行儀」に焦点を当てます。具体的には、古墳時代のモガリを出発点として、浄土教の高僧である円仁、延昌、教信、空也、良源、永観《えい(よう)かん》、良忍、さらに法然、親鸞、一遍などについて、その臨終行儀が、信仰の変遷にともない、どのように変化したかを跡付けます。さらに、絵巻物などの中世絵画史料によって、高僧の臨終の有様を確認します。

仏教伝来以前の主な喪葬儀礼は「モガリ」として知られます。現代人にとっては理解しにくい葬法ですが、これを源泉として「蘇生」「死霊鎮送」のための儀礼が展開し、仏典読誦を呪術として受容する飛鳥・奈良時代仏教につながった、と考えられます。

五来重氏（『前掲書』第十一巻　２６４頁）は、風葬死体に掛けられた覆いが経帷子《きょうかたびら》や曳覆曼荼羅《ひきおおいまんだら》に発達したと推論し、「すべて葬具や葬礼は原始古代の葬法を反映したものとして、その起源をかんがえ、その変化の跡づけをすることによって、はじめて体系的な解釈ができるものである」と、します。五来氏によれば、臨終の法然上人が九条袈裟をかけて臥したことも同様に理解できるのかもしれません。たとえば、平安時代に呪術的な「光明真言」「土砂加持」などの密教儀礼が盛んに用いられるようになったのは、鎮魂儀礼でもあった古代のモガリを基盤としていたから、と考えられます。よって、臨終行儀の変化を跡付ける出発点として、古墳時代のモガリを視野に入れることが求められるでしょう。

　律令的秩序が崩れ、国家よりも個人の救済が重んじられる時代を背景に、この世での栄達を望めない没落貴族が浄土教を推進させます。平安時代中期以後、とくに比叡山の天台浄土教が知識階級にひろまり、死後の理想世界である浄土へ往生することに関心がたかまります。その頂点に立つのが源信の『往生要集』です。『往生要集』の著述に先立つ運動が「勧学会」です。浄土往生を願う文人貴族がこれに集まりました。また、『往生要集』完成の翌年に、同じく浄土往生を主旨とする「二十五三昧会」が結成されます。浄土教の隆盛には末法思想もからんでいました。仏教が著しく衰え、この世の末が近づくという時代観は浄土への関心をたかめました。

　さらに、源信の天台浄土教を経て、法然・親鸞が信心本位の信仰を説き、一遍の「信・不信を選ばず」（『一遍聖絵』巻第三第九段）という立場に至りました（西口順子「浄土願生者の苦悩―往生伝における奇瑞と夢告―」『阿弥陀信仰』民衆宗教史叢書　第十一巻）。なお、一遍のこの悟りは「熊野権現の神勅《しんちょく》」といわれます（大橋俊雄『一遍』49頁）。一遍には神仏習合の傾向がつよくみられ、諸国の神社に参拝しています。熊野権現の本地が阿弥陀仏と信じていました。捨聖《すてひじり》らしく、正応二年（１２８９）八月十日、所持する書籍をすべて焼き、「一代聖教皆尽きて、南無阿弥陀仏になり果てぬ」（〔大意〕釈迦一代のみ教えはみな「南無阿弥陀仏」という名号に尽き納まってしまった）（『一遍聖絵』巻第十一第四十五段）と、漏らし、同二十三日に五十一歳で入滅しました。瑞華・紫雲などの臨終の奇瑞について、一遍は迷いの世界を離脱するのに、何の役にも立たない、と言っていたのですが、そのとおりに奇瑞は起きなかったということです（『一遍聖絵』巻第十二第四十六段）。「瑞華」とは、仏菩薩の来迎のときに、天空から花が降るという信仰に基づきます。ただし、一遍は死亡前日の二十二日まで、三日続けて沐浴しました。その目的は浄土往生の準備のためだったと考えられるでしょう。

信心本位の法然・親鸞の臨終では「土砂加持」「糸引き」の儀礼は消滅します。法然の場合は、弟子が糸引きを勧めたものの、法然はこれを拒否しました。また、「親鸞伝絵」の著者である本願寺第三代宗主・覚如は、親鸞の臨終に香気・紫雲・妙音などの奇瑞が起きた、とは書きませんでした。これは天台浄土教からの離脱を意味します。

西口順子氏（「前掲論文」）は、鎌倉時代以降に往生伝が編纂されなくなったのは、法然・親鸞が説く「信」の往生が重んじられるようになって、往生の証《あかし》とされる奇瑞・夢告を記す往生伝が求められなくなったから、と考えます。

ただし、喪葬行事は死亡した祖師自身が行うことは不可能です。当然、門弟や遺族の意向に基づいて行われることが多く、祖師の信仰との差異が生じることもありました。たとえば、法然の七日ごとの中陰法要は顕密的な行儀で執行されました（『法然上人行状絵図』巻第三十九）。「顕密」とは鎌倉新仏教に対する旧仏教の八宗を指します（「顕」の代表は法華経を重んじる天台宗など、「密」は密教です）。だが、それは多分に法然自身の信仰に反するものでした。また、親鸞が生前に「自分が死んだら賀茂川に捨て、魚に与えよ」（大意）と言い残したらしく、これは覚如の『改邪鈔』（一六）に書かれていることですが、実際には立派な輿に載せられて、鳥部野に運ばれ、火葬にふせられました。遺骨は墳墓に埋葬されます（高田専修寺本「伝絵」下巻末第六段「聖人入滅」）（図④）。一遍の場合もそうでした。

なお、本書では、「呪術、呪術的」という言葉を多用します。ところが、「呪術」とは何かを定義するのは困難です。おおざっぱには、「超自然的・神秘的な存在に訴えることで、自己の願望を達成しようとする行（法）」と、定義できるでしょうか。念仏について、それが呪術か、宗教かは、議論が分かれています（坂本要「『念仏＝呪術論争』再考」『俗信と仏教』仏教民俗学大系8）。一般に、真言・陀羅尼が念仏よりも呪術性が高いとされるのは、それらが具体的な現世利益を達成しようとする場で用いられることが多いからでしょう。念仏にしても呪術的な側面は否定できません。たとえば、難病に対処する目的で念仏を唱えたりする場合、その念仏は呪術の領域に入ります。

このような呪術的な性格は、古代のモガリから現代の葬礼に至るまで、喪葬儀礼の底辺に途切れずに流れています。呪術性の排除に努めたのが親鸞ですが、親鸞を開祖とする浄土真宗にしても呪術的な固有信仰との習合は避けられませんでした（拙著『親鸞と葬送民俗』第一部第四章）。

図④　『親鸞伝絵』高田専修寺本 下巻末第六段（三重・専修寺蔵）
「聖人の墓所」

恐山・大卒塔婆

恐山温泉の共同浴場

恐山・六大地蔵と風車

恐山・総門

第一章　古代のモガリ（殯斂《ひんれん》）―仏教以前の臨終行儀―

第一節　なぜモガリをするのか

「モガリ・風葬・通夜」

仏教が伝来したのが六世紀。それからほぼ一世紀遅れて、浄土教が飛鳥時代に導入され、それが最盛期を迎えたのは平安時代後期の十一世紀頃でした。この頃に浄土教の臨終行儀がほぼ完成されたといえます。

日本列島には旧石器時代から人類が住み着いていましたので、何らかの死の儀礼を仏教伝来のはるか以前から執行していたはずです。浄土教が導入されるはるか昔の話です。

日本の古代人がどのような喪葬儀礼を行っていたのか、多くは知られていません。考古学上の史料は物的なものに限られますが、たいていの喪葬儀礼は物的な痕跡をあまり残していません。また、文献史料によっても推測できるのですが、その文献にも限りがあります。

『魏志』倭人伝はその数少ない文献史料の一つで、古墳時代の喪葬儀礼の一端が知られます。これによれば、古代の喪葬儀礼の中核を占めていたのがモガリといえそうです。モガリは仏教が伝来するはるか以前から行われていました。喪葬儀礼の歴史をたどる場合、モガリを出発点にするのが無難です。『魏志』倭人伝が最古の文献となります。

モガリの葬法について、現代日本人ならかなりの違和感が避けられないはずです。モガリでは、遺体が臭気を発し、腐乱し、場合によっては、白骨化するまでの過程が目に見えます。しかも、モガリの次に本埋葬をするのですから、わざわざそのような手間をかける意味が分かりにくいわけです。始めから遺体を埋葬すれば、手間が省けます。古代人がなぜモガリを営んだのか、その理由が問題です。

モガリは七世紀には禁止令が発布され、八世紀には天皇家では行われなくなりました。ただし、モガリに類似した遺体を遺棄する葬法は室町時代まで存続します。遺棄葬《いきそう》は庶民の葬法だったようです。また、これに類似する葬法ですが、遺体を風雨にさらし、白骨化させる「風葬」が琉球列島では近代まで行われています。本土では「風葬」は明治初期まで見られたとする説もあります。よって、「モガリ」の精神が近代にまで連綿として「風葬」に受け継がれているとする説が提唱されました。また、モガリが現行の通夜と類似していることから、通夜をモガリの残存形とする見方もあります。その説の適否について検討するのも本章の目的です。

『魏志』倭人伝と『隋書』倭国伝の喪葬《そうそう》儀礼

『魏志』倭人伝（『三国志・魏志』巻三〇　東夷伝・倭人）は紀元三世紀後半に成立し、卑弥呼が女王として耶馬台国周辺を統治したことなど、古代倭人の情報がのせられていることで有名です。この倭人伝に「モガリ」らしき葬法が書かれています。「始め死するや停喪《ていそう》十余日」の部分です。正式に埋葬する前に、喪屋《もや》に遺体を安置するか、仮埋葬して、十日あまり喪に服する、と読めます。後述するように、古代日本では、モガリが主要な喪葬儀礼で、遺体を仮安置し、親族の籠る喪屋を建て、諸々の儀礼を行いました。

> その死には棺あるも槨《かく》なく、土を封じて冢《つか》を作る。始め死するや停喪《ていそう》十余日、時に当たりて肉を食わず、喪主哭泣し、他人就いて歌舞飲酒す。已に葬れば、挙家水中に詣《いた》りて澡浴《そうよく》し、以て練沐《れんもく》の如くす（『新訂　魏志倭人伝・後漢書倭伝・宋書倭国伝・隋書倭国伝』岩波文庫、46頁）、（大意）人が死ぬと、棺に入れるが槨（外箱）はなく、土を盛って塚墳墓をつくる。喪に服し、これをやめるのは十日余り経ってからで、その間は肉を食わず、喪主は泣き叫び、他人はその家に赴いて歌舞・飲食する。埋葬が終われば、一家はすべて喪服である練絹《ねりぎぬ》を着て水浴する）。

ついで、紀元七世紀（飛鳥時代）に成立した『隋書』倭国伝（『隋書』巻八一　東夷伝・倭国）でも、同様の記述がみられます。ここでは「殯《ヒン》」（訓読「モガリ」）の文字が明記されています。

> 死者は斂《おさ》むるに棺槨《かんかく》を以てし、親賓、屍について歌舞し、妻子兄弟は白布を以て服を製す。貴人は三年外に殯《もがり》し、庶人は日を卜して瘞《うず》む。葬に及んで屍を船上に置き、陸地これを牽《ひ》くに、あるいは小轝《しょうよ》を以てす（『前掲書』70頁）（大意）死者は棺に入れ槨（外箱）におさめ、親しい賓客は屍《しかばね》に対して歌舞し、妻子兄弟は白布で喪服をつくる。貴人は三年外で殯《もがり》をして、庶民は日を卜して埋葬する。葬るさいに屍を船上に置き、陸地でこれを引くのに小さな車をつかう）。

これらの倭人（国）伝について、問題点を三つ取り上げます。

『魏志』倭人伝では、棺をつかうものの、外枠の「槨《かく》」はないとします。ところが、『隋書』倭国伝では外枠の「槨」が用いられると書かれています。これが第一の問題です。山田邦和氏（「原始社会の葬送と墓制　3古墳時代」

『日本葬制史』）によれば、「弥生時代の古墳の場合、その埋葬主体は木棺を墓坑《ぼこう》の中に安置した木棺直葬《もっかんちょくそう》であることが通例である（下略―引用者）」とのことです。これは『魏志』倭人伝の記述と矛盾しません。ところが、山田氏（前掲論文）は、弥生時代最末期の奈良県桜井市ホケノ山古墳で、木棺を石囲の木槨に納める埋葬がみられる、と指摘します。さらに、古墳時代前期中葉には粘土槨《ねんどかく》が出現したそうです。「倭人伝」と「倭国伝」の記述は時代の違いをあらわしているのでしょうか。

なお、有力支配者・豪族の場合、遺体を木棺に納め、喪屋にかなりの期間安置してから、その木棺を葬地に運搬して石棺内に納めたとされます。腐敗した遺体をそのまま直接石棺に納めることはなかったようです（和田萃《あつむ》『日本古代の儀礼と祭祀・信仰』上　14頁）。『記・紀』では、この仮安置に関する葬法を「モガリ」と呼び、「殯」という漢字を当てました。

「舟葬」を暗示する『隋書』倭国伝の記述もやっかいな問題です。これに関連し、大林太良氏（『葬制の起源』１７２頁）は古代日本で舟葬があったことはあながち否定されるものでないとします。たとえば、棺を「フネ」「ノリフネ」（志摩半島）、入棺を「オフネイリ」、葬儀の世話役を「フナウド」（常陸沿岸部）というのだそうです。ただし、『隋書』倭国伝の記述は棺が舟形であることを示しているだけなのかもしれません。日本の葬制史では、舟葬の明確な証拠はないようですが、斎藤忠氏（『東アジア葬・墓制の研究』第一編第一章第五節二**6**　１６６頁）は、古墳の壁画に舟の舳先に鳥を描く天鳥舟《あまのとりふね》の図柄があって、「死者の霊魂が鳥に案内され、舟にのって太陽のもとにいくという」古代人の精神生活の一端を表わしている、とします。

「天鳥舟《あまのとりふね》」は『古事記』上巻に神名としてあらわれます。鳥のように速く走る舟を神格化した名称と考えられます。後にふれますが、『記・紀』の喪葬儀礼では、鳥に重要な役割があたえられているのですが、それは鳥が霊魂を天界に連れ去るという古代人の信仰を反映しているからとされます。

第三に、近代民俗では、埋・火葬を終えた後、野辺帰りに「清め祓い」儀礼が行われるのが普通です。この儀礼は『魏志』倭人伝にみられるように、古墳時代にさかのぼって認められます。現代では喪葬儀礼の多くは衰退傾向が顕著なのですが、葬式から帰宅した時に塩をふりかける「清め祓い」は現代でも多くみられます。塩、水、酒が使われますが、海水は近代では次第に用いられなくなっています（太郎良裕子「清めの作法―明治から平成へ―」『葬儀と墓の現在―民俗の変容―』）。

『魏志』倭人伝に、「已に葬れば、挙家水中に詣《いた》りて澡浴《そうよく》し、以て練沐《れんもく》の如くす」とあって、澡浴《そうよく》すなわち沐浴《もくよく》の習俗が三世紀頃には行われていたことが分かります。喪葬に従事した人が身にふりかかった穢れを祓うのに、水を用いて洗い清めることが「澡浴」です。倭人伝にみられるように、野辺帰りに、河や海中につかり、流動する水で清める作法は、今は、ほとんどみられないでしょう。

『魏志倭人伝』の「練沐《れんもく》」は「一周忌の喪服である練（ねりぎぬ）をきて水に浴すること」（岩波文庫、47頁、注（1））と解釈されます。河の水なのか、海の潮水なのかは説明されていませんが、本居宣長（『古事記傳』第三十一巻、『本居宣長全集』第十一巻　４１７頁）は、軽い祓えは近くの海川、重い祓えはやや遠い国の海辺で行うとします。

潮水による禊《みそ》ぎ祓《はら》えは『記・紀』にあらわれます。『記・紀』では、黄泉国《よみのくに》探訪から逃げ帰った伊耶那岐命《いざなぎのみこと》が流れのほどよい瀬にもぐって身の穢れを洗い清めた（禊《みそ》ぎ祓《はら》った）と書かれています。そこは筑紫の瀬戸（海峡）でした。重い禊ぎ祓えであることから、潮水で清めたのでしょう。

古代のモガリ儀礼

さて、本題の「モガリ」ですが、「モガリ」という和語を、『日本書紀』などで、漢字「殯《ひん》」の文字を当てて表現したことからも、日本のモガリは古代中国の「殯」の習俗と似かよったものといえます。ただし、古代中国の「殯」

は形式的な葬礼の一要素とされます（和田萃『前掲書』11頁）。日本の「モガリ」では歌舞飲酒などの各種の儀礼が営まれ、モガリは喪葬儀礼の主要素とされます。また、中国の「殯」は約三ヶ月とされますが、『隋書』倭国伝では、貴人の場合は三年後に本葬が行われたと書かれています。ただし、蘇生を期待する儀礼としては、モガリの期間は満三年では長過ぎ、和田萃氏（『前掲書』18頁）は、これを一年余り、つまり、足かけ三年と解釈します。『魏志』倭人伝でその萌芽が述べられているように、古代日本にあっては、古墳時代頃には「モガリ」の習俗があったようです。埋葬するまでの十日余り、遺体を仮安置したように読めます。また、『隋書』倭国伝によれば、貴人の場合は三年のモガリが行われ、「外《そと》に殯《もがり》し」と書かれています。死者をその居住家屋から外に出してモガリした、と解釈できそうです。モガリの場所が野外であるとすれば、遺体を収める小屋（喪屋《もや》）のようなものを建てたのでしょうか。風葬のような「野ざらし」の状態だったのでしょうか。『隋書』倭国伝では、庶民のモガリについてふれていませんが、埋葬の日まではモガリをしたようにも読めます。大化（６４６年）の薄葬令では庶民のモガリも禁止対象になっていることから、すべての階層でモガリが行われていた、と推測できます。

漢字「殯《ひん》」の原義は「死体を葬る前に棺に納め賓客として待遇する」で、これに対応する日本語が「モガリ」です。古代日本のモガリは、死者を本葬するまで、一定期間、仮安置する点で、古代中国の「殯《ひん》」（屋内葬）と共通します。「モガリ」の語源ははっきりしませんが、「カリモ」（仮喪）の倒置、「喪（も）上（あがり）」の変化した語」とかいわれます（『日本国語大辞典』「もがり【殯】」）。「あがり」は「魂が身体から遊離すること」と解釈されたりします。また、五来重氏（『著作集』第十一巻 28頁）は、各地の方言に「さからう」の意味の「もがる」という語がみられることから、荒魂《あらみたま》に対抗して、これを鎮撫するのが「モガリ」の本義とします。なお、竹を垣根状に墓の周囲に挿し置いたものを「もがり【虎落】」と呼びますが、【殯】のモガリとは違い、捥木《もぎき》「枝のない木」を語源とする説がみられます。「虎落笛《もがりぶえ》」というのは冬の北風が竹の垣根にあたって出る音です。

古代日本のモガリの習俗は、東南アジアから極東にわたる地域にひろくみられる複葬制の一次葬にあたります。大林太良氏（『前掲書』第四章　94―95頁）は、「いったん埋められた死体が発掘され、骨が洗われ、また葬儀を行なってこの骨が葬られる。これが典型的な複葬である」と、定義します。戦後しばらくまで行われた琉球列島の風葬・洗骨習俗がこれにあたります（日本古代のモガリは洗骨をともなうとは限らないのですが、支配者階級では複葬の一次葬であったとおもわれます）。なお、広い意味では、年忌法要などのような没後法事をともなう場合も複葬にあたるという見方もされます。そうとすれば、現代日本の葬制は「複葬」といえるでしょう。古代上流階級の典型的な葬礼では、モガリ（屋内葬）が一次葬、埋葬（屋外葬）が二次葬にあたるでしょう。庶民の場合、風葬に近い遺棄葬のまま放置されたのかもしれません。

古代のモガリには多様な儀礼がともなうことが知られています。倭人（国）伝では、肉食忌避、歌舞・飲食、喪主の号泣、白い喪服などが書かれています。仮死者の「蘇生」を目的としてモガリが行われたとすれば、これらは臨終行儀ともいえるでしょう。号泣儀礼などの同類の行儀はその後の時代にも行われますが、「モガリ」禁止令（大化二年三月（646））や火葬の普及とともにモガリが衰退したこともあって、古代のモガリに付随した儀礼が現行の通夜に継続して用いられたかどうかは、分かりにくくなっています。つまり、近現代の通夜にもモガリと同様の儀礼がみられるのですが、「モガリ」と「通夜」の歴史的な連続性は明らかではありません。

ところが、五来重氏（『前掲書』第十二巻　237―267頁）は、現行の「通夜」が「モガリ」の役割を引き継ぎ、琉球列島の葬墓制がその中間過程に位置する、と考えます。古代のモガリでは仮埋葬（または風葬）の期間が長期に渡っていたのですが、通夜葬では一夜か二夜に短縮され、野外の風葬的なモガリが自宅の通夜に変化した、と結論します。五来氏はモガリから通夜へ歴史的に変遷したと考えます。

しかし、とくに庶民については、モガリの変遷史は明確ではありません。また、通夜の定着・確立史もはっきりしません。「通夜」という語について、『日本国語大辞典』によれば、近世に使用例がみられます。大間知篤三氏（「御通夜について」『葬送墓制研究集成』第二巻）は、「今日我々の概念にある如き御通夜というものは比較的新しい習俗」としますが、その成立史については未詳とします。さらに、本書序章で述べたように、中世後期には臨終儀礼が死亡直前から死亡後の儀礼に変わったことから、通夜儀礼が成立する途上で、臨終儀礼が通夜に吸収された可能性も無視できません。

モガリの蘇生説と鎮魂説

五来重氏（『前掲書』第十二巻　226頁）によれば、モガリを行う主目的は死者の霊を鎮魂することで、鎮魂されざる死霊は共同体に災厄をもたらすものとして恐れられたからとします。これを「凶癘魂《きょうれいこん》」と呼びます。凶癘魂とみなされるものは『古事記』（上巻）の伊耶那岐《いざなぎ》が黄泉《よみ》の国を訪れ、死亡した伊耶那美《いざなみ》に会おうとした場面にみられます。伊耶那岐が見たのは腐乱した死体で、その死体には恐るべき雷《いかづち》が八つとりついていました。「恥をかかされた」と、伊耶那美は怒り、黄泉の国の醜女《しこめ》に逃げかえる伊耶那岐を追わせました。これらの雷神や醜女は凶癘魂を具体的に表していると考えられます。なお、『日本書紀』（神代上「第五段」一書第九）に、「伊弉諾尊《いざなきのみこと》、其《そ》の妹《いも》を見むと欲し、乃ち《すなはち》殯斂《もがり》の処に到《いた》ります」と書かれているように、死亡した伊弉冉《いざなみ》（伊耶那美《いざなみ》）尊《のみこと》が納められている所（殯斂《もがり》の処）はモガリのために建てられた喪屋とも解釈できます。「喪屋」については本章第三節でふれます。

五来重氏は、モガリ儀礼の鎮魂説の根拠として、平安時代前期の法制書『令集解《りょうのしゅうげ》』（九世紀に成立）の「遊部《あそびべ》」の条（『新訂増補國史大系』第24巻　966―967頁）をあげます。天皇の「殯」で宗教奉仕するのが「遊部《あそびべ》」と呼ばれる氏族で、かれらは「あの世とこの世を隔てた死霊、すなわち荒魂としての凶癘魂を、タマシズメする」役目を担う氏族、と五来氏は説明します（『前掲書』第十二巻　225頁）。「遊部」については次節でふれます。田中久夫氏（『生死の民俗と怨霊』305頁）も、凶癘魂を鎮めるための儀礼と考えます。

五来・田中両氏の「鎮魂」説に対して、モガリを仮死者の蘇生を目的とする臨終行儀とする見方があります。和歌森太郎氏（「大化前代の喪葬制について」『古代史研究』第4集〔古墳とその時代〕第2　68頁）は、「こうしてモガリは、死者を感情の上では断定的に死んだものとは認めきれずに、死屍を安置したところつまり喪屋で故人の遺族とか関係者が、當人がさながら生きていますかのごとくに接して、食事や歌舞を共にしたり、哭泣してよみがえりを切願したりする。それを連日連夜にわたつてつまり通夜して行う。これがモガリである」と、定義します。

和田萃氏は、和歌森氏の「よみがえり」説を基本的に認めてはいるものの、モガリが数ヶ月どころか何年にもわたって行われる場合、死体の腐敗が相当にすすむことから、よみがえりを期待したものとは考えにくい、としています（和田萃『前掲書』第Ⅰ章）。「生死を確かめるのに一年以上も要したのであろうか」（15―16頁）と、モガリの長期化を問題視します。皇族の崩御のあと、山陵完成のために「殯」が長期化することもあったのですが、長期化は皇位継承問題がこじれた場合にも起きた、と考えます（63―64頁）。新天皇の即位式を行うのには、モガリ儀礼によって、亡き天皇の魂を慰め、葬地に埋葬するまでの儀式を滞りなくすませておく必要がありましたが、皇位継承に問題がなければ、モガリは短期間で完了したとおもわれます。大王などを除き、一般には、死者の蘇生を願って十日ばかりのモガリが行われていたというのが和田氏の結論です（17頁）。なお、『隋書』倭国伝では、貴人のモガリは三年と書かれていますが、満三年では長過ぎるとして、和田氏は足かけ三年と解釈します（18頁）。

五来重氏の「鎮魂説」と和歌森・和田両氏の「蘇生説」のどちらが正鵠を射ているのか判断はむずかしいのですが、モガリ開始の初期段階では「蘇生」、それ以降では死者の蘇生が期待できなかったことから、「鎮魂」の意識が濃厚だったと考えられます。斎藤忠氏（『前掲書』361頁）は、モガリの趣旨を一つに限定せずに、「死者の復活に期待するとともに、死への確認をなし、あわせて死者の霊魂を鎮め招く鎮魂的な意味など複雑な要素が混融したもの」と考えています。無理のない解釈でしょう。

ところが、岩脇紳《しん》氏（「『殯』（モガリ）」『葬送墓制研究集成』第二巻）は、舒明天皇（593－641）以降の歴代天皇について、崩御してから「殯」に移るまで十日前後かかっていることもあって、この期間内で「死の確認」および「魂呼び」を完了し、それからモガリに入る、と判断します。つまり、モガリに入ってからは、遺体が蘇生する可能性を認めません。

岩脇氏は、モガリの主要素が和歌森・和田両氏の言う「蘇生儀礼」や、五来氏の言う「鎮魂儀礼」でもなく、殯宮に置かれた死体を配偶者らが取り巻いて「哀悼儀礼」することであった、と考えます。ただし、岩脇説は支配者階級に当てはまるとしても、庶民については不明です。

「魂呼び」の起源

「魂呼《たまよ》び」儀礼は『記・紀』に明確な記事はみられません。しかし、モガリで、これに類似した「号泣儀礼」が行われていました。「魂呼び」は一種の「号泣儀礼」といえます。

「魂呼び」の本義について、学者によって意見が分かれますが、蘇生を期待する儀礼とする解釈が有力です。かつては、臨終の際に屋根に上って名前を呼ぶ「魂呼《たまよ》び」の民俗はめずらしくありませんでした。九州は熊本県で、これを「ヨビカエシ」と、いいました。ほかに、蘇生儀礼であることを想わせる呼称に大分県の「オラビカエシ」「オラビモドシ」があります。

必ずしも名前を呼ぶとはかぎらないのですが、モガリで行われた「号泣儀礼」では、とくに女性が悲しみの心情を吐露し、哀泣しました。これは『記・紀』の天若日子《あめのわかひこ》の喪葬で確かめられます。雉《きじ》に「哭女《なきめ》」の役目が与えられますが、雉の泣声が甲高くよく響くからでしょう。この「号泣儀礼」は、古代モガリに限られず、近代に至るまでみられます。たとえば、民俗では、「泣女《なきめ》」がその役をにないます（柳田國男『葬送習俗語彙』【ナキメ】）。かつては、ことさらに上手に泣いて見せる職業の老婆が海沿いの村にいて、「一升泣」、「三升泣」などと呼ばれる地方もありました。「魂呼び」「泣女」とモガリの「号泣儀礼」は類似します。

一般に、「魂呼び」は死者の蘇生を祈願する典型的な儀礼とされます。古代中国の「魂呼び」は「喪大記」第二十二（『礼記　中』新釈漢文大系28）でくわしく説明されています。原文では「復《ふく》」（招魂《しょうこん》）と表現されます。死者の霊魂を招き、肉体に鎮めることが「招魂」です。「復」の前に「啼泣」するのが古代中国の習俗でした。

日本の古墳時代で「魂呼び」作法が行われたかどうかははっきりしませんが、時代がすこし下る『日本書紀』巻第十一（仁徳天皇紀）では、皇位継承をめぐり自殺した弟にまたがり、その兄（仁徳天皇）が「我が弟の皇子《みこ》」と三度呼んだ事例が載せられています。ただし、これは自然な感情の発露と紛らわしく、儀礼化したものとは断定できないでしょう。

「魂呼び」の明確な事例は平安時代（1025年）、『栄花物語』（巻第二十六）にみられます。これは『礼記』に従った作法ですが、当時の貴族社会ではこの呪法が行われたのは例外的だったそうです。以前は普通に行われていたのでしょうか。この儀礼が古代中国の陰陽道に由来し、貴族社会から民間に下ったとする見方があります（五来重『前掲書』第十二巻　218―221頁）。平安時代の庶民については文献資料に欠けるようですが、戦前から昭和三十年代にかけて、「魂呼び」の民俗例はかなり豊富にみられました。

五来重氏は、号泣儀礼について、モガリでは死体は数日が経過すれば腐り始めるので、そんな姿を見て、よみがえりを期待する蘇生儀礼を行うのは不自然で、「号泣儀礼」の主目的は、「殯（死者を仮安置するモガリの構造物）（注―引用者）の中に霊を招き寄せて、封鎖鎮魂する（下略―引用者）」（『前掲書』第十二巻　231頁）こと、とします。

モガリの「号泣儀礼」を五来重氏は鎮魂儀礼と解釈したのですが、こうした儀礼の本義を見極めるのは容易ではありません。そもそも、遺族が死に対して抱く感情が複雑であることから、それぞれの儀礼について複数の解釈が同時に成り立ちます。たとえば、「号泣儀礼」(「魂呼び」)について、「死の確認」「蘇生」「鎮魂」などの解釈が可能です。死が確認された場合でも、あきらめ切れない感情にひかれて、蘇生を願ってモガリ儀礼がされる場合もあったでしょう。

なお、神社に関する物忌み法を記した『文保記』(鎌倉時代・文保《ぶんぽう》二年〔1318〕)は「速懸《はやがけ》」という習俗を非難しています。「速懸」は、まだ死んでいないと称して、遺体を野に送る習俗です。導師の僧が野辺送りに参加するなど、経費はそれなりにかかったでしょうが、このやり方では、表向きは瀕死の病人を野に遺棄することになるので、土葬・火葬の手間はかからず、死穢の物忌みに服さなくてすむ利点もあります。さらに、井原今朝男氏(『史実 中世仏教』第1巻 353—357頁)は、土葬・火葬に付さずに、野に死体を遺棄するのには、中世では死の判定に迷うのが常態だったので、息を吹き返し、蘇生するのを待つ意味がある、とします。死体遺棄を、蘇生を願い、死の判定を遅らせる下層民の工夫、と井原氏は考えます。古代のモガリと同様に、中世の「速懸」にも「蘇生願望」「死の確認」という要素がこめられているようです。

「魂呼び」と「号泣儀礼」は女性の役割

五来重氏(『前掲書』第十二巻 228—231頁)は、民俗の泣女《なきめ》の号泣には「魂呼び」と機能的には区別しにくい面があると考えます。泣女の号泣に死者の名を呼ぶ行為が含まれる民俗例があり、それを一つの根拠にあげます。両者とも、大声を出して、死者の肉体から遊離した魂を呼び寄せ、これを鎮撫するという側面があるのだそうです。女性に適した役目でしょう。

『記・紀』には、「魂呼び」の明確な事例はありませんが、号泣儀礼をする役は、『記・紀』の天若日子《あめのわかひこ》が死亡した「モガリ」の場面では、「哭女・哭者」（なきめ）と書かれています。五来重氏（『前掲書』第十一巻　228—231頁）は、ことさらに派手に泣き悲しむことで死霊の鎮魂を願う儀礼と考えます（蘇生儀礼とみなすのは和田・和歌森説です）。さらに、『日本書紀』で「哭・発哭・発哀・慟哭」と書かれる「ミネ」についても、歌舞をともなう号泣儀礼とみなし、「魂呼び」と同じ機能をもつ儀礼とします。つまり、号泣儀礼では、大声を出して死霊を封じ込め、死穢から身を守るという側面もあるとします（五来重『著作集』第十一巻　I二6）。

このように、古代モガリの「号泣儀礼」に似た「魂呼び」が近代日本の民俗例にもみられることから、モガリの「精神」は近代の喪葬儀礼にも生きている、といえそうです。近代では、「号泣儀礼」や「魂呼び」の役割は、多くの場合、女性に与えられていましたが、本章第三節の**【肉親の女性が籠る】**で述べるように、古代でもその事情は変わりがなかったようです。

古代葬礼の担い手

『記・紀』の天若日子の喪葬にあらわれるモガリ儀礼を紹介します。哭女《なきめ》についてはすでにふれました。民俗例にモガリ儀礼の痕跡が少なからず残ることは注目に値します。

八世紀に成立した『古事記』および『日本書紀』（神代紀）のモガリ儀礼の記事によれば、高天原から葦原中国《あしはらのなかつくに》に派遣された天若日子が死亡したことを悲しみ、喪屋（モガリ屋）を造り、モガリ儀礼を整えたのですが、その儀礼を執行する役目はすべて鳥が務めました。『日本書紀』では明確に「便《すなは》ち喪屋《もや》を造りて殯《もがり》す」と、モガリであることが書かれています。『古事記』では、河雁《かわかり》を「きさり持《もち》」、鷺を「掃持《ははきもち》」、翠鳥《かわせみ》を「御食人《みけびと》」、雀を「碓女《うすめ》」、雉を「哭女《なきめ》」として、八日八晩のあいだ、泣き、歌い、舞ったとされます。『日本書紀』ではすこしくわしく書かれていますが、大同小異です。鴗《そに》（かわせみの異名）を「尸者《ものまさ》」、鵄《とび》を「造綿者《わたつくり》」、烏を「宍人者《ししひと》」として、追加します。

「きさり持」は『紀』では「持傾頭者《きさりもち》」と書かれ、その意味は「葬送で頭をうなだれて死者に食を運ぶ者」と解釈されたりします。

「掃持《ははきもち》」は「箒を持つ者」ですが、「喪屋の掃除人」を兼ねているのでしょう。現代で出棺後、葬場を二人で掃除する儀礼がみられます。また、葬列の先頭に立って箒を持つ役も報告されています。これは忌み祓いの役と考えられます。「御食人《みけびと》」は「死者に供する食事を作る人」で、『紀』の「宍人者《ししひと》」（「死者に供える肉を調理する人」）がこれに類します。

「碓女《うすめ》」は『紀』の「舂女《つきめ》」にあたります。「米をつく女」のことです。本居宣長『古事記伝』（岩波文庫〔三〕287頁）によれば、上代の殯で米をついて死者に手向ける女のことです。宣長の時代でも、人が死ねば庭に多くの臼を立て、米を多くつく儀礼が近在だけでなく他国にもあったそうですが、これは上代の殯の遺風であろうとのことです。

『紀』の「尸者《ものまさ》」は「死者の着る着物を着て、死者への供え物を食べ、弔問客に会う者」という解釈があります（『日本国語大辞典』【ものまさ】）。『日本書紀』上（日本古典文學大系67　神代下第九段　137頁）の〔注16〕では、モノの原義は「精霊」、マサを「精霊のいる所」の意味として、全体を「神霊の代りに立って祭りを受ける者」と解釈します。『紀』の「造綿者《わたつくり》」は死者に着せる衣服をつくる者とされます。すでにふれたように、「哭女《なきめ》」は比較的最近まで見られた職業的な「泣女」と同類です。葬儀前後に故人を悼んで大声をあげて泣き叫ぶことで何らかの報酬を得ました。雉の泣声がよく周囲に響きとおるので、この役が与えられたのでしょう。

第二節　葬宴《そうえん》の系譜

遊部《あそびべ》とは何か

古代、宮廷でモガリの儀礼を担ったのが「遊部」です。天皇の遺体が仮安置される殯宮《もがりのみや》で遊部が宗教的な奉仕をしたことは大宝令・養老令の註釈書である『令集解《りょうのしゅうげ》』にあります。上記に引用されている「古記」が遊部の沿革について説明します。「古記」について、以下の解説を参考にします――和歌森太郎「前掲論文」（68―71頁）、和田萃『前掲書』（24―25頁、112―115頁）、五来重『著作集』第十一巻（55―59頁）、第十二巻（247―251頁）、田中久夫『前掲書』（302―303頁）、新谷尚紀『日本人の葬儀』（140―146頁）。

まず、「遊部」という名称は律令時代に天皇のモガリで「遊んだ」ことに由来します。「遊ぶ」は「音楽を奏し、歌舞する」ことで、『古事記』の天若日子のモガリで、河雁などの鳥が「日八日夜八夜《ひやかよやよ》を遊びき」と、あります。凶癘魂《きょうれいこん》を鎮めるために歌舞奏楽を行ったという見方を強調したのは五来重氏です。この凶癘魂については、五来氏は災厄をもたらす死霊とします。和田萃氏は、武器を携帯するのは「邪霊を寄せつけず死魂の荒ぶことを防ぐのが目的であった」（25頁）と、します。死霊が荒ぶるのは外部から邪霊が侵入することにその一因があると考えているようですが、そうとすれば、現行の通夜でみられる「魔除けの刃物」や「猫の禁忌」と同様の意識がはたらいている、と推測できます（拙著『親鸞と葬送民俗』243―246頁）。

和歌森太郎氏は、「モガリ中に歌舞することは、亡き人の魂をゆさぶり動かすためとあたりの凶癘な魂を鎮めるためのもの」（69頁）と、想定します。和歌森説には、歌舞の主旨を「タマフリ」すなわち「蘇生呪術」とする見方も含まれます。この蘇生説の代表は折口信夫氏（『大嘗祭の本義』『折口信夫全集』第三巻）です。
五来重氏は、和歌森太郎氏の「タマフリ」説と違い、「タマシズメ」つまり「鎮魂儀礼」を本義とします。ここに、両氏の基本的な違いがあります。五来氏は遊部による歌舞儀礼を、死亡した人の「荒魂」を内部に抑え込むためのものとします。

遊部の祖は大和国高市郡の出身で、垂仁天皇の末裔とされます。天皇の庶子であった円目王《つぶらめ》が遊部になったのですが、その経緯は円目王が伊賀の遊部であった比自気和気《ひじきわけ》の娘と結婚したことから始まります。
垂仁天皇の死去に際して、遊部の伊賀比自気和気《いがのひじきわけ》の二人の氏人が選ばれて殯宮で奉仕しました。刀を負い戈《ほこ》を持つ禰義《ねぎ》と、刀を負い酒食を持つ余比《よひ》です。殯宮内では、禰義《ねぎ》と余比《よひ》は「たやすくは人に知らしめない」言辞を唱えたとのことです。ところが、後に、雄略天皇の崩御の際には、この氏の本流が尽きていたので、円目王の妻が唯一の子孫というので、モガリに出仕したのですが、女が兵器を負って務めるのは不都合ということから、夫の円目王が代わって遊部の役目を果たしたそうです。

以上の伝承によって、遊部についていくつか知ることができます。まず、モガリには女性が出仕し、遊部は、もとは、女系相続だったらしいこと、酒食を殯宮の死霊に奉仕したこと、武具を持って殯宮の内部で奉仕したこと、秘密の呪文を唱えたこと、などです。五来重氏（『前掲書』第十二巻　２５０―２５２頁）による『令集解』の「古記」の解釈では、雄略天皇の崩御の際に、遊部が供奉できないことから、天皇の霊が「あらびたまひき（荒れ狂った）」という事態が生じ、女性が出仕したものの、後にこれに代わって、男性が遊部になったとのことです。武具で死霊に対抗する鎮魂儀礼を果たしたのは、男性に代わってからのことではなく、それ以前から女性の遊部がしていたことだったようです。五来重氏（『前掲書』第十二巻　２４９頁）は、「刀を振り戈を振るとともに、足踏みをしながら死者の周りを絶えず踊り巡っていた」と、推測します。足踏みすることで騒音を出し、荒ぶる悪霊を抑圧・

追い祓う意図がうかがえます。

この作法は古くは『古事記』上巻の天照大御神が天《あめ》の岩屋戸《いはやと》に籠ったときの逸話にみられます。天宇受売命《あめのうずめのみこと》が天の岩屋戸の前で桶を伏せて踏み鳴らし神憑《かみがかり》して踊ると、天照大御神は不審に思い、戸をあけました。「何の由以《ゆゑ》にか天宇受売《あめのうずめ》は楽《あそび》を為すのか」（大意）と、問いたことからも、「あそび」は鎮魂呪術の「歌舞」を意味します。天宇受売命は、『日本書紀』巻第一「神代上」によれば、大和朝廷の鎮魂祭で舞楽に奉仕する猨女君《さるめのきみ》の祖とされます。『紀』では「天細女命《あまのうずめのみこと》」と表記され、呪具の矟《ほこ》を持ち、桶をさかさに伏せて叩く女の神です。

五来重氏（『前掲書』第十一巻　56—59頁）は、大化薄葬令でモガリが廃れてからは、遊部は失業し、「猨女君」は「宮廷のタマフリ鎮魂呪術者に採用されて、十一月中《なか》の寅の日の鎮魂祭に、神楽を舞うようになった」のですが、遊部の女性は歌舞をする遊行放浪のウカレメ、死者の口寄せする巫女などにもなり、その末端部にイタコや熊野比丘尼が位置するのではないか、と推測します。他方では、男性の遊部はモガリの外部の管理にあたっていたのですが、火葬が盛んになると三昧僧として行基集団に加わり、火葬に従事した、と推測します。奈良時代初期に行基の集団が急拡大したのは、「遊部の廃業者の流入がもっとも大きな原因であろう」（57頁）と主張します。

遊部は平安時代初期には存在しなくなったそうです。ただし、モガリに出仕する遊部が消え去って、そこで行われた儀礼が仏教式の葬礼に変わった時代になっても、モガリの歌舞飲食や呪言を唱える儀礼が存続したというのが、五来重氏の強調するところです。たとえば、殯宮の中で、遊部がひとの知らない呪言を唱えたのですが、仏教化するとその呪言は「念仏や陀羅尼や通夜経」になる、と五来氏は主張します（『前掲書』第十二巻　２４９頁）。具体的には、「光明真言」「通夜念仏」「融通念仏」「六斎念仏」「御詠歌」「大念仏剣舞《けんばい》」などに引き継がれたのだそうです（２５３—２５４頁）。ただし、こうした儀礼について、趣旨は同じであったとしても、モガリの呪言との歴史的な継続は論証されていません。

モガリ（殯）の風習は大化薄葬令（大化二年〈６４６〉）によって禁止されました。「凡そ王より以下庶民に至るまで、殯をつくること得ざれ」（凡王以下及至庶民、不得営殯）が『日本書紀』（孝徳天皇紀）の薄葬令です。この薄葬令によって、上は王から下は庶民までモガリを営むことが禁止され、天皇・皇子・皇女以上に限ってだけモガリが許されたとされます。以上のことから、発布以前には、一般庶民を含めてモガリの習俗が全階層にひろがっていたといえます。

薄葬令は、モガリ儀礼を盛大に行うことで人民に過大な負担が加えられることを避ける目的で出されました。天皇のモガリは長い場合は五年に及びました（敏達天皇、斉明天皇）。『隋書』倭国伝では、貴人のモガリ期間は三年とありますが、古代天皇の場合、ふつうは一年以内とみられています。庶人は八日から十日だったのでしょうか。

古墳築造も、火葬の普及もあって、薄葬令の発布以後、下火になりました。元明天皇崩御（７２１年）のさいにモガリは行われませんでした。庶民について、薄葬礼発布以後、モガリが途絶えたのかどうか分かりませんが、同じ趣旨の儀礼が近年まで琉球列島などの遠隔地にみられることから、古代のモガリの痕跡とも考えられています。しかし、確証はありません。琉球では遺体が仮埋葬に近い風葬に処せられ、その前で遺族などが歌舞飲食する風習が大正時代にもみられました。

死者の前で歌い舞う

『日本書紀』の允恭《いんぎょう》天皇紀四十二年（４５３）正月の条で、天皇の逝去を悼んで新羅から弔問使が訪れた記事に、弔問使たちが号泣しながら歌舞行道し、殯宮にやって来たとあります――「種々の楽器を張《つら》ぬ。難波より京に至るまでに、或いは哭泣《なきいさ》ち、或いは歌儛《うたまひ》して、遂《つい》に殯宮《もがりのみや》に参会《まぬつど》へり」（大意）種々の楽器をととのえ、難波から京まで、あるいは泣きながら、あるいは舞い歌いながら進み、ついに殯宮に着いて参列した）。この記事に述べられている歌舞・号泣儀礼について、新羅の習俗で、大陸から伝播した儀礼であろう、と五来重氏（『前掲書』第十二巻　２２８頁）は指摘します。ただし、モガリで歌舞するのはアジア大陸だけでなく南海地域でも広く行われたとされます（斎藤忠『前掲書』４２５頁）。

和田萃氏（『前掲書』第Ⅰ章）によれば、宮廷のモガリ儀礼には殯宮内で行われるものと、殯宮の前庭で行われるものに分けられるのだそうです。前者は私的、後者は公的な儀礼といえそうです。私的な儀礼を執行したのは血縁の女性や遊部で、殯宮内で奉仕しました。

殯宮内では、号泣にともない匍匐《ほふく》儀礼が行われたとされます（和田萃『前掲書』27頁）。この儀礼は『古事記』上巻の「御枕方《みまくらべ》に匍匐《はらば》ひ、御足方《みあとべ》に匍匐ひて哭《な》きし時…」（大意）伊耶那岐命《いざなきのみこと》は亡くなった伊耶那美命《いざなみのみこと》の枕元を這いまわり、足元を這いまわって泣いた時…）にうかがえます。

新羅の弔問使が歌舞・号泣した場所は、公的な外交儀礼であったことからも、殯庭《もがりのにわ》だったのでしょう。殯宮の庭では、号泣儀礼・誄《しのびごと》儀礼・傷身儀礼が行われたようです。これらは一体で行われ、殉死とともに傷身儀礼は大化薄葬令で禁止されました（和田萃『前掲書』28頁）。誄儀礼では弔辞を述べるのですが、それには何らかの所作がともなったことを想定させる記事が敏達天皇（六世紀後半に在位）のモガリにみえます（『日本書紀』巻第二十、五八五年八月条）。日本古来の儀礼ではなく、中国から伝来し、上流支配者階級のモガリで行われたようです。殉死の風習は『魏志』倭人伝の卑弥呼が死亡したときの記事にみられます――「徇葬《じゅんそう》する者、奴婢百余人」。

血縁や執政者による誄《しのびごと》の奏上は「亡き天皇の魂を慰撫するはずのものでありながら、自己の政治姿勢を表明する手段ともなり（下略―引用者）」（和田萃『前掲書』29頁）、髪をきり、股を刺す、という傷身儀礼をともないました。誄《しのびごと》の奏上は男性に限って行われたとされます（和田萃『前掲書』37頁）。哀悼の意をあらわすのに傷身・

断髪をする風は広く古代アジアにみられたそうです（斎藤忠『前掲書』429頁）。

本筋からすこしはずれましたが、号泣儀礼には、匍匐儀礼だけでなく、「歌舞」をともなったらしいことが注目されます。古くは、『魏志』倭人伝に、死者がでると十日あまり、喪主は哭泣し、他人は歌舞飲酒する、と書かれています。また、『古事記』上巻の天若日子の葬送でも、「喪屋《もや》を作りて…日八日夜八夜《ひやかよやよ》を遊びき」とあり、モガリで「葬宴」ともいうべき歌舞飲食が遺体を前にして行われたようです。

琉球列島の葬宴

「葬宴」については、琉球列島で比較的に最近まで遺体を前にして行われたことを伊波普猷氏（「南島古代の葬制」『葬送墓制研究集成』第一巻）が報告しています――「（前略―引用者）津堅《つけん》島で暫らく教員をしてゐた知人が、彼が赴任する十数年前までは、同島で風葬が行なはれてゐたといふことを私に話したことがあつた。其処では人が死ぬと、蓆で包んで、後生山《ごせうやま》と称する藪の中に放《はふ》つたが（中略―引用者）死人がもし若い者である場合には、生前の遊び仲間の青年男女が、毎晩のやうに酒肴や楽器を携へて、之を訪づれ、一人々々死人の顔を覗いた後で、思ふ存分に踊り狂つて、その霊を慰めたものである」（152―153頁）。

柳田國男氏（『南島旅行見聞記』酒井卯作（編））は、1921年（大正十年）に、「久高にも此風あり。棺を崖より下し、酒宴をして腐臭をまぎらす。何年かの後、骨を集めて葬るといへり」（81頁）と、記録しています。伊波氏が久高島の風葬を紹介してから、風葬の民俗が世にひろく知られるようになりました。

琉球列島の諸地域で行われた葬宴について、酒井卯作氏（『琉球列島における死霊祭祀の構造』第二部第三章2）が豊富な民俗例をあげています。なお、葬宴の主旨について、酒井卯作氏は、「死者との別れを惜しみ、死者への追慕、死者のための慰み」という通俗説に疑念を提示しました。民俗例を吟味すると、「三日目」に葬宴が行われることが多いなど、通俗説では説明しきれない部分があるからです。「慰み」の行事は主に文化の中心地であった沖縄本島にみられるそうです（２０５頁）。このことは葬宴が成立した時期が遅かった可能性を示唆するのかもしれません。沖縄本島に濃厚な「歌舞飲食」が古代のモガリに由来するとは断言できないようです。

「三日目」は、「死の確認」のために必要な時間、つまり、腐敗という形で死が確認できる時間で、死臭が出始めます。かつては、人が確実に死んだことを認めるのにはある程度の時間の経過を待たねばなりませんでした。それが三日目で、死臭に耐えねばならないことから、「葬宴」は死臭をまぎらす目的で行われ、「むしろ伽をする人自身のための慰めではなかったか」（２０８頁）と考え、「死者のための慰め」説に疑念を示します。

葬宴の趣旨について、酒井卯作氏は、「死霊の慰撫、蘇生への期待」よりも、むしろ蘇生の有無を確認し、死者と別離する行事（２０５頁）と、推測します。死が完全に確認された段階では、三日水、マブイ別《わか》し（死霊をあの世に落ち着かせる儀礼）、潮蹴りなど、「別離と絶縁のための行事」が求められます。したがって、「死者の孤独を慰める行事」という通説には否定的です。

古代のモガリの遺風が琉球列島の葬宴にみられるというのは興味深いことですが、両者がまったく同じ趣旨で行われた、とは言えないようです。五来重氏はモガリの趣旨を「鎮魂（タマシズメ）」としたのですが、酒井卯作氏は、琉球列島では「死の確認と死霊との絶縁」がとくに死後三日目の葬宴の行事に付随する、と主張します。また、蘇生へのひそかな期待がこめられていたにしても、歌舞することによって蘇生を祈願する意味は濃くないとします。そのことも、折口信夫氏の「蘇生」説を継承する和歌森・和田両氏が主張する古代モガリ儀礼の精神と違うところでしょう。

第三節　喪屋《もや》について

親族は倚盧《いろ》にこもる

柳田國男氏（『葬送習俗語彙』一一三、喪屋・霊屋）は、「貴人の凶禮に際して喪屋を建てたことは、古書に数多く現れて居るが、その詳細は知る由もない」と、述べています。一般に、古代の喪屋は遺体を仮に安置し、モガリの儀式を行うところと理解されていますが、支配者階級では遺体を安置する建物「殯《ひん》」と遺族らが籠る建物「盧《ろ》」が造られたようです。五来重氏（『前掲書』第十一巻　25頁）は、「殯には死者が置かれており、特定の宗教者や呪術者（中略―引用者）だけがその中で鎮魂した」、また、「殯」のそばに「盧があって、ここには親族なり、僧侶（三昧僧）なりが宿って服喪し、奉仕したものとかんがえられる」と、説明します。「喪屋」は「殯」と「盧」を含む総称と考えられます。

『古事記』（上巻）で、天若日子《あめのわかひこ》（『日本書紀』では天稚彦《あめわかひこ》）が死亡した際に建てられたものは「喪屋《もや》」と書かれています。この「喪屋」は親族らが籠る「盧」にあたるようです。五来重氏（『前掲書』第十一巻　２４４頁）は、遺体の仮安置されている建物とは別に、親族の籠る「喪屋」が建てられた例として、天若日子のモガリをあげます。天若日子の遺体が親族の籠る喪屋とは別の建物に置かれていたからこそ、弔問のために訪れた神を天若日子の蘇生したものと見間違えたのであろうとします。かりに遺族が籠るのと同じ建物に遺体が収容されていたとすれば、遺族が両者を間違える可能性はほぼなかったわけです。

皇族の場合、遺体を仮安置する場の「殯《ひん》」は宮の近くに設置されました。南庭《なんてい》が多く、本葬の埋葬地とは離れていました。和田萃氏（『前掲書』19頁）によれば、孝徳天皇は難波長柄豊碕宮で崩御し、その南庭でモガリが行われ、二ヶ月後に大坂磯長《しなが》陵に埋葬されました。宮の南庭から磯長陵まで葬送するのに一日を要したであろうとのことです。ただし、和田氏は、殯宮が葬地と近接している場合もあって、むしろこちらの方が普通であったかもしれない、と推測します。

このように、古代モガリでは遺族が籠る「盧」が死者を仮安置する小屋「殯」のそばに建てられました。モガリは大化薄葬令で禁止されましたが、平安時代にはモガリの「殯」に類する「霊屋《たまや》・玉殿《たまどの》」に遺体を安置する遺風が貴族階級にみられます。ただし、遺族がそこに籠る風はありません。

モガリが退化・衰退するのにともない、「殯」「喪屋」が葬地に近接して建てられるようになったことを示す民俗例が報告されています。斎藤忠氏（『前掲書』３４９頁）などは、南西諸島（たとえば、奄美大島）では墓地に仮小屋をつくり、そのなかに棺を運び入れる民俗例があったことを指摘します。この仮小屋は「モーヤ」「モヤ」と呼ばれました（柳田國男『前掲書』１６２頁、和歌森太郎「前掲論文」72頁）。肉親がここに籠ったことが想定できるのだそうです（本章第三節の**【墓地に付属する「喪屋的建物」の発生】**参照）。

玉腰芳夫氏（『古代日本のすまい』１８０―１８１頁）によれば、遺族が籠る盧（倚盧《いろ》・土殿《つちどの》）について、古くは『日本書紀』の舒明天皇紀に「墓所の盧」の記載があること、孝謙天皇の崩御に際して、道鏡が墓所の側に倚盧を結んで忌籠る例をあげています。倚盧（土殿）は板敷きを土に下げて建てられました。これは、生者が新生するために必要とされる「通常のすまいとは別の、さらにいえば、生の場所の秩序よりより以前の基底的な状態への回帰」を意味するとします（１８２頁）。倚盧を出たあとには、禊ぎをしました。

上記の「盧」（喪屋）は古代中国の「倚盧《いろ》」と呼ばれる忌籠りの小屋にあたります。中国の「倚盧《いろ》」には壁がなく、喪主はそこでわらの薦《むしろ》に土塊を枕として寝ます（『礼記』喪大記第二十二）。醍醐太上天皇が没した延長八年（９３０）十月十一日条の注記で、『吏部王記』は、朱雀院の西廊に倚盧があって、（調）布で囲われ、葉畳を敷いた所であると記しています。中国とは異なり、屋内に設けられていました。遺族が着る喪服をイロギ（倚盧衣《いろぎぬ》）と呼んだのは、この盧のなかで着たからであろう、と五来重氏は考えます。柳田國男氏（『前掲書』イロギ）によれば、駿河安倍郡では喪服を「色着」と呼びました。

肉親の女性が籠る

モガリの際に「殯宮」に籠ったのは女性だったらしい、と和田萃氏（『前掲書』20—26頁）は推測します。『日本書紀』巻第二十一（用明天皇紀）で、「夏五月に、穴穂部皇子《あなほべのみこ》、炊屋姫《かしきやのひめ》皇后を奸《おか》さむとして、自ら強ひて殯宮《もがりのみや》に入る」とあるように、殯宮には女性が籠っていたと考えます。『日本書紀』『万葉集』では、皇族のモガリのために建てられた建物を「殯宮《あらきのみや》」とよびます。その意味は、「新《あら》」と「奥津城《おくつき》」の「城《き》」が結びつき、「新たに死亡したまま未だ葬られない死体を安置する処」と、推測されます。「奥津城《おくつき》」は現代でも「墓所」の意味で使われます。和田氏は、「天皇の殯宮に籠るのが皇后をはじめとして肉親の女性たちであったらしいという事実は、『女の挽歌』を生み出す背景となった」（26頁）として、モガリの時に作られた「女の挽歌」が鎮魂《たましずめ》の意味をもっていたと推論します。

たとえば、『万葉集』巻二の挽歌に「天皇大殯《おおあらき》之時歌二首」が載せられています（151—152）。一首は額田王《ぬかたのおおきみ》、もう一首は舎人吉年《とねりのよしとし》によるものです。いずれも他界した天智天皇と親密な女性です。また、天智天皇の皇后である倭大后《やまとのおほきさき》の挽歌（149）も収められています。そう古くない民俗例でも、近親の女性が通夜で死者とともにヨトギすることが知られています（拙著『親鸞と葬送民俗』第一部第二章）。このように、女性が死亡直後の喪葬儀礼に関与するのは古代および近代に共通してみられます。モガリの遺風が通夜に残っているようにもおもえますが、歴史的継続性を強いて想定するよりも、単に同じ状況で同種の儀礼があらわれたとおもえます。

喪屋の内と外

遺骸が納められる殯宮《もがりのみや》に入れるのは、近親者の女性および遊部二人でした。近親の女性がそこに籠って「挽歌」をうたい、死者を哀悼した例は前項で紹介しました。死者に直接奉仕する遊部も女性だったようです。『令集解』の「古記」の解釈によれば、二人の遊部が武具を携え酒食を供し、他者が容易に知りえない呪言（「辭」）を述べて、死者に奉仕しました（五来重『前掲書』第十二巻　249頁）。他の遊部は殯宮の外でそれぞれの職務をはたした、と考えられます。

和田萃氏（『前掲書』101―111頁）によれば、殯宮の前の庭で行われる儀礼の主なものは発哭《みね》・歌舞・誄《しのびごと》です。号泣儀礼、歌舞飲食、誄儀礼については、すでにふれました。号泣儀礼には匍匐儀礼が、誄儀礼には傷身儀礼がともないました。

誄儀礼がすむと、葬送の儀に移り、墓所へ出立します。夜のことであることから、松明の列がつづきます。楽器が響き、多くの幡がたなびきました。『常陸国風土記』（逸文「信太の郡の由縁」）に黒坂命《くろさかのみこと》の葬送が描写されています。「赤旛青幡《あかはたあおはた》」がたなびくなかで葬送の車がすすんだとのことです。

墓前儀礼について、和田萃氏（『前掲書』116―118頁）によれば、歌舞・匍匐・号泣儀礼が行われました。『日本書紀』（神代上）に、伊弉冉尊《いざなみのみこと》が死亡し、紀伊の熊野の有馬村に葬られたのですが、ここでは花の時期には花を供えて祭り、「又鼓《つづみ》・吹《ふえ》・幡旗《はた》を用《も》ちて、歌舞《うたひま》ひて祭る」と、歌舞の儀礼が書かれています。また、匍匐・号泣儀礼については、『出雲国風土記』（意宇の郡）に、サメに娘を殺された父親が、「おおいに憤りを発し、天に叫び地に踊り、昼も夜も呻き苦しみ、死骸を安置した場所を去ることがなかった」（大意）と、書かれています。

喪屋の衰退

『記・紀』の時代では、「殯宮」「盧」はモガリの重要施設でしたが、モガリ禁止令が出されてから、仮安置の遺習は平安時代の貴族にみられたものの、親族がそこに籠る習俗は衰退したようです。平安時代初期に成立した『日本霊異記』（景戒）の下巻第二十二、二十三では、「埋葬の場所を選定し、モガリ（殯）にして置いたが、数日で蘇生した」（大意）と、書かれているだけで、親族がいるのに、モガリの場所に籠る様子はみられません。喪屋は死者だけを仮に納める所だったようです。なお、訓下《よみくだ》し文「地を点《し》メテ冢《ハヒヤ》ヲ／を作り、殯《もがり》し（下略）」の「冢《ハヒヤ》」は「這ひ入る屋」との解釈があります。

田中久夫氏（「玉殿考―殯宮研究の前提として―」『葬送墓制研究集成』第二巻）は、平安時代中期から末期にかけて書かれた貴族の日記を資料に、「殯宮」に類する「霊屋《たまや》・玉殿《たまどの》」を考察しました。万寿二年（１０２５）、藤原道長の娘・嬉子《きし》が死亡したのが八月五日、葬送は十五日で、六日に「山寺」に移送され、夏の盛りに十一日間もそこに安置されていることを問題とします。これは『栄花物語』巻第二十六「楚王のゆめ」に書かれています。同じ処置が藤原兼実の息男・良通にもみられます。両者とも入棺して仮安置されたあと、火葬に付されました。嬉子は、火葬まで（八月十五日）、棺を車に乗せたまま法興院《ほこいん》の北の坊に安置されたのですが、これはモガリに類似する葬法です。山寺に安置するのには浄土教の浸透にともなう側面があるからだそうです。

「霊屋《たまや》・玉殿《たまどの》」に棺を安置する葬法も少なからず報告されています（前掲論文）。たとえば、長徳元年（９９５）一月二十九日と五月九日に死亡した源保光とその娘は「玉殿」に安置され、寛弘八年（１０１１）七月十一日に改葬（火葬）されました。改葬の日まで棺を安置するための建物、すなわち、「玉殿」がたてられ、その建物は密閉されました（勝田至『死者たちの中世』１３１―１３２頁）。『栄花物語』巻第十二「たまのむらぎく」によれば、長和五年（１０１６）、藤原穆子は、曾孫の後一条天皇の即位当初であることをはばかり、自身の遺言により、死亡五日後に、夏の盛り、遺骸を山寺（観音寺）に仮安置させています（小林理恵「平安期の葬送と喪葬令」『古代文化』第66巻第3号、注16）。以上はモガリの遺風であることがうかがえる事例ですが、安置場所に遺族がともに籠ることはなかったようです。

長元九年（１０３６）に死亡した後一条天皇の喪葬について、「殯殿《もがりでん》」に棺を安置したことが記録されています。天皇が清涼殿で絶命したのは四月十七日、同二十二日の真夜中に「殯殿」とされる上東門院（土御門第）に棺を安置し、五月十九日に出棺。モガリに類似した処置期間が二十八日に及びます。同様のモガリの名残は一条天皇（寛弘八年〔１０１１〕没）、後冷泉天皇（治暦四年〔１０６８〕没）にもみられます。出棺まで半月ほど棺が安置され、火葬に付されました（朧谷寿『平安王朝の葬送』第二章）。

『栄花物語』巻第三「さまざまのよろこび」に、藤原道長の父、兼家が六十二歳で死亡したとき、「東三条院の廊、渡殿をみな土殿《つちどの》にしつつ、宮殿ばらおはします」という仮屋ともいえる「土殿」の記事がみえます。寝殿などにつながる廊下の板敷を部分的に取り外して土間にしたところが土殿で、四十九日の満中陰まで道長ら遺族が籠ったそうです（『大鏡』中、「右大臣道兼」）。

『小右記』では兼家の葬送は七月九日です。ついで、法興寺で、七七日の法事が行われました（『小右記』正暦元年八月十二日条）。『栄花物語』では、兼家が死んだのは七月二日、寝殿で八月十日余日に七七日の法事が営まれた、と書かれています。死亡から葬送まで、暑中であるにもかかわらず、七日ほど寝殿に安置されていたとおもわれます。「玉殿」に安置されたという記事はみられません。なお、土殿での忌籠りは遺体搬送後にも継続したはずです。

同じく、古代モガリの遺風を示す葬法は三条天皇后娍子《せいし》（万寿二年〔１０２５〕三月二十五日没）にもみられます。遺言は土葬でしたが、土中に埋める典型的な土葬ではなく、風葬に準じた「埋めない葬法」だったようです。

『栄花物語』巻第二十五「みねの月」によると、死亡後八日が過ぎた四月三、四日ころに、雲林院の西の院に遺体が移送され、さらに十日後の四月十四日に（霊《たま》）屋《や》に安置されました。遺体の腐敗はかなり進んでいたでしょう。この霊屋は西の院の西北に築地を築き、檜皮葺《ひわだぶき》の屋を建てたものでした。棺は牛車の箱ごと霊屋に安置され、その扉を閉める音を聞いて、参列者が嘆き悲しんだとのことです。その夜、西の中廊・渡殿《わたどの》の板敷きを取り外した土間（土殿）に忌籠りました。七日ごとの法事をすませ、九月二十四日に改葬しました（田中久夫「平安時代の貴族の葬制―特に十一世紀を中心として―」『葬送墓制研究集成』第五巻）。この改葬がどのようなものであったかは不明です。このように、娍子の喪葬には、モガリの「殯・盧」と「改葬」の要素が残ります。

新谷尚紀氏（「火葬と土葬」『民衆生活の日本史・火』）は、平安時代の貴族の場合、土葬といっても、土中深く遺体を埋めることに抵抗を覚え、浅く土盛りしたと考えます。「遺体や顔に直接土を掛け窒息させてしまうことへのためらい」がモガリ風の葬法を残したとします。中世の墳墓に土饅頭が築かれるのは、遺体を地表近くに置いて土をかぶせたからとも推測されます。

平安時代前期（866年）に死亡したと伝えられる念仏聖・教信の風葬については、『日本往生極楽記』（一一）などによって知られます。駅舎（播磨国賀古郡賀古駅）の北、竹の廬《いおり》で妻子がその死を嘆いているのですが、その廬の前に置かれた教信の死体は犬の群れに食われていたとのことです。竹の廬は喪屋、すなわち遺族が籠る「倚廬《いろ》」とする説があります（佐々木孝正「葬制資料としての往生伝―宗教者の葬法を中心として―」『仏教民俗史の研究』）。教信が遺棄された場所の近くに竹で廬をつくり、それを喪屋としたのでしょうか。

教信の遺体は野外に置かれています。このように、建物の中ではなく、戸外に遺骸が置かれるのは風葬にみられます。教信の場合、多くの庶民と同じく、犬に食いつくされるまま放置されたようです。遺骨が拾い集められ、埋葬されることはなかった、と想像されます。佐々木氏の説にしたがえば、遺族が籠る喪屋が風葬地にあったのかもしれません。なお、古代のモガリで、「喪屋」が葬地に近接しておかれることも少なくなかった、と和田萃氏（『前掲書』19頁）は推定します。

琉球列島の風葬は単なる「遺棄葬」に近いものから、人工色が濃いものまで、様々です。遺体は石積の墓や洞窟に納められ、第二次葬である「洗骨」をともなう改葬が多かったようです。しかし、第一次葬の風葬だけで完結することもありました。「遺棄葬」「野捨て」「野ざらし」と呼ばれます。第二次葬をともなわない点で典型的なモガリとは違いますが、縁者に恵まれない貧窮者が遺棄されるのは何時の時代にもみられたでしょう。現代では遺骨を納めた骨壺を電車内に放棄する事例がみられるそうです。教信の場合は、風葬に近い葬法であったものの、喪屋が近くに建てられ、妻子がそこに籠っていたようです。

墓地に付属する「喪屋的建物」の発生

教信の場合に類似しているのですが、遺体をモガリ風に処した後、墓所の近くに建てられた「喪屋《もや》」に親族が籠る習俗は琉球列島にみられました。沖縄本島では、墓参するのに茅や古筵などで仮屋という小屋掛けをする地域があったのだそうです。たとえば、以前は、盗人の番をするために、身内の者が四十九日まで泊まり込んだという本島勝連村などの例が報告されています。糸満町では、墓の側に茅で仮屋を作り、一週間ばかり夕方から三味線などを携えて見張りに行きました（酒井卯作『前掲書』１０７頁）。明治十年九月二十一日に、鹿児島県庁は大島郡の沖永良部島民へ風葬地に作られたモヤに遺族が通う習俗を非難する諭達を出しています（伊波晋猷「前掲論文」）――（大意）死人の葬儀は随意であるが、先ず埋葬・火葬するべきである。当島では近年神葬式に改めている。以後、埋葬すべきは当然であるが、処によって棺を墓所に送り、モヤと称する小屋内に置き、親子兄弟がこのモヤに来て、その棺を何度も開き見る。数日経って臭気がひどくなっても、これを嫌わず。人情が厚いとしても、不衛生はなはだしく、これよりこの悪習を改め、死者はすみやかに埋葬すべきである。

柳田國男氏（『前掲書』二三、喪屋・霊屋）は、島嶼《とうしょ》部で遺族が喪屋を作って住む習俗をいくつか報告しています。死の忌みをつつしむ「忌籠《いみこも》り」の意味が濃厚です。たとえば、対馬の木坂では野辺に喪屋をつくり住み、これを「山上《やまあが》り」と呼んでいたそうです。対馬の「山上り」は、奈良時代末（『続日本紀』神護景雲二年〔７６８〕二月五日条）でも記録されています。朝鮮でも同様の廬墓《ろぼ》制が『高麗史』に散見するそうです（赤田光男『祖霊信仰と他界観』56頁）。また、伊豆諸島の新島、三宅島では山間の「門屋《かどや》」という小屋に忌籠ったそうです。井之口章次氏（『日本の葬式』１４２頁）によると、京都府船井郡や兵庫県氷上郡では、墓地のそばに小屋をつくって、遺族は四十九日間ここに住んだそうです。井之口氏（『前掲書』１４０頁）は、「殯の習俗は喪屋の制の中に吸収され、その喪屋の制までが、今はかすかに痕跡を残すばかりである」と、モガリ習俗の消長をまとめています。つまり、古代のモガリが衰退し、喪屋が葬地に建てられるようになり、遺族がこれに籠る「山上り・門屋」の風習が定着したものの、やがてそれも廃れて、ミニチュアの墓上施設（霊屋《たまや》）が残った、という過程を井之口氏は指摘しているようです。

和田萃氏（『前掲書』65頁　注〔10〕／１１９—１２１頁）は、モガリでつくられる「殯宮《もがりのみや》」（喪屋）は埋葬に際して墓所に建てられる「喪屋的建物」と区別されるべきと指摘します。つまり、モガリの喪屋を近年みられた上記の「山上り」の習俗や伊豆諸島の「門屋」などの祖形とする見方に疑念を示し、両者の違いについて、「それは殯宮（喪屋）が埋葬以前の段階において営まれるのに対し、近世の忌屋《いみや》あるいはモヤが埋葬後、墓地周辺で営まれることである（中略—引用者）忌屋あるいはモヤは喪屋的建物の残存形態として理解されねばならない」（65頁）と、します。

大化薄葬令（６４６年）や火葬の普及によって、モガリが衰退し、「殯宮《もがりのみや》」（喪屋）も建てられなくなったと考えられるのですが、七世紀後半以降に「喪屋的建物」が墓所に建てられ、遺族らがそこに忌み籠ったことは『万葉集』（巻二〔155、171―193〕）の額田王の挽歌などから分かるとされます（和田萃『前掲書』119頁）。額田王の挽歌は「山科の御陵で昼も夜も泣き続けた大宮人が退散していく」という内容です。また、「171」以下の二十三首は日並子皇子《ひなみしのみこ》（草壁皇子《くさかべのみこ》）の御陵（墓所）に仕える舎人の挽歌です。このような「喪屋的建物」に籠って喪に服するのは、本来は中国の礼の思想を反映したものですが、次第に仏教色が強まり、「喪屋的建物も墓辺の三昧堂やさらには藤原氏の木幡浄妙寺のごく、伽藍をそなえた墓寺の形態をとる例も現れるに至った（下略―引用者）」（和田萃『前掲書』121頁）とのことです。和田萃氏の説は、明治・大正期、墓辺で遺族が籠った忌屋（仮屋・モヤ）の起源がモガリにさかのぼるとする従来の説を否定するものです。ただし、これは、支配者階級のモガリについていえることで、一般庶民の事情は不明とせざるを得ません。

上記の問題に加えて、死者を置く喪屋（「殯」）の起源についても、分からないことが多いようです。大間知篤三氏（「前掲論文」）は、「死人の出た家をそのまま喪屋として以後放棄する習わしに到っては、殆どこれを知る由も無い」と、指摘します。さらに、琉球列島では、「かつては死者の住居であった母屋の一角をもって喪屋とした名残りが窺われる」（酒井卯作『前掲書』149頁）との指摘もみられます。つまり、喪屋は、最初は、死者の住居そのものであったものが、住居から離れた場所に設けられるようになった、という見方です。これは「遷居葬」と呼ばれ、南島で死人が出た家そのものをモヤと呼ぶことを説明する鍵になり、死者の家そのものが喪屋で、家族は家を棄てて他に移り住む風習をさします（酒井卯作『前掲書』第二部第一章7）。なお、西澤明氏（「原始社会の葬送と墓制　1縄文人と死、そして墓」『日本葬制史』）は、縄文中期の千葉県市原市草刈《くさかり》貝塚など東京湾東岸で、死者が出た竪穴住居を墓地にした「廃屋墓《はいおくぼ》」が多数発見されている、と指摘します。

庭に喪屋を建てる

墓辺に建てられた喪屋の名残は埋葬地の上に置かれる「霊屋《たまや》」「スヤ」「モヤ」「スズメドウ」と呼ばれる小さな屋形にみられます。しかし、小型の構造物で、人は入れません。以前の習俗では、墓地の近くに人が入れる大きさの「喪屋」を建て、遺族は自宅からそこに通い、埋葬された死者を供養したのでしょう。遺族が墓所の喪屋に籠るのはさらにそれよりも古い習俗で、その次の形式が墓地の仮屋に親族が通って棺を開いて見る風習だったとされます（柳田國男『前掲書』モヤ　162頁）。これらの習俗は琉球列島などで以前はみられました。

先に紹介したように、喪屋の起源について、死者が生前に住んでいた家そのものであったのではないかという説は示唆的です。死穢の念が薄れるにつれて、別居していた遺族が家に帰り、その代わりに外に喪屋を建て、死者をそこに置いた、という変遷が読み取れるという仮説です。ただし、沖永良部島では、昭和十二年時点で、「喪屋が埋葬地に設けられていたものが、しだいに葬家の庭に移動してきた」民俗例がみられるのだそうです（酒井卯作『前掲書』107頁）。これは喪屋を葬地ちかくに設置した習俗に逆行する新方式で、喪屋が消滅する寸前の段階をあらわしているのでしょう。

野間吉夫氏『シマの生活誌―沖永良部島採訪記』（『南島の村落』所収）によれば、沖永良部島の喪屋は四本の竹を筵でかこったタマヤドウというもので、葬式の晩に自宅の庭につくり、そこで他家の御馳走を食べ、夜明け頃に皆帰ったそうです。古習俗が廃され、それとの妥協で、自宅近くに形式的に喪屋が建てられたのでしょうか。なお、明治十年の諭達によって、地上の仮屋（モヤ）に遺体を安置する古習俗が廃されました。喪屋が消えた後にも、遺族が墓所に通う習俗はしばらく続いたようで、明治十一年の改正令によって、これも禁じられる方向にむかいました（酒井卯作『前掲書』464頁）。

庭に臨時に建てられる仮屋の民俗例は千葉県富津市や市原市で報告されています（小倉博「千葉県の葬送・墓制」『関東の葬送・墓制』）。出棺の際に、富津市では葬家の庭に特別の建物をつくり、棺を入れます。市原市では、この建物をヒヤ・ヘヤと呼びます。埼玉県坂戸市でも、庭先にヘヤをつくり、棺を置いたとの報告があります。報告者は上古のモガリの場所だったのであろうと推測します（内田賢作「埼玉県の葬送・墓制」『関東の葬送・墓制』）。柳田國男氏（『前掲書』二三、喪屋・霊屋）は、ヒヤは「部屋ではなく、火屋即ち忌屋と思はれる（中略―引用者）喪屋の一種と見て良かろう」と、します。静岡県、相州、近江などでもこれらの呼称がみられるとのことです。

なお、喪屋の習俗が失われてから、墓上にミニチュアの霊屋が置かれるようになったようです。

仏教儀礼の採用

モガリは大化薄葬令（646年）によって天皇・皇子女以上を除いて禁止され、天皇のモガリにしてもその期間が短縮されました。モガリが最後に営まれたのは文武《もんむ》天皇（707年没）ですが、モガリから火葬を経て埋骨するまでの期間はほぼ五ケ月に短縮されました。モガリの後で火葬が行われるのは、文武天皇の先代にあたる持統天皇（702年没）の場合にもみられます。遺体を短時間で白骨化させる火葬を採用することは、モガリ期間を短縮させ、これを廃絶する一因となったでしょう。和田萃氏（『前掲書』46頁）は、「火葬は従来の死生観を根底からくつがえすものだった（中略―引用者）火葬は仏教教理に明るい人々、道昭や持統太上天皇の遺命によってはじめて行ないえたのである」と、仏教の興隆にともない仏式葬法として火葬の導入が促進されたとします。モガリでは肉体と霊魂の分離がゆるやかに進みますが、火葬ではすみやかに死が決定されます。火葬には仏教教理の基本概念である「諸行無常」が濃厚にともなったでしょう。火葬は、モガリと違い、遺体をすみやかに骨に還元し、蘇生の可能性を完全に消滅させせます。元明天皇（721年没）以降は、モガリはされず、死亡から火葬までの期間はほぼ七日から二十一日以内におさまります（和田萃『前掲書』40頁）。

仏教儀礼が本格的に喪葬に導入されたのは天武天皇（686年没）からとされます。『日本書紀』巻第二十九、三十に天武天皇の喪葬がくわしく書かれています。天武天皇が亡くなったのは朱鳥《しゅちょう》元年（686）九月九日、殯宮に納められたのが九月二十四日、埋葬されたのが二年後の持統二年（688）十一月十一日です。モガリの期間は二年二ヶ月に及びます。天武天皇の後継者である持統天皇の喪葬では、モガリが行われたものの、火葬だったことはすでにふれました。モガリが衰退し始める時期にあたり、薄葬令の精神がその遺詔にうかがえます。

天武天皇の喪葬では、旧来のモガリ儀礼が行われるのとあわせて、僧尼が喪葬儀礼に積極的に参加します。ただし、喪葬儀礼の多くは「発哀《みね》」です。殯庭で、僧尼・梵衆が、時に皇太子、公卿などと共に、「発哀・哭《みね》」を行っています。僧侶の「発哀」は七回行われましたが、すべて「発哀・哭」と表記されています。皇太子以下百官らが「号泣儀礼」をする場合には、「慟哭」と表現されています。表記の違いから、僧侶の「発哀」に特別な意味をもたせていることがうかがえます。

号泣儀礼は、上代のモガリでは遊部が行う儀礼だったのでしょう。「発哀《みね》」の本義は、すでに指摘したように、蘇生儀礼とおもわれます。僧尼がこれを行っても、仏教色はうすく、呪術的な目的で修されたといえるでしょう。このように、喪葬では僧尼が参加したとしても古来のモガリ儀礼が維持される傾向がみられますが、天武天皇の逝去以前から、殯宮を離れた寺院で誦経《ずきょう》などの仏教儀礼が修されています。ただし、後述するように、仏教儀礼とはいっても、純粋な仏教教理とは離れ、呪術的な目的で修されました。

また、モガリの伝統的な儀礼である「奠《てん》・歌舞・誄《しのびごと》」も殯宮前で行われました。「奠」とは故人に食物を供えることです。「進奠・奉奠」ともいいます。『記・紀』の天若日子の葬儀で「みけびと（御食人）」が行う役割でした。

持統天皇紀の元年八月五日に「殯宮に新穀を捧げた。これを御青飯《あをきおもの》という」（大意）という記事があります。「進奠」のことでしょう。なお、「誄」は、古来のモガリ儀礼ではなく、中国伝来の儀礼で、安閑（第二十七代天皇）朝末年ころから行われ、モガリの重要儀礼として定着したそうです（和田萃『前掲書』28頁）。「歌舞」については、朱鳥元年九月三十日に「種々の歌儛《うたまひ》を奏す」とか、持統二年十一月四日に「楯節儛《たたふしのまひ》」を奏したとかの記事がみられます。

殯宮を離れた所で仏教儀礼が修された例をあげます。朱鳥元年十二月十九日、天武天皇の供養のために無遮大《むしゃだい》会《え》を五ケ寺で営み、一切の人々を供養。持統元年八月二十八日に、三百人の高僧を飛鳥寺に集め、布施として天皇の服を縫って作った袈裟を与え、九月九日に供養の斎会を諸寺で行わせました。持統二年一月八日にも、薬師寺で無遮大会《むしゃだいえ》を営みました。仏教儀礼がモガリの場の外に浸透しはじめたことがうかがえます。さらに、田村圓澄氏（『飛鳥・白鳳仏教史』３４３頁）は、持統元年九月九日に諸寺で法会が営まれた翌日、殯宮で「設斎《せっさい》」が行われたことに注目し、「殯宮で僧尼による読経などがなされた。つまり仏教儀礼による喪葬が、殯宮で営まれたとみるべきであろう」と、推測します。なお「設斎」とは、『日本国語大辞典』**【せっ-さい】**によれば、「仏事供養のために食物を用意して僧に供養すること」とされます。

仏教の呪術的受容

経典読誦に呪術的な功徳を求めたことは、朱鳥元年（６８６）五月二十四日に天武天皇が発病したさいにも、何度もみられます。同年同日に『薬師経』を説かせ、同年六月十九日に悔過《けか》の大斎会を営み、七月八日に『金光《こんこう》明《みょう》経』を宮中で誦経させました。また、この月に観音像を造り、『観音経』を説かせたりしたのですが、病気は平癒せず、九月九日に崩御しました。このように、天武天皇の喪葬はモガリによるので、仏教はそれほどの影響を与えてはいないのですが、殯宮を離れた諸寺では法会が盛大に行われました。『続日本紀』（巻第三）によれば、七七日忌（満中陰）の行事は持統天皇没後（大宝三〔７０３〕年）二月十七日から、七日ごとの法会は文武《もんむ》天皇没後（慶雲四〔７０７〕年六月十六日）に諸寺で行われるようになりました。

ただし、持統天皇は、モガリで素服（白無地の喪服）を着ることや挙哀の儀礼を禁じるように遺言していますし、文武天皇（７０７年没）を最後にモガリは廃絶されます。これ以降、旧来の儀礼が廃される傾向が強まり、仏教儀礼が浸透します。七日ごとの法要で「誦経《ずきょう》」の記事がさかんにみられるようになります。平安遷都後、「大般若経転読」が桓武天皇没後（大同元年〔８０６〕五月七日）に行われました（『日本後紀』巻十三）。「大乗転読」の記事は天平勝宝八年（７５６）五月二十三日にもみられます（『続日本紀』巻十九）。この時、聖武天皇の山陵のそばに仕えた看病禅師の法栄は、天皇が冥路を行くのをたすけるために転読する、と誓ったそうです。看病禅師とはすぐれた呪力で宮廷の皇族などの医療に従事する僧侶をさします。転読したのは『金光明経』の「除病品」だったのでしょうか。この経は、「仁王《にんおう》般若経」「法華経」とともに、鎮護国家・除災招福の護国経典として崇められ、天武天皇の時代からこれらの経典を読誦・講説する法会が諸寺でひらかれました。

仏教経典が護国の呪力をもつものとして崇められただけでなく、朝廷は仏教に治病に役立つ外来の新知識を期待しました。奈良時代には看病禅師が宮中で活躍します。その最初期の事例として『日本書紀』巻第二十一の用明天皇紀の記事があげられます。仏教受容をめぐり蘇我・物部両氏が争った時期、用明天皇（５８７年没）は病を得て、仏教に帰依する意志をあらわしたところ、豊国《ほうこく》法師が内裏に召された、との記事です。この法師の素性は分かりませんが、おそらく、病気平癒の祈願と医療を期待して呼び出されたのでしょう。

奈良時代からは、護国・治病の修法は「真言陀羅尼《だらに》」を誦す呪術をともないました（速水侑『呪術宗教の世界―密教修法の歴史―』32頁）。唐より初期密教（雑密）の経典が玄昉《げんぼう》（？―７４６）によって大量に招来され、それらの経典によって真言陀羅尼の呪力が説かれました。玄昉は看病禅師として権力をふるいました。

経典が護国・除災招福・死霊鎮送の護符・呪符として読誦されたことについて、井原今朝男氏（『史実　中世仏教』第1巻　234頁）は、中国大陸での仏教受容様式に由来する、と考えます。すなわち、古代中国では、道教的な福徳思潮が根付いた後に、仏教が波及したことから、読経が現世利益をもたらすという論理で仏教信仰を推し進めざるを得なかったとします。その受容方式がそのまま日本列島に受け継がれ、護国経典が呪符・護符として読誦されるようになった、と考えます。

井原今朝男氏（『前掲書』第1巻　273―276頁）は、モガリを含めて、日本古代・中世の喪葬儀礼が『礼記』の儒教的な儀礼に基づくと判断し、火葬導入から始まったとされる仏教儀礼も実は儒教儀礼に由来するものであろう、と推測します。しかし、モガリが中国の「殯」に似ていることは先にふれましたが、日本のモガリ儀礼が古代中国に由来するという説は必ずしも是認されていません。和田萃氏（『前掲書』12頁、97頁）は、モガリは東アジア・南方にひろがる喪葬儀礼で、中国から伝来したものとは考えません。ただし、「貴人を対象とする殯《もがり》は、中国や朝鮮半島から渡来した人々の葬礼たる殯《ひん》の影響を受けて、次第に儀式化し、長期に及ぶものになった」（12頁）と、日本の土着のモガリが支配者階級では中国の影響を受けたと考えます。一般庶民のモガリ習俗については、情報不足です。斎藤忠氏（『前掲書』435頁）も『魏志』倭人伝、『記・紀』にみられる喪葬儀礼を古代アジア全体に共通する、と判断します。ただし、「魂呼び」「誄」などの儀礼については、『礼記』由来のものである可能性があるでしょう。

日本のモガリ儀礼について、外来宗教に由来するものではなく、縄文・弥生時代以来の土着の呪術的思考に支配されたものと考えられます。たとえば、足を折り曲げて埋葬する「屈葬」は縄文時代に多くみられますが、これは死者恐怖に由来する「鎮魂」呪術とも解釈できます。貝や甕をかぶせ、石を抱かせて葬るのも同じ趣旨でしょう（土井卓治「葬りの源流」『太陽と月』日本民俗文化大系第二巻）。モガリの鎮魂・蘇生儀礼は古代中国から伝来したものとは断言できず、それらの影響があるにしても、縄文時代の原始的な呪術伝統を基盤にすると考えられます。ただし、井原今朝男氏（『前掲書』第1巻　229頁、249頁）は、弥生・古墳時代には道教的信仰が受容されていたと指摘し、九世紀ころ定着した天台・真言密教が現世利益・護国を説くことで貴族階級に受容されたのは、「道教の説く呪具・呪文による福徳招来の法」（249頁）がこうした密教の説く修法と同趣旨のものであったからであろう、とします。

密教の真言・陀羅尼が広く受け入れられたのも同じ理由から、と井原今朝男氏（『前掲書』第1巻　256頁）は主張します。このような背景のもとに、一切の罪を滅却するとされる呪文「光明真言」を唱えて、その功徳が加えられた土砂を死体に振りかけると、極楽に往生できる、という信仰が平安時代に確立しました。「光明真言」は、サンスクリット語に由来すると思われる九語からなる短句で、大日如来への呼びかけとも解釈できるのだそうです。その典拠は、菩提流志（？―527）、不空（705―774）の翻訳した密教経典とされます（『岩波仏教辞典』第二版）。日本では、『三代実録』巻三十八（元慶四年〔880〕十二月十一日条）に、「円覚寺に僧五十口を延《まね》き、今日より始めて書は法華經を讀み、夜は光明眞言を誦せしめ」と、あります。これが光明真言の最初期の使用例とされますが、粕谷隆宣氏（「光明真言信仰」『初期密教　思想・信仰・文化』）によれば、「当初から単独で信仰されてきたという形跡はなく、『法華経』等に加えて副次的に読誦されていた」と、されます。それが本格的に普及するのは二十五三昧会（十世紀末に結社）で用いられようになってからで、滅罪・招福に大きな功徳があると信じられただけでなく、極楽浄土（安楽国）への往生信仰と結びつきました。

まとめ―通夜はモガリの残存習俗か―

モガリについて分かっていることは少なく、点を結びつけて線にするだけでも難儀します。とりわけ、一般庶民のモガリ習俗は未知の領域です。

モガリは仮死者を蘇生させようとする呪術で、そのために歌舞飲食・号泣などの儀礼が行われた、とする説が有力です。そうとすれば、モガリ儀礼は蘇生のための臨終行儀ともいえます。平安時代中期に導入され、念仏によって浄土往生を願う仏教の臨終行儀とは趣旨が違います。なお、殯宮で歌舞に従事した遊部の役割は蘇生祈願だけではなく、凶癘魂（荒魂）の鎮撫でもあったとされます（「鎮二凶癘魂一之氏」『令集解』）。モガリの死霊鎮撫は平安時代に盛んになった御霊《ごりょう》（怨霊《おんりょう》）思想につながります。モガリの趣旨は、モガリの最初の数日は「蘇生」、蘇生が期待できなくなってからは「鎮撫」の意味が濃い、と考えられるでしょう。皇族のモガリの場合、遺体を仮安置する場が「殯《ひん》」で、宮の近くに設置されました。遺族らが籠るのが「廬《ろ》」です。「廬」は「殯」の近くに建てられたようです。「殯」の内外で多様な儀礼が行われました。庶民では、野に死体を放置する葬法が少なくなかったようです。

大化の薄葬令（６４６年）や火葬の導入で、モガリ儀礼は衰退しました。天武・持統天皇の時代がモガリ儀礼から仏教儀礼への移行期です。当時、経典読誦などの仏教儀礼は護国・除災招福、治病・延命を目的に修されました。八世紀頃、初期密教が伝来し、九世紀中頃には「真言・陀羅尼」が死者追善の呪文として重んじられようになり、十世紀には真言・陀羅尼と同じ機能をもつとされる念仏が喪葬儀礼では死霊鎮送の呪文と意識され、荒魂を浄土に送るものとされました（速水侑『呪術宗教の世界―密教修法の歴史―』１１１頁）。

九世紀後半、天台座主・円仁がもたらしたとされる五会念仏が比叡山に定着し、それが不断念仏（山の念仏）として普及するにつれて、娯楽的・耽美的なものに変質したという動きがありました。康保元年（９６４）に始まった「勧学会」の念仏はその延長線上にあるとされます。この耽美的な念仏を本来の浄土往生のための念仏に戻す意図で、源信は寛和元年（９８５年）に『往生要集』を完成させ、臨終行儀に理論的な支柱を与えました（源信が参画した「二十五三昧会」などについては、本書第二章第三節を参照）。

　源信の念仏観では観想念仏と口称念仏の区別があいまいで、むしろ観想念仏に傾く面があり、一般庶民には実践し難いという問題をはらんでいました。また、「念仏往生」だけではなく、六波羅蜜の善行による「諸行往生」を認めているのが源信らの天台浄土教の特徴でした（『往生要集』大文第九「往生諸行」参照）。十二世紀頃、法然・親鸞が他力本願の口称念仏だけで浄土に往生できるという信仰を伝道するに至り、あらゆる階層が容易に行える口称念仏がひろまる基礎が形成されます。呪術的な死霊鎮送の念仏とは違い、他力念仏の教えは個人の精神的救済をめざすものでした。

　モガリに話題を戻しますが、モガリが衰退する七世紀後半以降でも、その遺風がみられました。遺体を仮安置する葬法は十一世紀にもみられ、蘇生を期待したものとおもわれます。遺族は「土殿」という土間に籠りました。上層支配者階級の話です（本章第三節の**【喪屋の衰退】**参照）。庶民の遺棄死体の状態は鎌倉時代「六道図」（人道不浄相）に描かれています。また、七世紀後半以降、遺族などが忌み籠る喪屋《もや》が遺体を埋葬（本葬）した墓辺に建てられました。これは「喪屋的建物」と呼ばれ、モガリの廬《ろ》と区別されます。この建物が三昧堂や寺院に発展したとする説がみられます（本章第三節の**【墓地に付属する「喪屋的建物」の発生】**参照）。

　阿弥陀丸《あみだまろ》と呼ばれた念仏者・教信（８６６年没）は浄土願生者ですが、モガリ風に葬られています。中世後期まで、モガリの一次葬に近似した風葬・遺棄葬は下層階級では珍しくありませんでした（本書第二章第二節の**【親鸞が敬**

墓した教信の実像】参照)。なお、平安末期の念仏者・永観の『往生拾因』(康和年間〔1099―1104〕に成立)には、土地の男女が集まり、教信のドクロの周りを回って「歌唄讃歎す」と、モガリの歌舞習俗を想わせる場面が書かれています。

琉球列島では、比較的最近まで、風葬がみられました。風葬に処せられてから、親族が自宅から通って死者を供養する「葬宴」の民俗が知られています。これを古代のモガリで行われた歌舞飲酒と同じものと考える向きがあります。また、滋賀県高島郡の民俗例で、墓穴前で棺を回し、これを「身墓で舞う」といいます。奈良県生駒郡でも、講の鉦を持って、念仏を唱え、踊りながら墓まで棺を運ぶ民俗例が報告されています。このような踊念仏も上代のモガリの歌舞にさかのぼれるかもしれません(拙著『親鸞と葬送民俗』120―123頁)。ただし、歌舞飲酒のモガリ儀礼と沖縄方面の「葬宴」とは趣旨が一致しないとする説もあります(本書第一章第二節**【葬宴《そうえん》の系譜】**、とくに酒井卯作『琉球列島における死霊祭祀の構造』第二部第三章2)。

なお、通夜は最近まで自宅で行われるのが普通でしたが、五来重氏(『前掲書』第十二巻 246頁)は、「このような風葬的殯葬が衰退して、自宅の通夜に変化したのである」という立場から、通夜で入棺前に死者を安置した部屋がモガリ(「殯」)にあたり、次の間が親族の籠る「喪屋」(「盧」)に対応する、と考えます。

ところが、井之口章次氏(『前掲書』140頁)は、現行の通夜をさかのぼったところに「殯の習俗」が位置するとはみていません。殯の習俗が失われていた時代には、埋葬後、別火生活を送る忌み籠りの小屋(喪屋・仮屋)を墓辺に建てたところが少なからずあり、その喪屋がスヤ・タマヤなどの墓上施設に退化したと考えるのですが、モガリと現行の通夜との関連は述べていません。

大間知篤三氏(前掲論文)は、今日一般に通夜と呼ばれる習俗は比較的新しいもので、古代のモガリと結びつけることができないと考え、通夜とモガリの習俗が歴史的に継続するとはみていないようです。『日本国語大辞典』

（小学館）によると、「通夜」および同じ意味の「夜伽《よとぎ》」という語が使用されたのは近世からのようです。

江戸時代後半（十九世紀初頭）の『諸国風俗問状答』には、「通夜」への言及はみられません。ただし、「備後國沼隈郡浦崎村風俗問状答」に、「亡者沐浴仕、髪をそり、瓶或は桶に入、終日終夜親子兄弟厚親類、眞言念佛相唱」と記載されています（『日本庶民生活史料集成』第九巻、７６７頁）。通夜念仏を遺族が唱えていますが、「通夜」儀礼の一部という意識はないようです。断言の限りではないのですが、「通夜」という独立した法要が近世前期で定着していたとは考えにくいようにおもわれます。僧侶を呼んで行う「通夜」儀礼は庶民の経済状態が向上した近世後期以降に普及し、通夜の原始的な形は「添い寝・夜伽」だったとおもわれます。

大化薄葬令や火葬の普及によって、モガリは衰退・消滅するに至ったのですが、これに代わる習俗として、「通夜」が定着したと言える明確な根拠はありません。モガリ消滅と通夜定着のあいだには、両者が行われない長い空白期間があった、とおもわれます。

薄葬令によって、モガリは一部皇族に限られて行われるようになり、モガリ期間が短縮されました。その皇族にしても文武《もんむ》天皇（６８３―７０７）を最後にモガリはみられなくなりました。元明天皇（６６１―７２１）以降は崩御から埋葬までの期間が短縮され、七日から三七日《みなのか》（二十一日）が原則となりました（和田萃『前掲書』39―40頁）。モガリに代わるとされる「通夜」らしき儀礼はみられません。時に「挙哀《みね》」（哭泣）が、また、寺院での「誦経」がみられるだけです。なお、「挙哀」は光孝天皇（８８７年没）までとされます（新谷尚紀『日本人の葬儀』１４６頁）。

嵯峨天皇（７８６―８４２）の遺詔では、誄《しのびごと》（死者に対して哀悼の辞を奏する）、諡《おくりな》（誄儀礼の最後に、死者に称号を献呈する）、飯唅《はんがん》（死者の口に玉を含ませる）、呪願（神仏の加護を祈る文を読み上げる）、忌魂帰日《きこんきじつ》など、俗事にこだわる儀礼を廃絶せよ、と述べられています（「忌魂帰日《きこんきじつ》」とは死霊の帰還を願う儀礼をさすのでしょうか）。これらの儀礼はモガリで執行される『礼記』の儒教的な儀礼に由来するとおもわれます。なお、嵯峨天皇は仏教を尊重し、火葬後の散骨を命じています。徹底した薄葬主義者でした（『続日本後記』巻第十二　承和九年〔８４２〕七月十五日条）。遺詔にある「俗事」には仏教儀礼は含まれず、モガリ儀礼が廃絶され、仏教が尊重されました。

以上のように、「通夜」が確立したのは、モガリ廃絶後から長い空白期間を経てのことだったようです。後代の通夜の行事にモガリと同様の儀礼（たとえば、モガリでは鎮魂神楽、通夜では読経・念仏）がみられるのは、両者の趣旨に似かよった部分があるからで、歴史的に連続する習俗とはいえないようにおもわれます。なお、モガリが衰退した後、これに類似する風葬もしくは死体遺棄が本土では室町時代まで、南西諸島では最近まで続きました。庶民の葬法です。しかし、すでにふれましたが、沖縄本島周辺で濃厚に見られた「葬宴」は古代モガリの「歌舞飲酒」とは趣旨が違う、という説もみられます（酒井卯作『前掲書』２０５、２０８頁）。

古来のモガリ儀礼に代わって、仏教儀礼が喪葬で採用されるようになったのですが、寺院を建て、僧尼が法会に参加しても、仏教教理とは離れ、死霊鎮送（死者の慰撫）という呪術的な目的として修されました。権力闘争にからむ怨霊思想がとくに奈良時代末期から激しくなったこととも関連します（新谷尚紀『前掲書』１５８―１６０頁）。なお経典が護国・除災招福の護符・呪符として読誦されたのは、古代中国の仏教受容の仕組みが日本に受け継がれたから、という説があります（井原今朝男『前掲書』第1巻）。

中国では道教的な福徳思潮によって、仏教が現世利益をもたらすという考えが根付いていました。密教の真言・陀羅尼が呪術的な護符として受け入れられたのも同じ理由からとされます。とくに、光明真言を誦すことに重きが置かれ、平安時代初期（『三代実録』巻第三十八、元慶四年〔８８０〕十二月十一日条）には、「昼の法華経・夜の光明真言」という法会が記録されています。後に、光明真言を用いる土砂加持が喪葬で重用されます。読経と真言を併修するだけでなく、念仏と真言・陀羅尼が未分化のまま、ともに死霊鎮送という呪術的な意図で唱えられた時代が長く続きました。

真言・陀羅尼、経典、念仏が呪術として唱えられる理由として、五来重氏（『前掲書』第十二巻　249頁）は、古代の遊部が殯宮の内部で秘密の呪言を唱えたとする『令集解』（「古記」）の記録から、仏教化するとその呪言が「念仏や陀羅尼や通夜経」になったから、と考えます。念仏が死霊鎮送を目的とした呪文であったわけです。「称名念仏が御霊はじめさまよい祟りをなす恐るべき死霊を浄土に鎮送するマジカルな真言陀羅尼的性格で理解される以上、念仏を称える僧も（中略―引用者）貴族や民衆が畏怖する験者であった（中略―引用者）九世紀末から十世紀の浄土教の最大の特色は、こうした死霊鎮送的な『験者の念仏』にあったといえよう」として、速水侑氏（『前掲書』111―112頁）は当時の天台・真言宗の念仏験者の名を列挙します。ただし、古代モガリ儀礼と現代通夜が趣旨に共通する部分があるにしても、モガリ儀礼が姿を変えて現代に引き継がれているという説はなお検討が必要とおもわれます。

モガリ儀礼の影響が廃れるのは嵯峨天皇（842年没）の遺詔から、または、主要儀礼の「発哀《みね》」が光孝天皇の喪葬（887年）以後に行われなくなった頃から、といえるでしょう。仏教儀礼は次第にあらゆる階層に浸透し、平安時代中期以降、天台浄土教の「臨終行儀」が導入されました。この臨終行儀は極楽浄土に往生するために死亡直前に行われました。ところが、法然・親鸞・一遍などの他力念仏の教えが普及するとともに、中世後期では臨終行儀は死亡直後に行われるようになり、儀礼の独立性が失われるに至ります。現代では「臨終行儀」という言葉すら死語に近くなっています。

「臨終行儀」の歴史を概観した序章に続き、第一章で古代モガリを扱いました。第二章以降では、平安・鎌倉期の高僧の臨終行儀を個別に検討し、臨終行儀と信仰内容との関連に注目します。臨終行儀は、仮死者の蘇生を願うモガリが廃絶してから（八世紀頃）、およそ二、三百年の空白期間を経て、平安時代中期に至り、浄土往生を願う形となって復活します。

第二章　平安時代の臨終行儀

第一節　初期天台浄土教

円仁の臨終は「諸教混在」

第三世天台座主・円仁《えんにん》（諡《おくりな》・慈覚大師〔７９４—８６４〕）は入唐して五台山などを巡礼。大量の経典などを請来し、台密（天台宗の密教）の基礎を築きました。また、「弥陀念仏・法花懺法《ほっけせんぽう》・灌頂《かんじょう》・舎利会《しゃりえ》」などを伝えた、と各種伝記に書かれています。「弥陀念仏」は五台山の念仏三昧の行法とされます（井上光貞・大曾根章介〔校注〕『往生傳　法華験記』〔補注〕３９７—３９８頁）。「法華懺法」は法華経読誦によって懺悔する行法、「灌頂」は水を頭に注ぎ菩薩の高位にはいる儀式、「舎利会」は仏舎利を供養する法会です。

比叡山の「山の念仏」すなわち「不断念仏」は、阿弥陀仏の名を唱え、仏像の周りを九十日間歩く「常行三《じょうぎょうざん》昧《まい》」に五台山の五会《ごえ》念仏が移入されたことに始まるとされます。「常行三昧」は、天台宗の祖師である智顗《ちぎ》（５３８—５９８）が『摩訶止観《まかしかん》』で述べた「四種三昧《ししゅざんまい》」のうちの一つですが、初期の比叡山ですでに「常行三昧への萌芽を潜在していた」（井上光貞『日本浄土教成立史の研究』86頁）ところに、五会念仏が移植され、期間が九十日から七日に短縮されて、貞観七年（８６５）には「不断念仏」として盛行し始めます。

このように、円仁没後、陰暦八月十一日から十七日まで阿弥陀仏の名号を唱える「不断念仏」（山の念仏）が比叡山に浸透し始めましたが、円仁の臨終は、『日本往生極楽記』（四）、『大日本国法華経験記』（巻上四）によれば、必ずしも浄土往生への意志に強く裏打ちされたものではなかったようです。また、臨終で、円仁は名号を唱える口称念仏ではなく、阿弥陀仏を心で思念する観想念仏を行ったようです。「仏を念じて入滅せり」、「弥陀仏を念じ、妙法華経を誦す」とあります。

円仁の臨終奇瑞については、『大日本国法華経験記』（巻上四）にくわしく書かれています。貞観六年（８６４）正月に入滅したさい、臨終奇瑞としてまずあげられたのは、かすかに音楽が大師の坊に聞こえたことです。また、客僧が数十人来て、列に入るのを見たのですが、これは円仁だけに見えた幻視でした。円仁は客人が来たので、早く香を焼き、花を散らせと命じました。客人はいないと法師が言ったのですが、なおさら敬って、一心に合掌して西に向かって安座し、法師に命じて「阿弥陀仏と法華経に最敬礼し奉る」という意味の文言を唱えさせました。子の刻（午前零時ころ）、大師は弥陀仏を念じ、手に定印を結び、口に真言を誦し、北首右脇で入滅したとのことです。なお、客僧が来た逸話は臨終の瑞相である「聖衆来迎」を意味するとされます（佐伯有清『円仁』人物叢書新装版　２５８頁）。『日本往生極楽記』が成立した平安時代中期には、円仁を浄土往生者とする見方があったのでしょう。

通行本『慈覚大師伝』（天慶二年［９３９］以前に成立）には、浄土往生の前兆として、夕方に流星が文殊楼の東北角に落ちて、すぐに散ったことがあげられています。皆が大師の精神が遷化する兆しと言ったそうですが、佐伯有清氏（『前掲書』２６４頁）によれば、円仁を神仙とみなす思想がここにみられるそうです。

円仁の臨終行儀について、身・着衣を浄め、焼香合掌して西面し、諸弟子に仏号を百遍ごとに唱えさせたと大師伝にあります。唱える順番は毘盧遮那・釈迦・弥陀・普賢・文殊・観音・弥勒でした。亥の刻（午後十時ころ）、清浄霊験の仏堂の側で死ぬのはよろしくないと言って、弟子の慈叡法師の房に移り、大師はなお阿弥陀仏を念じ、諸弟子も唱和し、子の刻に至り、手に印契を結び、真言を唱え、北首右脇で永眠（『続群書類従』第八輯下、伝部、巻第二百十一「慈覺大師傳」）。春秋七十一とあります。

上記の内容から、奈良弘元氏（『初期叡山浄土教の研究』47頁）は、円仁が「必ずしも一辺倒な西方弥陀の願生者であったとは断言できない」と、します。確かに、諸教混在の傾向が顕著であるうえに、唱える仏名の順番などから弥陀信仰が最優位にあるとはいえず、念仏と真言の兼修も認められます。円仁は密教修法「熾盛光法《しじょうこうほう》」を除災招福に最勝のものとして文徳天皇に奏上しています（『慈覺大師傳』）。

『慈覺大師傳』によれば、円仁は死亡する前日（正月十三日）に弟子を枕元に呼び寄せ遺戒《ゆいかい》しました。そのなかで注目すべき遺言に、自分の死後に樹木を植えて埋葬した場所の標とすること、また、深く死を嫌って、父母師僧が死亡した後にその居住の場所を避けるのがわが国の習慣であるけれど、この風習に従ってはならないこと、などがあげられます。実際、円仁は没後の十六日に寺の北の中岳に葬られ、廟所は建てられませんでした。墓所に植樹する初期の例として、元明天皇（７２１年没）が常磐木を植え、刻字之碑を立てよと遺言したことが知られます（土井卓治『石塔の民俗』23頁）。常磐木を霊魂の依代とする風習は古代・中世でみられます（拙著『親鸞と葬送民俗』第一部第一章の「墓上植樹と「無墓制」」参照）。

密教と念仏の兼修

日本浄土教の金字塔ともいうべき『往生要集』を完成させた恵心僧都《えしんそうず》・源信《げんしん》（９４２—１０１７）は、完成三年後の９８８年、『横川首楞厳院《よかわしゅりょうごんいん》二十五三昧起請《さんまいきしょう》』（十二箇条）をまとめ、光明真言によって土砂を加持する行法にふれています。これは密教行法ですが、浄土往生を主旨とする起請文に織り込まれているところに、密教と念仏の兼修がみられるわけです。源信が加わった二十五三昧会結社は、極楽往生を願って、毎月十五日の夜に不断念仏を修しました。これは「夜の念仏」といわれます。源信は、「夜の念仏」を修した後に、光明真言によって土砂加持をするように指示し、その土砂を撒いて遺骸を埋め、滅罪の功徳で極楽往生するように勧めています（第四条）。

この土砂には硬直した死体を柔らかにし、治病の功徳もあるとされ、その信仰は近代でも消えていないようです。『旅と伝説』（誕生と葬禮號）の「神奈川縣津久井郡地方」（鈴木重光氏報）に、鎌倉建長寺末寺の檀家で行われた土砂加持による「臨終」（実際には死亡直後）が紹介されています。昭和初期の民俗です――「この土砂は眞言宗で土砂加持の儀を行ひ、土砂を清水で洗ひ護摩を修して加持したものであるといふ。信州善光寺の宿舎でもこの土砂を賣つて居た」。

平安時代後期から鎌倉時代初期にかけて、密教由来の「光明真言」「土砂加持」と浄土教の「念仏」が同時に喪葬で修されるようになったのが注目されます。井原今朝男氏（『史実　中世仏教』第1巻　３０７頁）は、「現代でいう枕経であるが、中世では念仏僧が光明真言と阿弥陀仏名号の両方を唱えたわけである」と、光明真言と念仏の併修を指摘します。また、文治四年（１１８８）の九条良通の喪葬儀礼で、「阿弥陀名号と光明真言を唱えるための護摩壇がそれぞれつくられ、並行して実施された。貴族らの喪葬儀礼は称名念仏や光明真言によって行われたことがわかる」（３１０頁）と、します。以上のことから、初期浄土教では念仏にしても陀羅尼・真言と同様に蘇生を願い、それが期待できない場合、死霊を鎮送する呪術的な側面が濃厚だった、といえるでしょう。

速水侑氏（『呪術宗教の世界―密教修法の歴史―』　１１０―１１１頁）も、称名念仏と真言陀羅尼が「浄土への死霊鎮送という呪術的機能の面では」共通の基盤にたっていた、とします。初期浄土教で、「念仏と真言陀羅尼が未分化のまま混同されていた」ことの例証として、醍醐天皇（885—930）の死亡当日、二十人の密教僧侶が「昼の読経」に続いて「夕の念仏」を唱えましたが、この念仏について、「すなわち尊勝《そんしょう》陀羅尼《だらに》を念ず」との注記がみられることをあげます（『吏部王記』延長八年九月廿九日条）。尊勝陀羅尼は『尊勝陀羅尼経』にある八十七句の呪文です（井上光貞、大曾根章介〔校注〕『前掲書』〔補注〕401頁）。七世紀末ころに印度から中国に伝来したとされます。この場合、「夕の念仏」は「陀羅尼」だったのでしょう。

また、粕谷隆宣氏（「光明真言信仰」『初期密教　思想・信仰・文化』）によれば、光明真言が「霊魂の浄土往生」の功徳をもつという信仰は『毘盧遮那《びるしゃな》仏説《ぶっせつ》金剛頂《こんごうちょう》経《ぎょう》光明《こうみょう》真言《しんごん》儀軌《ぎき》』を典拠としてひろがったとされます。この経典は十一世紀に日本でつくられた偽経とされますが、光明真言を阿弥陀浄土信仰と結び付けました。この偽経は、速水侑氏（「光明真言と初期浄土教」『日本における社会と宗教』）によれば、「すでに浄土信仰と密接な関係にあった我が光明真言信仰の特性をより強調するものとして偽撰され（中略—引用者）その弥陀信仰との密着性の故に」ひろまった、とされます。

鎌倉後期以降になると、死霊の鎮送のために、光明真言は多くの宗派で用いられるようになりました（浄土真宗を除く）。源信（天台宗）や明恵《みょうえ》（華厳宗）、叡尊《えいぞん》（真言律宗）などがその初期の実践者です。中世では、題目を唱える日蓮宗を加え、念仏・光明真言・題目の三つ巴の勢力争いが起きたとされます（井原今朝男『前掲書』第1巻　311頁）。

奈良時代に始まった阿弥陀悔過《けか》は「昼の読経、夜の悔過」という形式の護国法会でした。そこから発達したのが「昼の読経、夜の真言」とされます。「昼の読経、夜の真言」は密教修法として儀礼化され、九世紀後半に「夜の光明真言」が盛行したとされます（速水侑『呪術宗教の世界—密教修法の歴史—』56—57頁）。さらに、「夜の真言」はまず密教験者《げんじゃ（ざ）》（密教的呪力をもつ僧・行者）によって「夜の念仏」に変化したとされます（速水侑『前掲書』110頁)。初期浄土教で、「夜の真言」が「夜の念仏」に置きかえられ、九世紀末ころから発達する浄土教の法会の基本形式は、「昼の読経、夜の念仏」で、それを受け継いで発達したのが後述する勧学会の「朝の法華経、夕の念仏」という発達過程を速水氏は認めています。

このように、「真言(陀羅尼)」と「念仏」が機能的に未分化であった時代を経て、やがて、「念仏」の功徳が真言(陀羅尼)に勝るという見方も出てきました。平安時代末に称名念仏を重んじた永《えい(よう)》観《かん》(1033―1111)がその例です(井上光貞『前掲書』420頁、速水侑『前掲書』111頁)。永観は『往生拾因』(「第一因 廣大善根の故」で「彌陀の名號は殆んど大陀羅尼の徳にも過ぎ、又法華三昧の行にも勝れたり」(『国譯一切經和漢撰述部 諸宗部五』372頁)と、主張します。ただし、真言・法華が滅罪の目的で唱えられ、念仏は臨終で浄土往生のために修せられるという役割分担の傾向が生じたのもこの頃です。

その永観にしても、阿弥陀の名号は「阿字」を離れないので、諸仏の功徳を摂し、その名号を唱えれば広大無限の善根が生まれる、と考えます(『往生拾因』371頁)。「阿字」を宇宙の本源とする密教の「阿字観」と称名の業を同じものと見た、と井上光貞氏(『前掲書』420頁)は指摘します。「阿字観」とは、事物の根源の理(真理)とされる「阿字」を観想することでその理を悟る観法です。浄土教発達史で、永観は源信と法然・親鸞の間に位置すると評価されます。諸行往生と念仏往生との中間点に位置します。諸行往生は念仏以外の修行によって浄土往生することをめざし、旧仏教がこの立場をとります。阿弥陀仏の本願への信仰に基づく念仏往生は法然の考えで、他力念仏は親鸞で徹底されました。永観は名号そのものを尊重し、称名に一心にはげむという、行的に念仏を実践する姿勢が目立ちます。

勝如上人の臨終―糸引き作法は史実だったのか―

永観が平安時代前期の教信《きょうしん》を称名念仏者の手本として崇敬していたことも見逃せません。一心に念仏すれば、十の因によって往生できるというのが『往生拾因』の主旨ですが、その第一因「廣大善根の故」で、永観は教信の行実を述べています。とくに、風葬（モガリ）の描写が具体的です。大石のかたわらで犬の群れが死体を食い荒らしていて、その石の上に、教信の頭部がまるで微笑しているように鎮座します。勝如上人が弟子・勝鑑を教信のところに遣わしたことを知って、民衆が星のごとく集まり、その頭部の周りを廻って歌唄讃歎したとあります。風葬（モガリ）の歌舞儀礼を連想させます。兵庫県加古川市野口町の念仏山教信寺では毎年九月に『開山上人一生絵』という二幅の掛軸が絵解きされます。その絵解きの全文を渡邊昭五氏（「教信上人掛幅絵伝（難行図・易行図）の絵解き―加古川教信寺の絵解き―」『宗祖高僧絵伝（絵解き）集』伝承文学資料集成15）が紹介しています。絵解きでは、無傷で石の上に鎮座する教信の頭部を群集が取り囲んで、回向している、とあります（本書109頁、図⑤参照）。永観の『往生拾因』に書かれている「彼のドクロを回って歌唄讃歎す」とは状況がちがいます。絵解きでは、風葬（モガリ）の歌舞の記憶が遠のいてしまったのでしょうか。

永観は、「無言の行」などの聖道門の修行よりも、口称念仏の功徳がはるかに勝ることを、教信伝によって示します（『往生拾因』第一因）――「在家の沙彌と雖も無言の上人に前《さ》き立つこと、是れ彌陀の名號の不思議なるに依てなり」（〔大意〕在家の私度僧である教信の口称念仏が上人の無言の行に卓越するのは弥陀の名号の不思議による）。さらに、口称念仏にはげみ、弥陀を常に念じる者がたやすく浄土に往生しないわけがない、というのが永観の結論です。

この教信伝は「勝如伝系の教信伝」と称され、初期の往生伝では、教信の逸話は勝如伝の付属として加えられている印象を与えます（谷山俊英『中世往生伝の形成と法然浄土教団』第二章第三節）。勝如の行実についてかなりくわしく記しているのが永観の『往生拾因』（第一因）です。勝如は小僧の時から阿弥陀経ならびに常不軽作法を学び、香気が生じるという奇瑞を見せ、その後、勝尾寺《かちおでら》に登って顕密を学び、七年を経て別に草庵を定めて五十余年念仏を修したとのことです。五日に一回しか食事をせず、無言の行を十二ヶ年も続けました。

無言の行や断食を修していた勝如は教信の信仰を知って、「我が年来の無言、教信の口稱に如かず、恐らくは利他の行疎《おろそか》ならん」（〔大意〕自分が長年やってきた無言の行は、教信の口称念仏に及ばない、利他の行が不十分であろう）と、感激し、口称念仏の門に入り、集落に赴き自他ともに念仏を修しました。

勝如は、貞観九年（867）八月、天台浄土教に典型的な臨終を迎えました。沐浴してから入堂して香華を準備し、糸を仏の手に結び付けて、いつものように念誦しました。夜半に、音楽がほのかに聞こえ、異香がにおい、勝如は声を合わせて念仏しました。これを聞く者がおおいに喜ぶうちに、光明がまたたく間に照らし、紫雲が空に満ちました。上人は西に向かって印を結び、端座して入滅しました。結縁の二百人ばかりが、三七日《みなのか》（二十一日目）の夜、上人の遺骸を取り囲み、不断に念仏したのですが、その間も香気が絶えることはなかったそうです。

勝如の臨終行儀には「糸引き作法」「不断念仏」および密教をおもわせる「印」などがみられますが、「糸引き作法」については日本での初出とされる延昌の臨終よりも百年ほど早いことから、実際に勝如の臨終で行われたというのは疑わしく、後代で脚色されたと考えられるわけです。「糸引き作法」の初見とされる第十五世天台座主・延昌《えんしょう》の臨終は康保元年（964）です。

なお、勝如の臨終には念仏・法華と印を結ぶ密教が混在しています（『後拾遺往生伝』上〔一七〕）。重松明久氏（『日本浄土教成立過程の研究』第二編第二）によれば、諸往生伝には法華・念仏・真言の兼修の例が少なからずみられます。その代表例は『日本往生極楽記』〔一六〕や『大日本国法華経験記』巻上〔六〕に載せられている延昌です。

第二節　空也と教信

空也の革新的な念仏

平安時代、浄土往生のために口称念仏を唱えた先達として、空也と教信の名があげられます。念仏勧進の遊行聖であった一遍（１２３９―１２８９）は「空也上人は我（が）先達」とします（『一遍聖絵』巻第七第二十八段）。一遍は空也の遺跡である平安京東の市に道場（市屋道場）を建て、四十八日間の踊り念仏を興行しました。また、『一遍聖絵』（巻第九第三十七段）によれば、弘安九年（１２８６）、一遍は兵庫印南野《いなみの》の念仏山教信寺に立ち寄りました。教信を慕っていたから、と推定されます。

空也の念仏は死霊鎮送・死者追善・滅罪往生をめざす呪術色の濃い念仏ではなく、一口でも唱えれば誰もが容易に救われて浄土往生できる口称念仏と評価されます。教信は阿弥陀丸《あみだまろ》と呼ばれ、空也は阿弥陀聖、市聖《いちのひじり》と呼ばれました。ただし、後述するように、教信については、その念仏内容は問題視されます。

一般庶民に念仏が普及しはじめたのは空也（９０３―９７２）の時代ころからだったとされます。ただし、当時の庶民が念仏に対し必ずしも好感を持っていたとは限らないことは『日本往生極楽記』（一七「沙門空也」）に書かれています。同書は平安時代中期の寛和元年（９８５）には成立していたようです――「天慶（９３８―）より以前は、道場・集落で念仏三昧を修することはまれで、それどころか小人愚女の多くは念仏を忌み嫌った。だが、上人が現れて、自分でも念仏を唱え、他人にもこれを唱えさせた。それから、上人の大衆教化によって、世をあげて念仏を唱えるようになった」（大意）。

庶民が念仏を忌んだ理由について、石井義長氏（『阿弥陀聖　空也』２１９頁）は、空也以前、念仏は死者供養に用いられ、死を連想させるものであったことをあげます。さらに、往生祈願の場合であっても、その内容は庶民には意味不明な陀羅尼や「漢音で唱和する山の念仏など、凡愚の庶民にはむしろ忌まわしい呪術的な行為と映っていた」と、考えます。仏典の読誦はふつう呉音で発音されます。高取正男氏（『本来的な世俗的宗教』『民衆史の遺産』第一一巻）によれば、念仏を忌む風は鎌倉時代にも残っていたようで、『沙石集』『続本朝往生伝』に、正月元日や朔日《さくじつ》（陰暦の一日）に念仏を唱えることを不吉だとして忌んだという話がみられます。さらに、時衆の陣僧が戦場でさかんに亡魂の回向にあたったことなどから、「念仏に葬送のイメージと死者霊追善、慰撫鎮送の暗くもの哀しい呪術的雰囲気が、濃くまつわりつくことになった」として、神事に念仏をまじえることが強く拒否された、と考えます。

石井義長氏は、空也の「南無阿弥陀仏」と唱える口称念仏の起源について、「尊勝陀羅尼・光明真言・阿弥陀呪」等の死霊鎮送的な真言念仏、あるいは、比叡山の「山の念仏」から生じたという考えを否定します（石井義長『空也上人の研究―その行業と思想』第三部第二章二 1）。空也が口称念仏を唱えるようになったのは善導の浄土教を摂取していたからで、死霊鎮送よりもむしろ自己および大衆の救済を目的とする念仏観を確立した、と理解します。この頃（十世紀）に貴族社会で行われていた「念仏」は臨終念仏が多く、その実態はほぼ真言念仏だったようです。

なお、上記の「山の念仏」は「不断念仏」の別名です。円仁が比叡山に伝えた五会《ごえ》念仏から発達した称名念仏で、「確たる念仏理論を欠くために呪術的な真言陀羅尼との区別も定かでない」ものだったそうです（速水侑『源信』人物叢書新装版 77頁）。空也が鴨川の西岸で大般若経供養会を催した応和三年（963）に、比叡山の僧や慶滋《よししげの》保胤《やすたね》ら文人貴族が「勧学会《かんがくえ》」を結成し、「朝の読経・夕の念仏」を修しましたが、この「夕の念仏」は「山の念仏」を受け継ぐものでした。

勧学会の「夕の念仏」について、速水侑氏（『前掲書』77―78頁）は、「勧学会の行事においては、僧が偈頌《げじゅ》をとなえ、俗が詩句を誦し、その唱和がかもしだす一種真言陀羅尼的効果を重視するのであって、当然そこで行われた『夕念仏《ゆうねんぶつ》』とは、甘美な旋法にのせて阿弥陀仏名を唱和する称名《しょうみょう》念仏であった」と、指摘します。つまり、甘美な音声に酔うという情緒的側面が強い法会だったのでしょう（勧学会とその後に結成された二十五三昧会については、本書第二章第三節で扱います）。

なお、不断念仏では「阿弥陀仏《あびたぶ》」という念仏が基本的に使用され、少壮の空也が唱えた「阿弥陀仏」の念仏は不断念仏に影響されたものであろう、と石井義長氏（『前掲書』５９０―５９１頁）は推測します。ただし、後年に空也が唱えた「南無阿弥陀仏」はこれとは異質であると主張します。これは重要な指摘でしょう。

源信が『往生要集』を書いたのは、浄土往生のための念仏実践に理論的な支柱を示すことでした。それでも、源信は、『往生要集』「助念方法」（『注釈版聖典　七祖篇』１０２０頁）で、阿弥陀仏の神呪《じんじゅ》（真言・陀羅尼）を念ずることで罪を滅することができると説きます。五来重氏（『著作集』第九巻　３４３頁）によれば、この神呪は「オン・ア・ミリ・タ・テイ・ゼイ・カ・ラ・ウン」と発音される「阿弥陀如来小呪」で、「九字の明《みょう》」ともいわれる滅罪の真言でした。滅罪は往生成仏の前提でした。滅罪を目的としない他力念仏を実践した親鸞との差がここにもみえます。

奈良時代から始まった東大寺阿弥陀堂の阿弥陀悔過《けか》では、阿弥陀呪が唱えられたそうです（井上貞光『日本浄土教成立史の研究』37頁）。この阿弥陀悔過は「浄土教的要素と密教儀礼的要素とをともに抱合しているところの、死者追善の目的の法会」で、「特定の人のための死者儀礼ではなく、亡魂・疫病一般を鎮圧するための儀礼ではなかったか」（38頁）と、井上氏は推測します。また、石井義長氏（『前掲書』５９４頁）は、高野山金剛三昧院の現存最古の「『阿弥陀悔過』から浄土往生への直截かつ熱烈な祈願と、阿弥陀仏の称名の起源を見出すことは困難」

と、考えます。

石井義長氏（『前掲書』592—593頁）によれば、阿弥陀呪には二系統があり、その一つは阿弥陀真言で、密教で阿弥陀仏を対象にする念仏に使われるのだそうです。それは一字呪・小呪・大呪の三種から成ります。上記の「阿弥陀如来小呪」は阿弥陀真言の小呪にあたります。比叡山に本格的に密教を移入した慈覚大師・円仁の弟子で、密教聖とも評されている幽仙（835—899）は朝に『金光明経』や『法華経』などの護国経典を誦し、夜は「阿弥陀仏の真言」を念じたとされます。泉浩洋氏（「密教における弥陀思想」『阿弥陀信仰』民衆宗教史叢書第十一巻）は、「弥陀真言とはまさに密教的行法に類している弥陀信仰のように考えられるのである」と、天台宗での密教と浄土教の混修を認めています。

なお、天台浄土教の大御所である源信（942—1017）が密教修法と縁を切っていないことは『首楞厳院《しゅりょうごんいん》二十五三昧結縁過去帳』『続本朝往生伝』などの源信伝に書かれています。これによると、生前、源信は念仏を二十倶胝《くてい》（億）回、阿弥陀経を一万回読誦しただけでなく、千手陀羅尼呪を七十万回、尊勝呪陀羅尼を三十万回、ほかに阿弥陀小呪（阿弥陀如来根本陀羅尼）などを少々唱えました（『続本朝往生伝』九）。「千手陀羅尼呪」以下は密教真言です。上記の『過去帳』で、「どうして真言を学ばないのか」という質問に対して、「自分が真言を業としないのは、これを貴ばないからではない。迦楼羅《かるら》の（治病の）教えを深く信じているし、久しく千手陀羅尼を誦持し、後には尊勝陀羅尼も加えた」と答えました。往生の業には口称念仏だけで足りるとした源信にしても、「念仏と真言陀羅尼の併修を当然視する時代の思潮」（速水侑『前掲書』261頁）の影響を免れなかった、とされます。

空也は法然・親鸞に先立つ二百年以上も前に「称名念仏」を民衆にひろめました。しかも、空也の念仏は、貴族知識人のそれとはちがい、単純明快な「南無阿弥陀仏」という念仏で、名号を唱えることで万民の浄土往生が保障されるというものでした。「一たびも南無阿弥陀仏という人の　蓮《はちす》のうえにのぼらぬはなし」（〔大意〕一度でも「南無阿弥陀仏」と唱えた人で、極楽の蓮の上にのぼらない者はいない）は、空也の和歌と伝えられるもので、京都市中の東市《ひがしのいち》の門に石塔を建て、この和歌を刻んだとされます。空也三十九歳でした。翌年（942年）に源信が生まれています。

『日本往生極楽記』（一七「沙門空也」）では、「口に常に阿弥陀仏を唱ふ。故《かるがゆゑ》に世に阿弥陀聖と号《な》ずく」と書かれています。『空也誄』でも、少壮の頃（二十歳余りで尾張国分寺で出家する以前）、「曠野古原に、委骸有る毎に、これを一處に堆《うずたか》くし、油を灌ぎて焼き、阿弥陀仏の名を唱ふ」と、あります。ところが、帰洛後（天慶元年以後）「尋常《つね》の時、南無阿弥陀仏を称すること、間髪を容《い》れざれば、天下また呼びて阿弥陀聖と為す」とあります。帰洛後の空也は、仏名の「阿弥陀仏」ではなく、「南無阿弥陀仏」の六字名号をたえず唱えた初期の念仏者といえそうです。

この問題について、石井義長氏（『前掲書』591頁）は、少壮の空也が唱えた仏名「阿弥陀仏」は比叡山の不断念仏に由来するものであって、死霊鎮送の儀礼の段階にとどまっている、とします。他方では、帰洛後に唱えた「南無阿弥陀仏」は『南無』と阿弥陀仏に帰命する易行称名の念仏を自覚的に選択したもの」と、考えます。大乗仏教の教理に基づき、大衆に浄土往生を呼びかける空也であるからこそ「南無阿弥陀仏」の六字名号を唱えたことになります。このことは、民間呪術宗教の念仏者という従来の空也像の修正を促す重要な論拠となるとは、石井義長氏の強調するところです。

空也の臨終

空也は天禄三年（972）に七十歳で死亡しました。空也の臨終については、文人貴族の源為憲《みなもとのためのり》が書いた『空也上人誄《るい》』によって、知られます（校訂・訓読については、石井義長『空也上人の研究—その行業と思想』第二部第二章、および、浅野日出男、他「『空也誄』校勘並びに訳注」『山陽女子短期大学研究紀要』第14号を参照)。源為憲(1011年没)は勧学会の構成員で、『三宝絵』の著者として知られる文人官僚でした。この誄は空也没後まもなくして書かれたとされます。本書第一章第二節でふれましたが、有力支配者のモガリで故人の業績を讃えるのが誄《しのびごと》儀礼です。石井義長氏(『阿弥陀聖　空也』41頁)によると、平安時代には「誄」の例文はきわめて異例だったそうです。つまり、モガリの習俗が上流知識階級では消滅していたので、誄儀礼が行われなかったと考えられます。このことからして、『空也上人誄』は当時としては異例で、特別に空也を敬い追悼する意識で書かれたものと石井氏は判断します。『空也上人誄』の末尾で、源為憲は空也への崇敬の念から、「賤は貴を誄せず」が世の習いであるものの、逆に賤を貴なるもので磨くようなこともあり、上人の誄をつくった、と書いています(『續群書類従』第八輯下、巻第二百十四「空也誄」)。

『空也誄』では、臨終の様子は次のように記されています――(大意)上人はかねて同じ信仰のよしみで昵懇《じっこん》だった老尼に衲衣《のうえ》(質素な僧衣)を縫ってもらっていた。上人入滅の日の朝、この尼が下人に「我が師は今日亡くなるはずだから、この衲衣をすぐに届けなさい」と命じた。下人は夕暮れに帰ってきて、空也の死亡を報告した。尼は驚かなかった。皆がこれを奇瑞とした。なんと悲しいことか。年齢七十、法臘二十五。入滅の日、沐浴して浄衣を着し、香炉をささげて座り、西に向かって安らかに死んだ。まさにこの時、天より音楽がきこえ、異香が部屋からただよい出た。郷里の人々は急いで房に走り寄り、上人が端坐して、息が絶えてもなお香炉をささげるのを見て、大いに嘆いて「これも天命であろうか、なんと哀しいことだ」と、言った。

『空也上人誄』よりも十二年ほど遅れて書かれた慶滋保胤の『日本往生極楽記』(一七「沙門空也」)にも、ほぼ同様の記事が載せられています。ただし、臨終場面に「門弟子に語りて曰く、多くの仏菩薩、来迎引接したまふといへり」が加えられています。追加部分は空也をいっそう荘厳する意図で書かれています。空也の霊験をあらわす奇瑞譚は、死亡したあとでも、香炉をささげ、音楽が聞こえ、異香が室に満ちたなどにみられます。高徳の僧が迎える臨終の典型です。仏菩薩に引導摂取されて、西方浄土に往生しました。

また、小山聡子氏（『親鸞の信仰と呪術―病気治療と臨終行儀―』52頁）によれば、阿弥陀仏は穢れを嫌うので、沐浴し、浄衣を着て仏の来迎にそなえるのがこの時代の天台浄土教の作法でした。『日本往生極楽記』第三一（『今昔物語集』巻第十五第三十七）に、「ただし仏、菩薩は濁穢《じょくゑ》あるをもて帰り去りぬといへり」と、あるように、来迎の仏菩薩が穢れを嫌うと意識されていたようです（笹田教彰「『臨終行儀』の思想史的一考察」『佛教学浄土学研究』香川孝雄先生古稀記念会〔編〕）。このような背景があって、老尼が空也の死を予知していたことだけでなく、あらかじめ衲衣を空也のために縫っておいたという話が書かれたのでしょう。この衲衣は死装束として臨終時に着る白衣だった、と石井義長氏（『前掲書』173頁）は推測します。沐浴して浄衣を着る臨終作法が空也の時代である程度は定着していたと考えられます。天上から音楽がきこえ、異香が漂うという奇瑞も『日本往生極楽記』によくみられます。小山聡子氏（『前掲書』75頁　注〔150〕）によれば、往生人四十二名のうち、音楽が十五話、異香が六話にあらわれます。

天台座主・延昌《えんしょう》の臨終―糸引き往生の初見―

光明真言を唱え、土砂加持を施し、糸引き作法を行うなどの喪葬儀礼が空也にみられないのは、これらの作法は源信時代以前には定着していなかったからでしょうか。ただし、空也に授戒した第十五世天台座主・延昌（880―964）は空也よりも八年早く、康保元年（応和四年〔964〕）に死亡しましたが、その臨終で阿弥陀仏像に糸を結んで来迎を待つ作法がみられます。井上光貞・大曾根章介〔校注〕（『前掲書』補注　402頁）によると、日本での糸引き作法の実例の初見です。これについて、中国唐代（七世紀）に道宣《どうせん》が書いた『四分律《しぶんりつ》行《ぎょう》事鈔《じしょう》』の「瞻病送終篇《せんびょうそうじゅうへん》」にこの作法がみられることから、延昌の糸引きが道宣の著書を手本にしたものではないか、と齊藤雅恵氏（『密教における臨終行儀の展開』72頁）は指摘します。

「沐浴・浄衣」は空也と同じですが、香気・音楽は延昌の臨終には記されていません。『日本往生極楽記』（一六「僧正延昌」）で延昌の臨終作法をみると、『大日本国法華経験記』巻上（第六「叡山西塔平等坊の延昌僧正」）にある「定印を結び」はここにはみられません――（大意）僧正・延昌は受戒してから、毎夜に尊勝陀羅尼を百遍唱え、毎月十五日には弥陀の讃を唱え、浄土の因縁・法華経の奥義を論議させました。平生、常に、死亡まえに三七日《みなのか》の不断念仏を修したい、その結願の日が自分の入滅の時である、と言っていました。夢に朝服すがたの立派な人物があらわれ、極楽に生まれたければ、衆生のために法華経を百部書写せよ、と言ったので、延昌はもっぱらそれに取り組みました。天徳三《ママ》年に弟子に命じて三七日の不断念仏を修させ、翌年の正月十五日に入滅しました。この日、沐浴し浄衣を着て本尊に向かい、「われ年老いて、この世の命を終える。今夕までに必ず来迎していただきたい」と、言いました。それから、右脇の姿勢で臥し、枕の前に弥陀・尊勝の両像を安じ奉り、糸を仏の手にかけて、自分の手に結び着けました。その臨終の時は前言のとおりでした。朱雀・邑上両帝は帰依して、師とされ、後に、慈念という諱《いみな》がおくられました。

『大日本国法華経験記』では、糸引き作法についてやや詳しく述べています。「仏の手に糸をかけ、自分の左手に結び付け、願文をにぎり、右手に念珠を持ち、定印を結んで入滅した」（大意）と、あります。ただし、往生予知の夢はみましたが、紫雲・音楽・異香の奇瑞はあらわれませんでした。延昌には「密教・法華経・念仏」の兼修が認められます。

第十八世天台座主・良源（９１２—９８５）は延昌よりも二十年遅れて死亡しましたが、『群書類従』（第五輯、伝部、巻第六十九「慈恵僧正傳」）、『後拾遺往生伝』（中（一））によれば、糸引き作法はありませんでした。また、香気・音楽の奇瑞もその臨終にみられません。死期が迫り、悲しむ弟子に、良源は「生者必滅之理」を説いています。人が死ぬのは自然の摂理であることを説いていることから、特別な死出の演出は不要と考えていたのでしょうか。

永観三年（９８５）正月三日の午前六時ころ、良源は合掌して西に顔を向け、自分が修した善根はすべて菩提に役立つだけでなく、一切衆生に回向される、と言いました。命が終わる時には極楽世界に往生することを切に願い、口に弥陀の名号を唱え、心に諸法実相の理を観じて入滅しました。その時、幼童が、禅房東廊の橘の樹の上に紫雲があり、天上に昇るのを見た、と告げました。また、同時刻、北山の鞍馬寺を詣でると、叡山の上に紫の大気が、煙とも雲ともいえない状態で、立ち昇っているのが目撃された、ということです。

良源の臨終の奇瑞といえるものは「紫雲」でしたが、良源自身が見たわけではありません。臨終時に、縁故の者が見たと称しただけです。良源の臨終は、比叡山を統括する謹厳な高僧にふさわしいものでした。良源が『観無量寿経』に基づき『極楽浄土九品《くほん》往生《おうじょう》義《ぎ》』を編纂したことからも、浄土教への関心は否定できません。これによって、口称念仏を唱えて臨終を迎えたことは理解できます。『後拾遺往生伝』の著者・三善為康が良源を往生人と認めた理由です。

他方では、良源は天台教学の土台となる「諸法実相」を止観することにも重きを置いています。良源の時代には比叡山では止観業の常行三昧が全盛を迎えていた、と平林盛得氏（『良源』１８３頁）は指摘します。なお、良源の『極楽浄土九品往生義』について、石田瑞麿氏（「『往生要集』の思想史的意義」『源信』日本思想大系６　４５９頁）は、天台の立場に偏した保守的浄土教の色彩が濃厚とします。観想念仏を基本としたので、善導流の称名念仏は重視しなかったのでしょう。

良源の臨終には奇瑞譚に欠けるところがあったのですが、死後に理想化・伝説化が行われました。「法力談」「化身説」などが中世説話集にみられます（平林盛得『前掲書』１９９頁、２０７頁）。たとえば、『古今著聞集』巻第二（五八）に、「太政入道清盛は慈恵僧正（良源）の化身なり」とあります。『平家物語』巻第六にも類話がみられます。宇津純氏（「元三大師とおみくじ」『俗信と仏教』仏教民俗学大系８）によれば、良源はその霊験により「降魔大師・角《つの》大師」とよばれ、また十三世紀初頭には観音菩薩の化身ともみなされたそうです。観音のお告げとして良源・元《げん》三大師《ざんだいし》のおみくじが近世（十七世紀後半）以降に普及したとされます。

糸引き臨終の諸例

「糸引き作法」は延昌伝が初見だそうですが、辻善之助氏（『日本佛教史』第一巻　上世篇、第五章第八節）は、『栄花物語』に書かれている藤原道長（９６６―１０２７）の糸引き作法について、「この臨終のさまは、いかにも安らかに殊勝げなものはあるが、その如來の手より絲を引くに至つては、如何にも現世的な物質的な形式的なるを免れない。この彌陀の絲引といふことは、この頃に流行した習俗で、その實例は甚多い」として、諸往生伝から実例をあげています。

たとえば、『拾遺往生伝』（康和元年〔１０９９〕以降に成立）で、阿闍梨維範（上一一）は、嘉保三年（１０９６）正月に病み、二月三日、臨終正念のために密教護摩法を修し、沐浴して浄服を着ました。この日、一期の命終を覚悟して、端坐して西に向かい、手に阿弥陀如来の定印を結び、口に名号を唱え、同時に五色の糸を仏の手に懸けて、定印と結びつけ、絶命しました。真言密教と念仏の兼修が明らかです。また、聖金阿闍梨（下二八）は、「五色の糸をもて、尊像の手に懸けて（中略）面は西方に向ひて、手に定印を結び、端坐して気絶えぬ」とあります（長和四年〔１０１５〕）。

『後拾遺往生伝』（中〔五〕）の源義光は乱暴者で知られた武士でしたが、毎日念仏を一万回唱え、法華経を読むこと二千部、源信の『往生要集』を常に読むなど、信心深く、寺を建て、丈六の阿弥陀仏像を収めました。臨終では、沐浴し、新しい衣を着て、浄席に着き、本尊に対して手に定印をむすび、念仏を唱え、五色の糸を引いて、たちまち絶命しました（大治二年〔１１２７〕）。諸信仰が混在する傾向が顕著です。

源信の『往生要集』（大文第六「別時念仏　臨終行儀」）によれば、糸引き作法は『四分律行事鈔』の「瞻病送終篇」に書かれています。先に**【天台座主・延昌《えんしょう》の臨終―糸引き往生の初見―】**でふれたように、この書は唐の道宣《どうせん》が貞観年間（６２７―６４９）に完成し、南山律宗の戒律作法を述べたもので、糸引き作法は唐代の中国仏典に説かれた臨終行儀に由来するものとされます（『岩波仏教辞典』**『四分律行事鈔』**）。源信の『往生要集』（別時念仏　臨終行儀）の著述に重大な影響を与えたのは上記の道宣の著書と善導の『観念法門』とされます。

ただし、西口順子氏（「浄土願生者の苦悩―往生伝における奇瑞と夢告―」『阿弥陀信仰』民衆宗教史叢書　第十一巻）によれば、往生伝に収録されている三百四十六名のうち、糸引き作法を行ったのは二十七名です。『日本往生極楽記』にかぎれば、四十五名（小山聡子『前掲書』では四十二名）のうち、糸を引いたのは天台座主・延昌だけでした。

親鸞が敬慕した教信の実像

空也よりも一世紀ほど前、貞観八年（８６６）に没したとされる教信は、念仏をたえず唱えていたので、「阿《あ》弥陀丸《みだまろ》」と呼ばれ、「阿弥陀聖」と呼ばれた空也と同じく、念仏による浄土往生を一心に願う念仏聖でした。教信は在俗の念仏聖の先達とされ、時代的には空也がそれに続き、源信が『往生要集』を書いたのは空也死没のすぐ後でした。

教信の実像については、いくつかの伝記によって推測できるものの、平林盛得氏（『聖と説話の史的研究』「沙弥教信説話の変貌」）は、伝記というよりは説話にちかいもので、実伝とするのには難があるとしました。とりわけ、口称念仏の先達という評価に疑義をあらわしました。

三善為康の『後拾遺往生伝』上（一七「摂津国勝尾寺証如」）によれば、教信が死亡したのは貞観八年ですが、円仁が口称念仏を叡山に移植したのは貞観七、八年頃で、しかも、その口称念仏は観想念仏と併用されていた段階であったことから、「民間の一沙弥である教信がどのような意識で弥陀の名号を選びとったのか」（『前掲書』225頁）、との疑念を平林盛得氏は示しました。永観の『往生拾因』、三善為康の『後拾遺往生伝』によれば、勝如（証如）は貞観九年に死亡したとされますが、勝如の口称念仏優位の信仰態度は、浄土教の発達史に照らせば、教信の信仰と同様に特異と考えられます。教信・勝如が生きた時代に口称念仏が優位にたっていたと考えるのは困難で、よって、教信の念仏信仰は後代で創作されたものではないか、との疑義が出されるわけです。

こうした問題点を解明するためには、空也の口称念仏の伝道が天慶元年（938）以降に平安京で盛んになったことも考慮するべきであると平林盛得氏（『前掲書』230頁）は指摘します。空也の活躍した天慶年間（938—947）と『日本往生極楽記』成立の間の四、五十年間に、口称念仏優位の思想をもつ教信譚が『日本往生極楽記』に採録されたのであろう、と空也の口称念仏唱導を高く評価します。つまり、往生伝にみられる念仏者としての教信像は空也の口称念仏伝道の影響を受けて後代で成立したものであろうとのことです。

口称念仏による浄土教の流布に努めた永観（1033—1111）も、その著書『往生拾因』で、念仏往生をとげた証人として、沙弥教信をとりあげています。菊地勇次郎氏（『浄土信仰の展開』109頁）は、教信の伝記が「永観によって、新しく読みかえられた」と、考えます（永観の教信伝については、本章第一節の**【勝如上人の臨終―糸引き作法は史実だったのか―】**参照）。市井にうずもれた在家の沙弥ではあるけれども、弥陀の名号不思議によって浄土往生したとして、教信を称名念仏者の先駆者のように永観は再解釈したわけです。そうとすれば、親鸞が知るに及んだ教信像は後代で再解釈されたものだったのでしょう。

松野純孝氏（『親鸞―その生涯と思想の展開過程』）は、親鸞がその主著『教行信証』に永観の『往生拾因』の文を孫引きしていることから、「彼はこの書によって、沙弥教信に大きな関心を持つに至った」（13―14頁）と、推定します。また、『改邪鈔』（三）によれば、覚如は教信の故事を『十因』（『往生拾因』）によって知った、と証言しています。親鸞・覚如とも、教信の信仰について知り得た情報は、永観を通じた間接的なものであったようで、教信の先駆性を支持する直接的な情報に立脚するものではありません。

教信の臨終そのものについては知られるところはないのですが、『日本往生極楽記』（二二「僧勝如」）や『今昔物語集』（巻第十五第二十六「播磨国賀古駅教信往生語」）、永観の『往生拾因』などに、教信がモガリ風に葬られている状況が述べられています（本書第一章第三節の**【喪屋の衰退】**でふれました）。これらの往生伝は「勝如伝系の教信伝」と呼ばれ、勝如の故事が主に書かれ、教信は副次的に扱われています。『日本往生極楽記』の著者・慶滋保胤にしても、「地方で天台の教団と関係うすく、自分だけの念仏におわる教信を、あまり評価しなかった」と、菊地勇次郎氏（『前掲書』１０８頁）は指摘します。教信の往生作法は無視されたかたちで一切ふれられず、風葬をおもわせる葬法が書かれているだけです。教信の念仏が諸行（この場合は「無言行」）にまさると述べて、勝如が念仏を唱えて入滅したことで結ばれます。教信は付け足しです。なお、極貧の在俗の沙弥が死んだ場合、その遺体が風葬のように野ざらしにされたことは、当時ではめずらしくなかったでしょう。

後代では教信の称名念仏に焦点を置いた往生伝が書かれています。法然の孫弟子・敬西房信瑞が法然の無観称名義を讃嘆するために編述した『明義進行集』に収められていたと推測されるものです。ただし、現存の『明義進行集』（金剛寺本、成立の上限は仁治三年〔１２４２〕、下限は文永十二年〔１２７５〕）は巻第二、巻第三のみの合本です。第一巻は欠巻で、これに教信伝が記されていた、と考えられます（中嶌容子「解題」『明義進行集　影印・翻刻』大谷大学文学史研究会〔編〕）。『校補　真宗法要典拠』（安政三年〔1856〕）の「賀古の教信」の項に『明義進行集』に拠ると記されているからです。

谷山俊英氏（『中世往生伝の形成と法然浄土教団』第二章第三節）は、上記の教信伝について、法然門徒の手で改変・潤色されたものであろう、と推測します。『明義進行集』に載せられていたとされる教信伝には、教信はもと興福寺の英傑で、唯識などの学理を極めたが、再出家・隠棲して在俗のまま人々に「阿弥陀丸」と呼ばれ、往生した、と書かれています。臨終では香気が室に満ちたそうですが、風葬や妻帯していたこと、予告往生のことも記されていません（谷山俊英『前掲書』106―107頁）。

『明義進行集』に編入された教信伝は信瑞らの手で改変・荘厳・潤色されたもので、その改変の理由について、谷山俊英氏（『前掲書』113頁）は、「法然門の専修念仏が観想重視の法相宗興福寺や南都浄土教の教説よりも卓越した往生行であることを強調し、更には専修念仏禁圧の旗頭であった興福寺の宗教的尊厳を貶める意図が内包されていたと考えられるのである」と、します。

兵庫県加古川市の念仏山教信寺では今日でも九月の教信忌で『教信上人一生絵』が絵解きされます。上下二巻からなる掛幅絵伝で、上巻は勝如伝を描いた難行図、下巻は教信の往生を描いた易行図です。下巻の右上に教信の風葬的な遺体処理が描かれています（図⑤）。左上には阿弥陀如来が二十五菩薩とともに来迎する図がみられます。また、石の上に教信の首面が置かれ、それを信者たちが取り巻いています。中段右には、教信の妻子を勝如の弟子が訪れる場面もあります。『教信上人一生絵』は永観の『往生拾因』を元に絵画化されたものとはいえますが、必ずしも忠実に絵にしたものではありません（谷山俊英『前掲書』第三章第二節）。たとえば、上段左半分以上を占める二十五菩薩来迎の場面は『往生拾因』にはありません。教信の往生譚を荘厳化する意図で描かれたのでしょう。また、『播州念仏山教信寺縁起』（以下『縁起』と略します）について、絵解きで語られる物語の台本に類するものではないか、と谷山俊英氏（第三章第二節）は提言し、この『縁起』の成立は元和七年（1621）、『教信上人一生絵』も元和七年には存在していた、と谷山氏は推測します。

『縁起』には他の教信伝にはみられない臨終行儀が『教信上人一生絵』に沿って展開します。大意概略を紹介します（『縁起』の全文は谷山俊英氏『前掲書』第三章第二節219—221頁に掲載されています）。その臨終は奇瑞にあふれ、教信を申し分のない往生者に仕立てています——（大意）あらかじめ死期を悟り、近隣に「土葬・火葬は自分の望みではなく、死体は原野に捨て、鳥獣の飢えを救い、仏縁を及ぼすことだけが最後の願いである」と告げた。趺《ふ》坐《ざ》合掌し、西に向かい念仏し、泊然として息が絶えた。このとき紫雲が部屋を覆い、奇香が四方に薫った。行年八十六、貞観八年八月十五日の夜、子の刻である。里人は遺命に従い、野に曝葬した。鳶烏が争って食し、狐狸が争って喰った。不思議なことに、首面だ

図⑤　『教信上人一生絵』易行図（兵庫県・教信寺蔵）

けは厳然として損なわれることなく、慈悲の顔貌は微笑をたたえるようだった。香気馥郁たり。空中より三角形の石が降った。色は瑪瑙のようであった。そのときドクロがみづから動いてその石の上に鎮座した。

　親鸞はその著作で空也の事蹟についてふれることはありませんでしたが、教信を「非僧非俗」の聖として敬慕していたことは覚如の『改邪鈔』(三)によって知られます。このように、空也と教信の評価に差があるようにみえるのはなぜでしょうか。堀一郎氏(『我が國民間信仰史の研究』一　３３５頁)は、「妻帯俗形にして人に雇傭せらるる平凡なる篤信者、卽ち『俗ながら聖』なる沙彌的信仰生活を教信を通じて自己の上に再現し、更に思想的にも、僧侶的にも之を意義附けんとしたものとも考えられる」と、教信と親鸞のあいだの信仰生活上の親和性を指摘します。しかし、空也については、堀一郎氏(『前掲書』二　２７７頁)は、その口称念仏を陀羅尼から展開する呪術的なもの、また古代の輪踊りを踊念仏の中に再現させ、「念佛の當面の目的が自己の、また他者の、死後世界に關するもの」であった、とします。

　井上光貞氏(『前掲書』１２１頁)も、金鼓《こんぐ》・錫杖を持ち、法螺を吹く念仏勧進の姿に空也の「狂躁的エクスタシア」を認めます。ただし、すでにふれたように、石井義長氏(『前掲書』14頁)は、井上光貞氏などが指摘する空也の民間呪術宗教的な側面の他に、大乗仏教的性格を認めなければ、空也の真実の人間像に迫れない、と主張します。

　親鸞は、空也の事蹟を十分に知っていたうえで、空也に異形を好む民間呪術者の姿をみたことから、空也を無視したのでしょうか。覚如は、『改邪鈔』(三)で、ことさら異形の姿をとって遁世者であることを示そうとする連中に対して親鸞が違和感をもっていた、と書いています。そのような遁世者として覚如は一遍門下の時宗の門弟をあげています。一遍は空也を「先達」として崇めました(『一遍聖絵』巻第七第二十八段)。覚如も空也に違和感をもっていたとおもわれます。

　なお、親鸞にしても、俗聖が愛用したとされる「鹿角《わさづの》、鹿の皮」を連想させる猫の皮を巻いた「マタブリ杖」

をその寿像に描かせています（「安城御影」）。高田門流がこうした道具を用いる善光寺聖（勧進聖）の系統を引き継いでいることから、門弟の希望を許容してこうした肖像画を描かせたとおもわれます（拙著『もうひとつの親鸞伝―伝絵・絵伝を読み解く―』第十三章）。

空也には教信にみられる市井にうずもれた遁世者という性格がうすく、むしろ一丈もある十一面観音像の造立や金字大般若経書写とその大供養会、西光寺の開創などにみられるように、親鸞が嫌った外的アピール活動が中年期以後には目立ったことから、空也をあえて無視したのかもしれません。また、空也が四十六歳で比叡山にのぼり、座主の延昌が得度受戒させたということも、親鸞には理解しがたかったでしょう。遁世聖には受戒式は無用です。親鸞の師・法然も空也について語ることがなかったようです。民衆が空也を呪術的な念仏験者として評価したからでしょうか。

速水侑氏（『呪術宗教の世界―密教修法の歴史―』）は「民衆の目に映った空也像は、苦行と霊異に彩られた類まれな大験者」（118頁）と、指摘します。たとえば、杖を投げて水脈を知り、観音菩薩に会うために、穀類を絶ち、腕上に香を焼き、断眠、不動の苦行といった奇瑞・苦行譚が『空也上人誄』に書かれています。法然・親鸞にとって肝心なことは如来の本願に対する信心であって、生身の人間の呪力ではありません。空也と同じく民間布教者として活躍し、盧舎那仏の造立に貢献、大僧正にえらばれた奈良時代の行基（668―749）についても、他力の念仏者ではなかったことから、親鸞は一言も語っていません。

第三節　二十五三昧会

勧学会《かんがくえ》と慶滋保胤《よししげのやすたね》

源為憲《みなもとのためのり》が永観二年（984）に著した『三宝絵《さんぼうえ》』（下「僧宝」14「比叡坂本の勧学会」）によると、大学寮の学生と比叡山の僧侶が、朝に法華経講読、夕に阿弥陀念仏、夜に経中の句を主題にする詩会を催す集会が康保元年（964）に始められました。年二回、春秋の三月と九月の十五日に開催されました。第十五世天台座主・延昌が糸引き作法で死亡した年です。「この世・後の世にながき友として、法《のり》の道・文《ふみ》の道をたがひにあひすすめならはむ」（『三宝絵　平安時代仏教説話集』出雲路修〔校注〕、東洋文庫513）という結社の趣旨から、「勧学会」と名付けられました。その中心人物が慶滋保胤です。白居易の「狂言綺語《きぎょ》」観が勧学会に影響を与えたとされます。狂言綺語（文芸）を仏法への誘因とする考えです。

平林盛得氏（『慶滋保胤と浄土思想』10—12頁）は、「白居易に深く傾倒する（『池亭記』）保胤が、無常観にもとづき同行の士を語らって勧学会を結成したのであろう（中略—引用者）詩会が重要な位置を占める一方、『永修此会一。世世生生。見二阿彌陀仏一』（大意）永くこの会を修せば、未永く阿弥陀仏を見る—引用者）と保胤がいっているように、極楽思慕の要素をも有しており、一つの念仏結社と見ることができる」と、この結社を性格付けます。保胤の『池亭記《ちていき》』に書かれた「風流と信仰」の「私ごと」の理想世界を実践したのが勧学会で、「摂関体制下の時流にあい容《い》れぬ貧しい中下層の文人貴族」（速水侑『源信』74—75頁）がそのメンバーでした。「勧学会」の実態は、この世で志を得られない中下層貴族出身の僧俗が仏法を讃歎する耽美的世界を構築することにあるとみられます。当時の支配者階級が心を寄せた密教は現世の繁栄を求める呪術という性格をもち、浄土教の現世と距離をとる性格とは正反対だったことからも、勧学会の構成員の関心が浄土教に傾くのは当然でした。

『三宝絵』（下「僧宝」14）に、「娑婆世界はこゑ仏事をなしければ、僧の妙なる偈頌をとなへ俗（大学の学生）のたうとき詩句を誦ずるをきくに、心おのづからうごきてなみだ袖をうるほす。僧俗共《そうぞくとも》に契《ちぎ》りて云《い》はく、『吾《わ》が山亡《ほろ》びずわがみち尽《つ》きずは、この会もたへずして龍花三会《りゅうげさんね》にいたらしめむ』」と、あります（「龍花三会」は弥勒菩薩が竜華樹の下で悟りを得て、三度説法して衆生を救済することをいいます）。この文言からは、文人趣味のサロン的集まりのように読み取れます。「娑婆世界はこゑ仏事をなしければ」は解釈に迷いますが、速水侑氏（『前掲書』77頁）は、「この娑婆世界の仏事においては音声《おんじょう》が重要な作用をなすといったほどの意味である」と、解釈します。

ただし、小原仁氏（「勧学会と二十五三昧会」『源信』日本名僧論集　第四巻）は、「勧学会本来の目的が念仏往生にあったことを否定することにはならない」と、詩句や法華経の偈頌の唱和が「仏法讃歎の補助的な機能を果たしていた」ことを認め、勧学会は、不徹底な部分があるにしても、念仏往生を願う結社である、と結論します。

ところが、奈良弘元氏（『初期叡山浄土教の研究』１２９—１３０頁）は、慶滋保胤を除き、勧学会のメンバーには、その詩序などから判断すると、「極楽往生を志向する明確な態度が窺えない」と、指摘します。また、勧学会が風月詩酒の楽遊とみなされる危惧を保胤自身が抱いていたことからも、勧学会が文学サロン的な性格を強くもっていた、と判断します。つまり、勧学会では保胤は例外的な存在だったことになります。二十五三昧会については次項でふれますが、勧学会と二十五三昧会の性格に共通するものであったとする説には疑義が提起されます。慶滋保胤を除き、極楽往生を願うために念仏三昧を実践する二十五三昧会の決意は勧学会にはみられません。奈良弘元氏（『前掲書』１２３頁）は、「現存する文献上で知りうる勧学会のメンバーは六名であるが、保胤を除いた他の五名については、念仏往生の意志が明瞭でない」と、結論します。

すでに本章第一節でふれたように、勧学会が唱えたとされる不断念仏は、天台智顗《てんだいちぎ》の『摩訶止観《まかしかん》』にみられる四種三昧《ししゅざんまい》の観法のうち「常行三昧《じょうぎょうざんまい》」に由来する面と、中国五台山の法照《ほうしょう》流の念仏（五会《ごえ》念仏）に由来する面があります（五会念仏は唐から帰朝した円仁がもたらしたといわれています）。常行三昧では九十日間休むことなく口では常に阿弥陀仏名を唱え、心に阿弥陀仏を念じ、行道します。

この口称・観想念仏をともなう常行三昧が比叡山に潜在していた上に、法照《ほうしょう》流五会念仏が移植されたことが、天台浄土教の興隆につながる、と井上光貞氏（『前掲書』85―87頁）は指摘し、直接的な興隆の起源が五会念仏の移植であることを強調します。さらに、法照流五会念仏の影響で「不断念仏」が貞観七年（８６５）に比叡山で始まったとされます。つまり、法照流五会念仏をもって常行三昧の念仏を改変したところに「山の念仏」の基礎がつくられた、とされますが、他方では、円仁が五台山の念仏三昧を移入したという説は立証できない、と奈良弘元氏（『前掲書』42―45頁）は円仁と五会念仏との結びつきについて懐疑的です。

『三宝絵』によると、比叡山の常行三昧堂で音楽的な曲調に富む法照流五会念仏を修したのですが、それが「不断念仏」に変容したとされます。比叡山では陰暦八月の七日間に行われました。五会念仏は「音楽性豊かな称名念仏として比叡山で発達し『山の念仏』とよばれ（中略―引用者）懺悔滅罪《ざんげめつざい》の法として意識された。勧学会の念仏も、この『山の念仏』の流れをくむものであった」と、速水侑氏（『前掲書』79頁）は勧学会の念仏を「山の念仏」すなわち「不断念仏」の系統とします。『三宝絵』（下「僧宝」25「比叡の不断念仏《ふだんねんぶつ》」）に、「（不断）念仏は、慈覚大師のもろこしより伝《つた》へて、貞観七年（８６５）より始《はじ》め行へるなり。四種三昧《さんまい》の中には常行三昧となづく（中略）唐には三七日行ふと云《い》ふ。我《わ》が山には三所に分《わか》ちて一七日行《おこな》ふなり。合《あは》せて三七日なり（中略）身は常に仏を廻る。身の罪ことごとくうせぬらむ。口には常《つね》に経を唱ふ。口のとがみなきえぬらむ。心は常に仏を念ず。心のあやまちすべてつきぬらむ」とあるように、不断念仏は常行三昧と同じく身口意三業の滅罪をめざす修法で、常行三昧の九十日間の修行を七日間に短縮したものです。なお、奈良弘元氏（『前掲書』第一部第二、第三章）は、「不断念仏」の起源について、円仁による五台山念仏三昧法の移入説に懐疑的であるだけでなく、その始修時期についても、貞観七年（865）ではなく、『慈覚大師伝』が成立した天慶二年（939）より以前、西塔常行堂が建立された寛平五年（893）までさかのぼれる、とします。

本章第二節でふれましたが、天台座主・延昌は、死亡の一年前（応和三年［963］）に個人的に三七日《みなのか》の不断念仏を修めました。この頃までに不断念仏は比叡山に定着していたわけです。勧学会が始まったのはこれより一年後の康保元年（964）三月のことでした。ただし、常行三昧が身口意の止観業を修したのに対し、不断念仏は音楽法要的な性格が濃厚で、それがさらに民衆の手に渡される時、娯楽的なものに変わった、と石田瑞麿氏（「『往生要集』の思想史的意義」『源信』日本思想大系6　438頁）は指摘し、空也やその弟子・千観の口称念仏や和讃の発達につながるとします。慶滋保胤は、『日本往生極楽記』（一八「阿闍梨千観」）で、千観のつくった「阿弥陀の和讃」を都鄙老少すべての人が口ずさみ愛唱した、と記します。不断念仏を修する勧学会にしても、美的陶酔の世界に堕する危惧があったことはさきに指摘しました。

『日本往生極楽記』の著者である慶滋保胤（？―1002）は勧学会の発起人の一人で、会の結成時（964年）では三十二歳ほど。最年長者であったようです。その会所設立をめぐって尽力したことからも、有力メンバーであったことが知られます。会所設立運動は保胤四十歳、浄土志向がたかまった頃と推測されます。『日本往生極楽記』を書き上げてからしばらくして、求道心に駆られて、寛和二年（986）四月二十二日、出家し、寂心と称しました。出家してから一ヶ月後、新たに二十五三昧会が結成され、勧学会は自然解散のかたちになりました。結成以来二十年を経て沈滞傾向にあったからと考えられています（平林盛得『前掲書』142頁）。

『日本往生極楽記』の序文の冒頭で慶滋保胤が、「叙して曰く、予《われ》少き日より弥陀仏を念じ、行年四十より以降《このかた》、その志いよいよ劇《いそがは》し。口に名号を唱え、心に相好を観ぜり」と、述べているように、当時の念仏は「口称念仏と観想念仏」が同時に行われました。また、法華経への信仰も共存していました。ただし、臨終の時には念仏を修することが多く、しかも、「念仏と法華の兼修者が行う念仏は、むしろ観念の念仏が大部分であった」とされます（重松明久『日本浄土教成立過程の研究』１９３―１９４頁）。重松氏（『前掲書』１８０頁）は「保胤がこの記に収載した称名念仏による往生人は、僅か二・三例にすぎない」とも指摘します。薬蓮・千観・空也・教信です。さらに、「天台浄土教の流れをくむ人たちが、多かれ少かれ、その念仏思想の中に真言的要素を含んでいた者が多数いたことは否定できない」（『前掲書』１９５頁）と、します。

速水侑氏（『呪術宗教の世界―密教修法の歴史―』１１０―１１１頁）によれば、称名念仏と真言陀羅尼が「浄土への死霊鎮送という呪術的機能の面では」共通の土台にたっていたことから、また、法華経が滅罪の経典として重んじられ、滅罪が浄土往生の前提であるという意識が行き渡っていたこともあり、法華経・真言・念仏が兼修される時代が続きました。ところが、不断念仏の定着は念仏を称名的なものとする方向に働きました。

民衆の多くは「幽室に独座し観念を成就するごとき方法は困難であり、おのずから称名主義的傾向を辿らざるをえないであろう」と、民衆の念仏運動が称名にむかった必然性を重松明久氏（『前掲書』２４６頁）は指摘します。

二十五三昧会の結成―念仏往生の結社―

慶滋保胤の出家などを契機として、勧学会が解散状態におちいった頃の寛和二年（９８６）五月、比叡山横川《よかわ》の僧二十五人が念仏結社二十五三昧会を結成しました。ただし、慶滋保胤は諸国行脚の旅に出ていました。『往生要集』の著者である恵心僧都《えしんそうず》・源信《げんしん》も当初は入会していません。

慶滋保胤は勧学会の中心人物として活躍している頃から恵心僧都・源信と交流していましたが、源信は勧学会には参加しませんでした。ところが、勧学会が解散し、二十五三昧会が結成されてからは、源信はこれに入会して会の発展に寄与します。保胤は入会しなかったようですが、『横川首楞厳院《よかわしゅりょうごんいん》二十五三昧起請《きしょう》』八箇条（以下、『起請八箇条』と略します）の末尾に「寛和二年（９８６）九月十五日　慶保胤草云々」と記されていることから、保胤の間接的な関与がうかがわれます。

ただし、奈良弘元氏（『前掲書』１４０―１４１頁）は、「慶滋保胤　草云々」の「草」が〈筆写〉という意味に、「云々」は〈そのように伝えられている（伝聞）〉という意味にとれること、俗名を書いていることなどから、保胤が寛和二年九月に『起請八箇条』を制作し、そのときに二十五三昧会の会員だったとは考えにくいとします（保胤は会が結成されてから半年後に横川を去りました）。保胤は寛和二年四月には出家していて、同二年九月に起草された『起請八箇条』に法名「寂心」を書かなかったのは、保胤が二十五三昧会に入会していなかったから、と推測できるとのことです。さらに、『二十五三昧根本結縁《けちえん》衆過去帳』には、発起衆のなかにも、その後に続く根本結縁《けちえん》衆のなかにも、保胤の名がみられないことから、慶滋保胤が二十五三昧会に参加したとは考えにくいとします。

源信は永延二年（９８８）六月十五日に『起請八箇条』を十二箇条に補訂しています（以下、『起請十二箇条』と略します。『起請八箇条・十二箇条』『二十五三昧式』『二十五三昧結縁過去帳』は『恵心僧都全集』第一巻所収本を参照）。二十五三昧会の発起結衆は二十五人、根本結縁衆は十九人で、源信の名は後者にのみ見られるので、結成当初のメンバーではなかったようです（『二十五三昧根本結縁衆過去帳』）。源信が天台浄土教確立に決定的な影響を及ぼした『往生要集』を完成させたのが寛和元年四月で、二十五三昧会に参加したのはその一年半後、『起請八箇条』が書かれた寛和二年九月十五日以前のことと推測されます（速水侑『源信』１２９―１３１頁）。慶滋保胤は寛和二年十月以後頃から諸国行脚に出ました（『前掲書』１３９頁）。

源信は、長年、会の発展に尽力し、死没の四年前、長和二年（１０１３）七月、『楞厳院《りょうごんいん》二十五三昧結衆過去帳』（広本）に、会発足以来の二十八年間に死亡した結衆をまとめて記したようです（速水侑『前掲書』２３９―２４０頁、「楞厳院廿五三昧結衆過去帳」『書陵部紀要』第三十七号）。この過去帳の略本が『首楞厳院《しゅりょうごんいん》二十五三昧結縁過去帳』です。『二十五三昧根本結縁衆過去帳』によると、二十五人の根本結衆（発起衆）に、源信・花山法皇などの十九人の根本（最初）結縁衆が加わり、合計四十四名はすべて僧侶です。つづいて、八十人の結縁衆が追加されていますが、比丘尼（女性の尼）や在家の男女、幼児も含まれ、二十五三昧会のひろがりがうかがえます。

会の発足趣旨は『二十五三昧式』に引用される『楞厳院二十五三昧根本結縁衆二十五人連署発願文』にみられます。願文の日付は寛和二年五月二十三日で、その趣旨は『観無量寿経』（正宗分「散善　下下品」）に書かれている「下品下生の者であっても、善友が勧めるように、臨終でけんめいに称名念仏すれば、滅罪と浄土往生が可能である」（大意）を根拠に、互いに善友になって臨終まで助け合って念仏を唱えよう、というものです。「善友」すなわち「善知識」が浄土往生に重要な役割をもつことがここに明示されます。

また、源信は、『往生要集』「別時念仏　臨終行儀」（『注釈版聖典　七祖篇』１０５８頁）に、「終りの時に、善知識に遇ひて、心を至して仏を念ず。仏を念ずるをもつてのゆゑに、多劫の罪を滅して、勝功徳を成じて、宝池のなかの華來り迎ふることを感得す」を懐感《えかん》の『群疑論』から引用します。善知識の助力で浄土往生が可能になるという趣旨です。西口順子氏（前掲論文）によれば、「遇善知識」、すなわち、「臨終で善知識に遇って往生をとげる」は『本朝新修往生伝』で著しく増加し、これが成立した十二世紀中葉には「遇善知識」が定型化した臨終行儀であったことを示すとします。

発起結衆は二十五人。病人が出れば、見舞いに行き、念仏を勧め、極楽往生できた者も、地獄に落ちた者も、そのことを仲間に知らせることを約束します。この趣旨は、また、中国浄土教の祖師の一人、道綽（５６２－６４５）の教説に基づくものです（『安楽集』巻上「第二大門」、『注釈版聖典　七祖篇』２２８頁）――「命終の時に臨みてたがひにあひ開暁《かいぎょう》して、ために弥陀の名号を称して安楽国に生ぜんと願じ、声声《しょうしょう》あひ次いで十念を成ぜしむべし」（大意）臨終の時にはお互いに励まし合って、阿弥陀仏の名を唱え、極楽に生まれようと願い、声をついで十遍の念仏をとげさせよう）。

発起衆は、普段、ともに善友となって浄土往生の業に勤め、毎月十五日の夕方には念仏三昧を修すように、と取り決められていますが、勧学会の「昼の読経、夜の念仏」の伝統がここに生きています。源信による『起請十二箇条』の第一条では、「毎月十五日の夜に不断念仏を修すべき」があげられ、申の刻（午後三時ころ）に講経し、酉の終わり（午後七時）に念仏する決まりです。第二条では、「毎月十五日に、正午以後は念仏をし、それ以前は法華経を講ずべきこと」があげられ、聞法の功徳が重要であることが強調され、念仏をする前に法華経の講義を喜んで聞くべきとします。結社のメンバーにとって、念仏・読経は極楽往生のための必須の行でした。

二十五三昧会は浄土往生を目的として結成されたので、『起請八箇条』『起請十二箇条』とも、往生儀礼に多くを割いています。その一つに、死後作法ですが、光明真言で加持した土砂を死体に振りかけるという儀礼があります。本書第一章第三節の**【仏教の呪術的受容】**でふれたように、『三代実録』元慶四年（880）十二月十一日条に「光明真言」を誦した最初期の記事がみられます。それから百年後、『起請八箇条』で、源信は光明真言による土砂加持の功徳を説明するのに『不空羂索神変真言経《ふくうけんじゃくじんぺんしんごんきょう》』を引用し、土砂加持によって死者の罪が消され、安楽国に往生して、菩薩の位にのぼることができるという信仰を普及させました。その後、土砂加持の定着に明恵（1173—1232）が決定的な影響を及ぼした、とされます。

土砂加持は、結縁の会員が死んだ場合、遺骸にこの土砂を振りかけて、極楽往生をさせようとする儀式ですが、没後作法に限らず、普段でも常に光明真言を百遍口にすれば、その功徳（滅罪）は大きくなり、有縁の人々にもわけ与えられる、とも書かれています（『起請八箇条』第二条）。

なお、土砂を死体に振りかけるだけで、硬直した死体が柔らかになり、入棺が容易になるという信仰は浄土宗西山派の中興とされる慈空《じくう》（1717年没）の『臨終節要《りんじゅうせつよう》』にもみられます。臨終用意の七件のうち、死後の作法として土砂加持をした白砂を死者の口に入れ、死体の硬直化を避ける作法をあげています（神居文彰〔他〕『臨終行儀―日本的ターミナル・ケアの原点―』170頁）。また、江戸時代後期（明和三年〔1766〕以降）に書かれた真言宗智積院第二十世・浄空の臨終指南書『成仏示心《じょうぶつじしん》』にも同じ作法がみられます――「口の内幷に胸の上に。光明真言の加持土砂をふりかけおけば。生きたるときの如く。総身やはらかにあたゝかにて。入棺のときも手足自在になるなり。沐浴入棺の時も又た土砂を入るべし。真言不思議即身成仏の加持力。此土砂の効能にて思しるべし」（神居文彰〔他〕『前掲書』288頁）。

次にあげられるのは、往生院への移動と看病です。二十五三昧会に結縁する貧しい僧が病に臥せっていても、世俗の楽しみに心を奪われている者がこれを憐れんで看病することはない。だから、結縁衆が、一宇の堂を建て、これを往生院と名付け、病人をここに移して養い、会員の死に場所にすることを勧めます。さらに、病人の汚物にふれることをいとわず、これを養護する勤めを最後まではたすべきとします。病人の世話をするのは結縁衆で、血縁が排除されるのは画期的なこととされます。俗世間のしがらみに束縛されて、浄土往生の菩提心が妨げられるからというのが『起請八箇条』第四条の趣旨です（『起請十二箇条』では、第八、第九条）。

家庭・住居などに対する執着心から離れさせるために、往生院という別所に病人を住まわせ、結縁衆が世話をすることになるわけです。二十五三昧会の成員が増え、俗人男女が参加するようになるにつれて、葬送の互助組織が僧侶に限られなくなります。勝田至氏（『死者たちの中世』186頁）によれば、僧の念仏組織に俗人が個別に参加して、僧の墓所に葬られたのが、蓮台野《れんだいの》などの共同墓地の初期の形態、と考えられます。

また、堂に安置した阿弥陀仏を西に向け、病人はその後ろに置き、仏像の右手に五色の幡を結び、この幡の裾《すそ》を病人の左手に持たせて臨終を迎える儀礼にもふれています。堂は香華や幡蓋《ばんがい》（幢幡《どうばん》と天蓋《てんがい》）で満たすように勧めます。死没後は、定められた結縁衆の墓所で春秋に念仏を修すことを決め、この堂宇を花台廟《けだいびょう》（安養廟）と名付け、その地に卒塔婆を一基立て、死後三日以内にここに葬る、とします。

二十五三昧会と念仏講・無常講

その後の二十五三昧会の消長については明確にはとらえにくいとされます（石田瑞麿「前掲論文」471頁）。ただし、井上光貞氏（『前掲書』370頁）によると、高野山でつくられた鎌倉時代の二十五三昧式の写しが二通、高野山金剛三昧院にあるそうです。建保五年（1217）および貞応元年（1222）から行われた二十五三昧会のためのものだそうです。また、石田瑞麿氏（前掲論文）は、『明月記』が「この三昧の盛行を正治二年（1200）二月二〇日の条以下、たびたび語っている」（471頁）と、指摘します。

勝田至氏（『前掲書』182―186頁）は、二十五三昧会は十二世紀では天台系の寺院で普及し、一般にも浸透したのは十三世紀後半ころからとします。『法然上人行状絵図』（巻第四十三第三段）に、法然の弟子・湛空《たんくう》（1176―1253）が嵯峨の二尊院を整備して、比叡山横川の楞厳院や京都の紫野の雲林院《うりんいん》に伝わる規則をまとめて二十五三昧会を勤修《ごんしゅ》したとあります。

死者の喪葬供養を共同で行う「念仏講」は二十五三昧会を源流として鎌倉時代の終期に発展し始めたようです。『二十五三昧根本結縁衆過去帳』では、後代に参加した結縁衆八十人に俗人の男女や子供が含まれています。これらの結衆は同じ墓所に葬られ、供養されたでしょう。京都の蓮台野も二十五三昧会の墓所であったのが、一般に開放されて共同墓地になった可能性が指摘されます。

二十五三昧会に入会してからほぼ二十年後、源信は権少僧都を辞し、比叡山横川の華《け》（花）台院《だいいん》で「迎講」を修しました。この華台院は起請文にある「往生院」を整備したもの、と速水侑氏（『前掲書』210頁）は推定します。迎講は仏菩薩聖衆の来迎を『往生要集』大文第二「欣求浄土」に書かれたままに視覚化したものです（仏菩薩の引接《いんじょう》・来迎はすでに浄土三部経にみられます）。二年後（寛弘四年（１００７））、「霊山院《りょうぜんいん》釈迦堂毎日作法」を制定した源信は、さらにこれを整備した「霊山院式」を書き、仏法を厳粛に学ぶ法会をひらきました。「毎日作法」と「霊山院式」を収める『霊山院過去帳』には、多くの参加者の名前が書かれています。速水侑氏（『前掲書』２２５―２２６頁）によれば、五百余人のうち、二十五三昧会の結衆を中心に横川の僧侶が多く参加しているだけでなく、在俗者が百人以上、上級貴族から在地の名主層まで、僧俗男女の名前がみられます。ここにも、結社の成員が狭い僧侶層だけに限られず一般にひろがる傾向がみられます。当時、霊山院釈迦講のほかに、雲林院の菩提講、行願寺の阿弥陀四十八講・釈迦講・普賢講など、僧俗貴賤を問わない念仏結縁の講が京都をはじめ各地で組織されました（堀大慈「二十五三昧会と霊山院釈迦講―源信における講運動の意義―」『源信』日本名僧論集第四巻）。

勝田至氏（『前掲書』１８５頁）が注目する史料は、大和国海龍王寺《かいりゅうおうじ》の文書にある喪葬供養についての寺院内の相互扶助の取り決めです（貞永元年（１２３２））。二十五三昧会の起請文と類似し、会の趣旨が連綿として受け継がれているとおもわれます。

さらに、勝田至氏（『前掲書』１８３―１８５頁）によれば、十四世紀建立のもので、「二十五三昧結衆、三十余人逆修敬白」と刻まれた板碑が埼玉県川口市で発見されるなど、地域住民を含んだものと推測される石塔が各地にみられるとのことです。また、奈良県には、「一結衆」「念仏衆」によって建てられた五輪塔があり、「郷墓と称することから、葬送と関係をもつ念仏団体の建立したものであることは確かであろう」（１８５頁）とします。このように、中世後期から念仏講・無常講といった葬送互助組織が発展する基盤として、二十五三昧会が果たした役割は高く評価されるべきでしょう。

本願寺第三代宗主・覚如（１２７０―１３５１）が『改邪鈔』（一六）で述べているように、「無常講」という相互扶助組織が十四世紀には普及していたようです――（大意）極楽往生の為の信心について話し合うこともせず、葬送儀礼という補助的なことがらをわが宗の肝要とするかのように話し合うので（中略）僧俗ともに浄土往生の道も知らない。わが宗がよくみられる葬送互助のためのただの無常講のように世間にみられるのは、残念である。

覚如は一般門徒の関心が喪葬儀礼に向かい、報恩講と無常講の区別もできないことを嘆いています。この問題は本書第四章第一節で扱います。

『往生要集』の念仏の多義性

二十五三昧会が結成される前年（寛和元年〔985〕）、源信は『往生要集』を完成させています。『往生要集』が二十五三昧会の結社目的の理論的な支柱であったことは諸家の一致する見解です。それは、『起請八箇条・十二箇条』の多くの部分が『往生要集』に基づいていることからも、明らかです。『往生要集』は二十五三昧会の念仏信仰の指針でした。『拾遺往生伝』巻下（二八）によれば、結衆の一人である阿闍梨聖金《しょうきん》は長年往生の業を修し、『往生要集』を座右の書としていたようです。聖金は、我が命が今年限りと察してから五ヶ月後、病苦に悩まされることもあって、極楽浄土の変相図を手に入れ、一向に念仏し、往生のことの他は口に出してはいけない、と周囲に語りました。また、善友（善知識）に『往生要集』の中の臨終行儀の意義を問答させて、深く感動し、泣いて涙を落としたとのことです。聖金は五色の糸を引く臨終行儀で端坐して死にました。長和四年（1015）十二月のことでした。源信が死亡したのは二年後の長和六年でした。

『往生要集』の最初の三分の一は六道輪廻について述べます。世にひろく知られているのは「厭離穢土《えんりえど》」のうちの「地獄」です。末法思想と社会不安がひろがった平安時代末期に「地獄草紙」の絵巻が四種つくられましたが、これらは、直接には、『往生要集』を原典にしていません。四種のうち、凄惨な描写が卓越しているのは旧安住《あんじゅう》院《いん》本です。『正法念所経《しょうぼうねんしょきょう》』が出典です。『往生要集』に基づいてつくられた六道絵の「地獄草子」は鎌倉時代中期の聖衆来迎寺《しょうじゅらいごうじ》本です。なお、人道図は同時代の「九相《くそう》詩絵巻」と絵相が同じです。死体が土に帰る九段階の変相を描き、現世への執着を戒めます。その他に、室町時代につくられた『往生要集絵巻』六巻が「厭離穢土」「欣求浄土」の二章を題材にします。大衆教化を目的に製作されたと考えられます。『往生要集』はその書名が示すように、極楽に往生するための教えと修行を述べた重要な語句を集めたものです。とくに、「念仏」の功徳に限定して、極楽往生を指南します。「六道輪廻」（大文第一から第三）以下、大文第四から大文第十までが本論といえます。

念仏中心の主旨は、大文第五「助念方法」の「総結要行」に書かれている「往生の業は念仏を本となす」に端的にあらわれています。また、大文第八「念仏証拠」で、念仏の一門だけを往生の業として勧める理由に、男女貴賤の別なく、行住坐臥を選ばず、場所や時間などの条件にかかわらず、修し易いなどの利点をあげ、とくに臨終で往生を願うのに念仏にまさるものはない、と指摘します。

ただし、天台宗の諸行往生思想の影響も源信にみとめられます。大文第五「助念方法」で念仏往生を確実にする諸方法を論じ、さらに大文第九「往生諸行」で、念仏だけでなく、他の諸行でも往生の業になる、と説きます。速水侑氏（『前掲書』１１４頁）は、「源信は（中略―引用者）念仏は最勝だが余行の併修が望ましいと考えていたようで、それはすべての行に往生の因を認める天台の諸行往生思想の当然の帰結である」と、源信の念仏が法然や親鸞が唱える専修念仏の立場とは違うと指摘します。井上光貞氏（『前掲書』１１３頁）も同様に、大文第八「念仏証拠」の念仏最勝論に付け加えられた「いま念仏を勧むることは、これ余の種々の妙行を遮するにはあらず（大意）いま念仏を勧めるのは、他の種々の妙行を否定するのではない」）を、源信の諸行往生思想の顕れとします。

源信の念仏論では観想念仏の比重が重いことに留意しなければならないでしょう。しかし、大文第五「助念方法」の「総結要行」には、「仏を称念するは、これ行の善なり」（〔大意〕仏を念じて称名するのは善をすすんで行うことである）と、書かれています。必ずしも口称念仏を排除していません。

大文第四の「正修念仏」の第四「観察」が念仏論の中核で、念仏往生論が展開します。ここでは別相観・総相観・雑略観《ぞうりゃくかん》という三種の「観想念仏」が論じられます（これらは一括して「色相観《しきそうかん》」ともいいます）。阿弥陀仏の華座および相好を一つ一つ観想していくのが別相観です。「総相観」によって、阿弥陀仏の相好を総合的に観想し、究極的に凡夫が仏と一体化する理を悟ることをめざします。次に、「別相観」や「総相観」よりも容易な「雑略観」が取りあげられ、「白毫観《びゃくごうかん》」という特定の相好だけを観想する行法を説明します。白毫《びゃくごう》は仏の眉間で光を発する白い旋毛のかたまりで、仏の相好のなかでもっとも優れた部分とされます。

さらに、雑略観よりも容易な行法に言及し、「もし相好を観念するに堪へざることあらば（中略）一心に称念すべし（中略）あるいは頭を低《た》れ手を挙げ、あるいは声を挙げて名を称せよ。外儀は異なりといへども、心念はつねに存ぜよ」（〔大意〕もし阿弥陀仏の相好を観想することに耐えられないならば、一心に名を称し念ずるがよい…頭を垂れ、手を挙げ、或いは声を挙げて名を唱えるなど、外見は異なっても心は常に仏に向けているべきである）と、称名念仏を無視はしていません。しかし、観想念仏が軽んじられることはありません。なお、観想念仏では、仏の相好を観想します。「相好」とは、仏・菩薩の身体の好ましい特徴をさします。

大文第五「助念方法」の第二「修行相貌《しゅぎょうそうみょう》」では、念仏三昧とは心に念ずるだけなのか、それとも口に出すものか、という疑問に、『摩訶止観』や『観無量寿経』を根拠に、源信は観想と称名は並行もしくは前後して休むことなく行われるべき、と答えます。井上光貞氏（『前掲書』４０８頁）は、「要するに源信の念仏とは、心に彌陀の相好や極楽の荘厳を描きつゝ、しかも口に彌陀の名号をくりかえしとなえることに他ならなかったのである」と、源信の念仏とは観想と口称を兼ねるものとします。さらに、こうした態度は「要集の全体を陰に陽につらぬいている」と、判断します。

観想と口称の併修を認めてはいましたが、源信が『往生要集』で重んじた念仏は天台教学の伝統に立脚した「観想念仏」とおもわれます。しかし、観想に重点が置かれるときもあれば、口称に比重がかけられることもあって、源信の念仏論はかなり不明確で、多義的であるといわれます。

大文第十第四「問答料簡　尋常念相」で、源信は普段の念仏を「定業《じょうごう》・散業《さんごう》・有相業《うそうごう》・無相業《むそうごう》」の四種に分けています。「散業」は、精神統一をしないで何時いかなるところでも行える念仏で、源信は「行住坐臥に、散心に仏を念ずるなり」と説明します。この「散心」の解釈が問題です。井上光貞氏（『前掲書』115頁）は、散業を「純口称」と解釈します。おそらく、散業が精神統一をしないで行われる「散心」の行法であるとすれば、観想に堪えないことから、「純口称」と判断したのでしょう。石田瑞麿氏（「前掲論文」445頁）は、散業を雑略観の中におさめられるべきものと考えます。「正修念仏」の「雑略観」はもっとも簡略なもので、その行法である白毫観に堪えられない場合、帰命の想《おもい》・引摂《いんじょう》の想・往生の想によって、「一心に称念すべし」と、あります。それにしたがえば、散業はいかなる観想にも堪えられない人がはげむ「口称念仏」を含むとも解釈できます。なお、「引摂の想」とは仏・菩薩が迎えに来て浄土に導いてもらうという願望です。

しかし、口称にも観念の要素が多かれ少なかれともなうというのが源信の念仏論の大枠でした。源信は、『往生要集』大文第八「念仏証拠」で、『観経』の下下品・『阿弥陀経』・『鼓音声経《くおんじょうきょう》』は、ただ名号を念ずるをもつて往生の業となせり。いかにいはんや、相好・功徳を観念せんをや」（〔大意〕これらの経典は名号を念ずるだけでも往生の業としているのだから、まして仏身の相好功徳を観念するのであれば、なおさらである）と、主張しました。重松明久氏（『日本浄土教成立過程の研究』264頁）は、「かれ〔源信〕が散心念仏という口称念仏も、観経下下品や阿弥陀経によって、『念仏号』といっていることからも明らかなように、名号の功徳を念ずることが含まれていることは否定できない」と、指摘します。

「定業」は、源信の定義によれば、坐禅してはげむ観想念仏ですが、「有相業《うそうごう》・無相業《むそうごう》」では口称と観想の念仏が併修される、と井上光貞氏（『前掲書』115頁）は判断します。

源信が最上の三昧とみなしたのは常行三昧の立場に等しい「無相業」で、総相観に対応します。井上光貞氏は、源信が重んじたのは初学の者が行いやすい「有相業」であろうと考えます。これは「あるいは相好を観じ、あるいは名号を念じて、ひとへに穢土を厭ひて、もつぱらにして浄土を求むる」別相観に対応するでしょう（大文第十第四「問答料簡　尋常念相」）。

つまり、源信の念仏とは多くの場合「口称・観念を包含するもの」で、しかも、源信は「無相業」とも完全に訣別していない点で、「天台本來の観実相の志向をあくまでも捨てざるもの」（『前掲書』117頁）と、井上光貞氏はみなします。観想念仏三昧によって、すべての事物のありのままの姿である「諸法実相」を悟るのが観実相とされますが、初学者には困難です。「初学の輩はかの色身を観じ、後学の輩は法身を念ずるなり」（大文第十「尋常念相」、『注釈版聖典　七祖篇』1133頁）として、有相業から次第に無相業へ至る道を勧めます。

大文第四の四「観察門」の冒頭でも、源信は「初心の観行《かんぎょう》は深奥《じんおう》に堪えず」としていますが、初心者には仏の相好を観ずる色相観を勧め、口称念仏をとくに勧めてはいません。源信は『往生要集』の序言で、往生極楽には修行法が多く、自分のような「頑魯のもの」にはむずかしい修行は耐えられそうもないので、念仏という一分野から要文を集めて修行の一助としたい、と書いています。しかし、口称念仏を勧めず、観想念仏にこだわります。ただし、『首楞厳院二十五三昧結縁過去帳』の源信伝によれば、ある人に何を第一の行法とするのかと問われ、源信は、「往生之業。稱名可ㇾ足。」（大意）往生の業は称名だけで十分である）と、回答したそうです。この発言について、速水侑氏（『前掲書』243頁）は、源信の念仏観が観想念仏から口称念仏への方向に変化している、と推測します。

臨終では口称念仏が重んじられた

大文第六「別時念仏」に含まれる「臨終行儀」は念仏による極楽往生の作法を扱い、『往生要集』の中核となります。「臨終の一念は百年の業に勝《すぐ》れり」との信念で、臨終の時には一心に念仏して西方浄土に往生すべきと説きます。その一念とは略して「願はくは仏、かならず引摂《いんじょう》したまへ」です。

速水侑氏（『前掲書』122頁）は、「二十五三昧会が前年公にされた『往生要集』に刺激され、その念仏論を実践しようとするところに結成されたのは明らかである」とします。臨終の人に念仏を勧める心得について、『起請八箇条』の内容は『往生要集』の「臨終行儀」と重複する部分が少なくありません。ただし、『起請八箇条』は死者の葬送追善を問題としないので、それに関する『起請八箇条』の三箇条（第二、第六、第八条）は『往生要集』にはみられません（速水侑『前掲書』134頁）。『起請八箇条』第二条では、光明真言を唱えて土砂加持し、その砂を遺体や墓の上に撒き、あるいは、墓のそばに置けば、罪を滅し、極楽往生できる、と説きます。第六条は墓所を定めること、第八条は葬送および葬後供養について述べます。これら三箇条はそれぞれ『起請十二箇条』の第四、第十、第十一条に対応します。ただし、第十一条には七日ごとの葬後供養の記事はみられません。また、没後の葬儀については、結縁衆が協力して行うことが述べられているだけです。ついで、墓所（安養廟・花台廟）で浄土往生を願って丁重に念仏を唱えることを勧めます。天台浄土教では、当然、没後葬儀よりも臨終行儀に関心が置かれます。

『往生要集』大文第六「別時念仏　臨終行儀」で、源信は、まず、善導大師の『観念法門』（『注釈版聖典　七祖篇』614頁）を引用します。ここでは病人が観想念仏と口称念仏を併修するべきことが書かれています――「心もまた専注して阿弥陀仏を観想し、心口《しんく》相応して声々《しょうしょう》絶ゆることなく、決定《けつじょう》して往生の想《おもい》、華台の聖衆來りて迎《こう》接《しょう》する想をなせ」(大意)心はまた専ら傾注して阿弥陀仏を観想し、心と口とを相応させて念仏の声を絶やさず、定めて往生の想と、華台の聖衆が来て迎接する想いを起こすべきである)。また、道綽の『安楽集』(上巻第二大門、『注釈版聖典　七祖篇』228頁)を引用し、称名念仏を唱え、十念を行うことを重視します。「十念」について、「一心に十返『南無阿弥陀仏』と称念する、これを十念といふ」と、源信は解釈します(大文第六「別時念仏　臨終行儀」)。臨終・危篤の状態では、心身の高度の統一を要する観想念仏が困難であることから、口称念仏がふさわしいわけです。

源信が『往生要集』の「臨終行儀」で善導や道綽を引用し、口称念仏を重んじた理由は、「しかも阿弥陀仏には不可思議の威力まします。もし一心に名を称すれば、念々のうちに、八十億劫の生死の重罪を滅したまふ」(「別時念仏　臨終行儀」勧念(二)にもみられます。ただし、観想念仏(白毫観)を病人に勧める部分もあって、口称念仏と観想念仏が併修されることもあります。

『往生要集』では光明真言への言及はありません。念仏に専心しているので、念仏と真言を兼ねて行うことは不可能である、と源信が述べたことは『首楞厳院二十五三昧結縁過去帳』の源信伝に記されています。『起請十二箇条』で源信が光明真言の功徳を説くのは、「世情との妥協」からで、源信は密教と距離をとっていました(石田瑞麿「前掲論文」432—433頁)。また、『往生要集』では、念仏論を展開するのが主眼であり、光明真言の極楽往生・滅罪招福の功徳が念仏のそれと重なることから、光明真言への言及を避けたということもあるのでしょう。しかし、口称念仏と光明真言の併修は二十五三昧会で実践されます(『起請八箇条』第二条)。

速水侑氏(『呪術宗教の世界—密教修法の歴史—』121頁)は、「念仏結社運動を実践して行く過程で、年月がたてば当然、結衆の中の死去する者が出てくる。死者の葬送追善はさけて通れなくなったのである。観想念仏では葬送追善の念仏の役割を果たすことはむずかしい」と、考えます。『往生要集』の念仏は病者が極楽往生するためのものですが、光明真言による土砂加持は死後供養のために行われました。なお、光明真言は十世紀以降に盛行したとされ、源信の師である天台座主・良源（９１２―９８５）が没後作法としてこれに言及しています（末木文美士『鎌倉仏教形成論』Ⅲ　第三章　２５７頁）。

第四節　源信とその門弟の臨終

源信の臨終（行年七十六）

『往生要集』大文第六の「別時念仏　臨終行儀」冒頭で、糸引き作法がくわしく述べられています。『起請八箇条』の第四条および『起請十二箇条』の第九条にも同じ作法が織り込まれ、実践が勧められます。本書第二章第二節の**【糸引き臨終の諸例】**の項でふれましたが、『往生要集』では道宣（５９６―６６７）の『四分律行事鈔』の「瞻病送終篇」からその作法が引用されました。

その堂〔無常院〕のうちに、一の立像を置けり。金薄《こんぱく》をもつてこれに塗り、面《おもて》を西方に向《む》かへたり。その像の右の手は挙《あ》げ、左の手のなかには、一の五綵《さい》の幡《はた》の、脚垂《あした》れて地に曳《ひ》けるを繋《か》けたり。まさに病者を安んじて像の後《しりえ》に在《お》き、左の手に幡の脚を執《と》りて、仏に従《したが》ひて仏の浄刹《じょうせつ》に往《ゆ》く意《こころ》をなさしむべし（中略）ある説には「仏像を東に向け、病者を前に在《お》く」と（『注釈版聖典　七祖篇』１０４４―１０４５頁）（〔大意〕その堂のなかに立像を一つ置き、金箔を塗り、面を西に向ける。その像の右手は挙げ、左手には五色の幡をつなぎ、幡の脚は垂れて地にひくようにする。病人を像の後ろに安置し、左手に幡の末端部をとらせて、仏にしたがって仏の浄土に往く想いをなさしめる…ある説では、「仏像を東に向け、病人をその前に安置する」)。

源信が臨終でこの糸引き作法を実行したらしいことは『楞厳院二十五三昧結衆過去帳』(広本)、『首楞厳院二十五三昧結縁過去帳』(略本)の源信伝、『続本朝往生伝』(九「権少僧都源信」)にみられます。『往生要集』に書かれた作法に準じた臨終です。糸引き作法でもって眠るかのように息が絶えたとあります。

『過去帳』の源信伝によると、「長和年中より病を受けて起居に堪えず」とあります。寛仁元年(1017)正月には寛解したのですが、長期間、右脇を下にして病臥していたので、身体が右に曲ってしまいました。源信は「十五悪死を免れるために『千手経』の呪を誦していたのだが、その甲斐あって十五悪死を免れたようだ」と、喜んでいました。六月二日から飲食を受け付けず、五日には臨終の前兆と解釈できそうな夢をみました。夢に一人の僧が現れ、「あなたを正念させるために来た」と、源信に告げたのだそうです。九日の早朝、糸引き作法を修し、偈文を唱えてから、その糸を自分の手から離して仏の前に置き、いつものように食事を摂り、「わたしの顔色を見て、十五悪死を免れたかどうか分かるか」と弟子に問いました。弟子は「悪死の相には見えない」と、答えました。

次に、身の周りを綺麗にして着衣も洗濯させました。こうして臨終の用意を怠りなくすませ、翌朝(六月十日)は飲食し、鼻毛を抜き、口を漱ぎ、糸引き作法をして念仏し、眠るように絶命しました。周囲の者は絶命したとはしばらく気づかなかったのですが、様子を見に行くと、頭北面西右脇の姿勢で微笑を浮かべているように息をひきとっていました。糸をとり、念珠をもって両手を合わせていましたが、片手はわずかにずらしていたとのことです。

死亡前日に源信は親しい僧に、「自分は日頃見ているものがあるが、理にたがう内容と誤解されてしまうので、臨終の時にしか人に語れない。容顔端正な少年の僧が三々五々衣服を整えてあらわれ、自分の臥すところの左右に端坐している。眼を閉じれば、すぐに見えてくる」と、ささやいたそうです。何をおもんばかったのかは不明です。稚児趣味でも隠されていたのでしょうか。『続本朝往生伝』（九）の源信伝も同じ逸話を伝えています。

『大日本法華経験記』（巻下　第八三「楞厳院の源信僧都」）には、金色の僧が空から降りてきて、病臥する源信と語り合ったなど、奇瑞譚が盛り込まれています。入滅が近づいてきた源信が慶祐《きょうゆう》阿闍梨に語ったことですが、弥勒菩薩の使いである二人の天童が下ってきたが、極楽の上品下生の世界に往生するのが自分の願いであり、「兜率天の弥勒菩薩の助力で極楽往生が叶うように弥勒菩薩に伝えてもらいたい」と、天童に言ったそうです。また、「このごろしきりに観音菩薩があらわれてくる。かならず極楽に生まれるからだ」とも言いました。

ところが、『過去帳』の源信伝では、僧都入滅後、ある僧の夢に僧都があらわれ、問答します。「聖衆が集まって仏をとりまいたときに、自分はもっとも外側にいた。はたして往生したと言えるかどうか迷う」と、語りました。また、「自分には下品の蓮台がふさわしい」（「計己分」）と語ったことがあったそうです。奇瑞譚が物語られるだけでなく、源信が自己に厳しい願行具足の高僧であることを示しています。

源信の入滅は寛仁元年六月十日の寅の時刻（午前四時ごろ）、七十六歳とされます。その時に、天に微妙の音楽が奏でられ、それも、西から東を指してやって来ると言う人もいれば、東から西へ来るとか言う人もいました。香ばしい風がしきりに吹いて、妙なる香気が空に満ち、草木の枝葉は西の方に傾き垂れました。泣き声や嗚咽は山林に満ち、院内にも悲涙恋慕の響きが満ち溢れた、と臨終奇瑞譚で結ばれます（『大日本法華経験記』）。

源信が晩年に称名念仏に傾き、名号の功徳による極楽往生に「信」を置いたことは石田瑞麿氏（「前掲論文」454―455頁）、速水侑氏（『源信』242―245頁）が指摘するところです。なお、『往生講式』『往生拾因』

の著者・永観（1033―1111）が源信の「但信《たんしん》の称念」の影響を受けて「一念信」を重視した、と石田瑞麿氏（「前掲論文」470頁）は述べます。ただし、このような称名念仏への信頼はむしろ源信ら少数の僧に限られ、末法意識の高まりとともに、念仏への不信感がひろがるようになります（「前掲論文」473頁）。罪業深い末世の人間が念仏だけではたして極楽往生できるか、という不安です。

源信が始めたとされる迎講は末法の時代が到来したという厭世観念によって盛業化した面があるとされます。末世観が仏菩薩の来迎への願望を駆り立てましたが、それだけでなく、糸引き作法や土砂加持などの演劇的所作によっても、浄土往生が保障されないのではないかという不安感も打ち消し難かったようです。数量念仏の盛業も往生への不信感から生じたともいえそうです。法然が専修念仏に向かう因がここにあるのでしょう。

貞久大徳の臨終（行年二十五）

『首楞厳院二十五三昧結縁過去帳』は残欠本（略本）で、源信の他に、三人の僧侶と花山法皇の臨終だけが知られます。この残欠本のオリジナル広本が『楞厳院二十五三昧結衆過去帳』で、長和二年（1013）に書き始められ、その著者は源信と推測されます。寛和三年（987）に死んだ祥蓮から長和二年に没した良陳までの物故者を源信がまとめてここに記した、と速水侑氏（『前掲書』239頁、「源信伝の諸問題」『東アジアと日本　宗教・文学編』）は判断します（源信伝の部分は、長元七年〔1034〕に没した覚超が書いたと推測されます）。

『首楞厳院二十五三昧結縁過去帳』（略本）では、源信伝につづくのは貞久大徳の臨終です。貞久伝では、口称念仏の功徳が強調され、臨終で地獄に堕ちるとの予告をうけたものの、念仏の力で浄土往生できた、という趣旨が述べられます。

貞久は永延元年（987）に二十五歳で死亡した道心堅固の僧侶で、声高に念仏するので嘲られることがありましたが、病を得てから数ヶ月後には念仏をしなくなったことから、非難されたりしました。ところが、臨終に及んで至極大きな声を出して勇猛念仏をしました。「重大な苦しみが迫って来たので、大念仏をして、この苦しみを免れようと仏に願っている」と言ったので、看病人も声をはげまして念仏しました。すると、貞久は「地を履くべし」と言ったのですが、看病人はその意味が分からずにいました。師の仁樹大徳が地を踏んで立ってみせると、「自分の臥せているいる所は猛火が充満している。身体が焼けつくされそうだ。あなたがたはどうですか」と問い、「自分は他生では地獄に堕ちる」と言ったので、大衆は涙を流し、一同、念仏を唱えると、「念仏の力で火が消えた。いよいよ最後だ。念仏だけが必要だ」と、言って、息絶えたそうです。

相助大徳の臨終（行年不明）

相助は、貞久と同じく、二十五三昧会の根本結衆（発起衆）で、正暦四年（９９３）に死亡。比叡山で学を修め、一心に浄土を希求した質実な僧でした。毎日、「十一面観音真言」を誦し、弥陀を念じ、臨終に至るまで念仏にはげみました。最後に『法華経』を講じるように命じ、最後の十念を成就するべく、起居礼を十遍行いました。

重病となっても、その志は堅固でしたが、ほどなく死にました。数日後、ある人が夢をみました。その夢に、未知の人が現れ、「極楽往生には、二十五三昧結縁の道と、その他の道がある。二十五三昧結縁の往生人は多く、先日も一人往生した。他の道では往生人はきわめて少ない」と、言ったそうです。そこで、目を凝らして見ると、巌の上に西に向かう道と東に向かう道があり、西の道には五、六人の足跡がみられるが、これは二十五三昧会結縁の人のもので、東には一人の足跡しか見られなかった、とのことでした。相助大徳が死んで間もないころに見た夢の話であるから、彼が極楽往生したことに違いがない、それでここに彼のことを記す、と『過去帳』の「相助伝」に書かれています。

往生伝では、没後の夢告によって、浄土往生が知られるという型が多くみられます。『二十五三昧式』に、寝ているときでも、覚醒しているときでも、死者は仲間に死後の世界を知らせる義務があると規定されています。相助大徳は、夢で極楽往生をほのめかすことで、その義務を果たした、と解釈されたのでしょう。

良範大徳の臨終（行年二十）

長保三年（1001）に、弱冠二十歳で死亡した良範大徳は柔和な性格でした。疫病で多数が死んだとき、無常を観じ、閉居して、念仏三昧の生活に入り、愛蔵品を仏経の供養にあてました。病を得てからは、すべて惜しむことなく、病が深くなると、ただ早く死ぬことだけを願いました。ふだんから親孝行者でした。臨終の日、父母の使いに「命が尽きようとしています。浄土に生まれて、父母の恩徳に報いたい」と言って、後はただ声を高くして念仏するだけでした。病気平癒を願う人がそばにいると、手で押しやり、念仏する人がいるとそばに引き寄せました。良範は「病気になったら朋友は息災を願ってくれるだろうが、源信上人は念仏だけをひとえに勧めてくれる。自分の最後の善友である」と、言っていました。

さて、臨終で、良範は「早く磬《けい》を打ってください」と看病人に言い、さらに、音を高くするように促し、頭北面西右脇になって、仏へ合掌し、声高に「南無阿弥陀仏」と唱えていました。看病人も同じく念仏を十遍唱えると、念仏を止めるように告げ、良徳は無言で合掌して仏像を仰ぎ見て死にました。信心堅固の様は世の常ではなく、看病人は悲喜こもごも、涙を流して、恋慕しました。彼の死に際し、源信は「偉大な善知識に会えるように願う」といった願文を記しました。その後、ある人が見た夢で、良範は「善知識に遇い、浄土への道を迷うことがなかった。だから、自分の名は適意菩薩である」と、言っていたそうです。

死後幾日か経ち、良範が平生持っていた書物をさがすと、そのなかに血仏・血経があり、その外題に「南無十方三世諸如来、命終決定往生極楽」と書かれていました。これを見た者は悲しんで泣き、彼の深意を感じとって、かれの遺骸の上に卒塔婆を一つ建て、その仏経を安置しました。

純粋な浄土願生者として良範を讃嘆する気持がうかがわれる往生伝です。浄土往生の「しるし」はここでも死後の夢告です。口称念仏を重んじ、信心の純粋さを評価します。源信伝にみられる糸引き作法は、貞久、相助、良範では行われませんでした。若輩で、僧侶としての階位が高くなかったからでしょうか。それとも、糸引き作法をするのはむしろ例外的なことだったのでしょうか（本章第二節の**【糸引き臨終の諸例】**）。なお、寛弘五年（１００８）、四十一歳で逝去した花山法皇の臨終については、奇瑞譚は語られませんでした。高貴な人の臨終の様子については、うかがい知ることができないとされます。

『四分律行事鈔《しぶんりつぎょうじしょう》』の臨終行儀

大文第六「別時念仏　臨終行儀」の冒頭で、源信は『四分律行事鈔』の「瞻病送終篇」を引用し、そこに書かれている臨終行儀の実践を勧めました。二十五三昧会のメンバーにとって、看病・喪葬の具体的な指針となったでしょう。「瞻病送終篇」の引用部分を紹介します（「糸引き作法」の部分は、本書第二章第四節の**【源信の臨終】**の項ですでに引用しました）。

まず、無常院へ病人を安置することから述べられます――「祇園《ぎおん》の西北の角《すみ》、日光の没《もっ》する処《ところ》を無常院となせり。もし病者あれば、安置してなかに在《お》く。おほよそ貪染《とんぜん》を生ずるものは、本房のうちの衣鉢《えはち》・衆具《しゅぐ》を見て、多く恋《れん》着《じゃく》を生じ、心に厭背《えんぱい》なきをもつてのゆゑに、制して別処《べつしょ》に至らしむるなり。堂を無常と号《なづ》くるなり。来るものはきはめて多く、還反《かえ》るものは一、二なり。事《じ》につきて求め、専心《せんしん》に法《ほう》を念ず」。「事につきて求め」以下は「日没の姿に即して専心に法を念ずることを求めるために」（林幹弥〔訳〕『源信』日本の名著４　２４７頁）と、解釈されます。上記の引用は源信の書いた『起請十二箇条』の第九条「房舎一宇を建立し、往生院と号し、病者を移置すべき事」に対応します。慶滋保胤が書いたとされる『起請八箇条』の第四条にも同様の内容がみられます。ここでも源信と慶滋保胤が懇意の仲であることがうかがわれます。

「糸引き作法」の次に、「瞻病《せんびょう》のひとは、香を焼《た》き華を散らして病者を荘厳し、乃至《ないし》、もし屎尿《しにょう》・吐唾《とだ》あれば、あるに随《したが》ひてこれを除《のぞ》く」が続いて引用されます（「瞻病のひと」は「看病のひと」の意です）。ここで、源信は私見として、「別処」がない場合は、ただ病人の顔面を西に向け、香華を手向け、念仏を勧め、端厳の仏像を見させるべき、とします。

『四分律行事鈔』の後に、善導の『観念法門』の引用がつづきます。臨終の病人に観想念仏と口称念仏を併修させて、浄土の菩薩が来迎《らいごう》・引接《いんじょう》する想いを起こさせるべき、と述べます。

さらに、『観念法門』で、病人が見た臨終の相を記録すべきことが述べられます――「病人もし前《さき》の境《きょう》を見ば、すなはち看病の人に向かひて説《と》け。すでに説くを聞きをはらば、すなはち説によりて録記《ろくき》せよ。また、病人、もし語ることあたはずは、看病者かならずすべからくしばしば病人に問ふべし、なんの境界《きょうがい》をか見たると。もし罪の相を説かば、傍らの人すなはちために仏を念じ、助けて同じく懺悔《さんげ》して、かならず罪を滅せしめよ。もし罪滅《つみめつ》することを得《え》ば、華台《けだい》の聖衆念《しょうじゅねん》に応じて現前《げんぜん》せん。前《さき》に准《なぞら》へて抄記《しょうき》せよ」（大意）病人がもし臨終の状況を見るなら、看病人に向かってこれを説き、看病人はそれをそのまま記録しなさい。また、病人が答えられないのであれば、看病人はかならずどのような状況を見たのかを、いろいろと問わなければなりません。もし罪相を説くのであれば、かたわらの人はそのために念仏し、協力して懺悔し、かならず罪が消えるようにしなければなりません。もしも罪が消え、華台《けだい》の聖衆が現れるならば、これも前に準じて簡略に記しなさい）。

同様の趣旨は『二十五三昧式』に引用される「発願文」（寛和二年〔986〕五月二十三日付）にもみられます――（大

意）二十五人をもって結衆の数となし、もしこの中に病人があれば、この結衆の願力によって、日の吉凶をえらばず、見舞って、念仏を勧めよう。もし極楽に往生できるものがあれば、自分の願力と仏の神力によって、寝ているときでも目覚めているときでも、このことを結縁衆に示そう。もし悪道におちるものがいたら、やはりそのことを示そう。

善導『観念法門』だけでなく、『起請八箇条』の第五条、源信『往生要集』大文第六「別時念仏　臨終行儀」にも、病人の看護にあたる結縁衆は病人の所見を記録するように規定されています。あらかじめ臨終の相の善悪を知ったうえで、病人に念仏を勧めることで、浄土往生への道をひらきます。

この『二十五三昧式』と「発願文」は根本結衆の手で書かれたと考えられます。源信が根本結衆でないことは『二十五三昧根本結縁衆過去帳』をみれば明らかです。ただし、速水侑氏（『前掲書』122頁）によれば、『二十五三昧式』の「六道苦相」は『往生要集』の「厭離穢土」に、「発願文」は『往生要集』の「別時念仏」に基づいています。よって、『二十五三昧式』が源信の影響のもとにつくられたとも考えられます。病人は看護人に往生の実態を述べるべきという趣旨が『往生要集』と『二十五三昧式』にみられても、不自然ではないでしょう。

なお、『起請十二箇条』の第十一条の末尾に、結衆は、安養廟に集まって、念仏を修して、死者を浄土に導く義務が課せられ、さらに、往生の事実を七日のうちに阿弥陀如来・観音菩薩・勢至菩薩の力で結衆に告知してもらうように願わねばならない、と書かれています。そして、往生したところの善悪にしたがって、結衆はお勤めの内容を決めるべき、とも書かれています。ここでは、亡者の側に往生告知の義務があるとまでは書かれていませんが、結衆が亡者の往生の事実を知ることに関心を示し、往生奇瑞の告知にこだわっているようにおもえます。「発願文」と通底する内容でしょう。

『往生要集』大文第六「別時念仏　臨終行儀」で、次に、親族が病人を見舞うときには、病人が正念を失う危惧があり、酒・肉・五辛を食べた人は近づいてはならない、と戒めます。

さらに、道綽の『安楽集』（上巻第二大門）を引用し、「人の心は移ろいやすく、普段から念仏につとめ、善い習性を身につけるように心掛けるべきで、死が突然に訪れる場合、色々の苦しみが集まって、『十念相続』しようにも、念仏の習性を身に着けていなければ困難である。同志があらかじめ互いに約束して、臨終の時には阿弥陀仏の名号を唱えて極楽に生まれるように、勧めるべきである」（大意）と、同志の協力を重視します。これは二十五三昧会の結成趣旨ともいえるでしょう。

浄土往生の「しるし」

西口順子氏（前掲論文）は、平安時代に作成された六種の往生伝について、往生人の臨終・没後のあり方を「奇瑞」と「夢告」を中心に論考しました。西口論文によると、往生伝に収録される人数は三百四十六人、没時に「往生奇瑞」が認められるのが百五十四人、ついで「往生夢告」が百十六人で、「五色糸所持」の二十七人と比べても、「奇瑞・夢告」が圧倒的に多いといえます。

「諸人が往生人と認め、往生伝作者が往生の事実として示すのは、臨終行儀もさることながら、中心は奇瑞と夢告であった。奇瑞・夢告が往生決定のしるしとされたのは、それらが死後の世界を知るただ一つの残された手がかりであったからに違いない」と、西口氏は奇瑞・夢告に注目します。紫雲・異香・音楽などの奇瑞については、本章第一節の**【勝如上人の臨終―糸引き作法は史実だったのか―】**でもふれました。関口忠男氏（「『日本往生極楽記』の浄土往生思想をめぐって―平安時代浄土往生思想の一考察―」『阿弥陀信仰』民衆宗教史叢書　第十一巻）は、「聖衆来迎・紫雲・音楽・香気という組合せ」が奇瑞の代表的な形態で、それによって往生が証明されることが重視された、とします。

善導『観念法門』および『二十五三昧式』の「発願文」によれば、往生のしるしとして奇瑞・夢告があったことを確実に知るため、病者は、極楽であろうと地獄であろうと、どのような死後の世界を見たのかを看病人や結縁者に告げる義務がありました。源信『往生要集』の「別時念仏　臨終行儀」でも、病人は自分の見た往生の相を看病人に語り、悪相が見えたのであれば、滅罪の念仏をともに唱え、聖衆があらわれたならば、看病人はこれも記録しなさい、と説かれます。往生人は仏・菩薩が来迎する奇瑞を待ち望み、周囲の者も往生人からその奇瑞を聞き出し、これを記す義務を負っていました。すでにふれましたが、『起請十二箇条』の第十一条も往生告知にこだわります。

奇瑞に出会わない病人は往生を確信できず、輪廻の苦しみから救済されないのではないかという不安に見舞われたでしょう。そのような不安の中で、往生人は念仏の声を絶やさずに来迎を待ちます。源信の『往生要集』で述べられる臨終行儀は、往生人にとっても、看病人にとっても、過酷なものでした。臨終で来迎を見ない場合、往生人は死後にどの世界に往ったのかを、生者の夢で告げなければなりません。奇瑞と夢告が往生の「しるし」として特別な意味を持っていたのですが、そのような往生を遂げられたものは多くはなかったでしょう。

『拾遺往生伝』巻下（八）によれば、大宰府の天満宮安楽寺の学頭だった大法師・頼暹《らいせん》は、多年、往生講を営み、来迎引接を願っていました。しかし、願に違い、臨終では往生のしるしである奇瑞はあらわれませんでした。頼暹は嘆き悲しんで「天に音楽なく、室に薫香なし」と言って、突然に三尺の阿弥陀仏を抱いて、そのまま入滅しました。ところが、没後のことですが、「衆香発越《はつえつ》せり」（多種の異香が外に発し散った）という奇瑞で、往生が認められ、往生伝に列せられました。室外に漏れ出た異香は雲とも煙ともいえないものとなって、晴れているのか曇っているのかわからない不思議な天候になったということです。来迎の証でしょうか。

頼暹の悲歎ぶりについて、西口順子氏（前掲論文）は「彼の悲泣は、どこに生きるかもわからぬ魂のさけびであった」と、評します。臨終の場で、往生の相を語れなかった頼暹の苦しみは頼暹だけに限られず、往生を確信できずにこの世を去らねばならない無数の人々も経験したわけです。本章第五節の**【晩年の藤原道長】**で、道長が豪華な阿弥陀堂を建立し、仏像を多数造立、写経にはげみ、諸僧に念仏を唱えさせたことにふれますが、こうした「作善」は浄土往生を確実にする意図で行われました。しかし、「奇瑞」「夢告」はたいていあらわれず、道長にしても浄土往生は確信できなかったでしょう。そのような背景のもとに、「数量信仰」が流行した、と西口氏は解釈します。数量念仏には念仏そのものへの不信という側面も含まれています。

源信は、『往生要集』大文第八「念仏証拠」で、『木槵経《もくげんきょう》』を引用し、「木槵子《もくげんし》（むくろじの種子）をつま繰ることで仏名を百万遍もとなえるなら、無上の果が得られる」という趣旨を紹介します。天台浄土教では不断念仏が重んじられたことからも、数量念仏につながる流れが想定できます。「藤原時代の半ばすぎより院政時代にかけ」て、数量念仏が隆盛したとのことです（重松明久氏『前掲書』２４７頁）。藤原道長は寛仁五年（１０２１）九月に百万遍念仏を志したとされます（『前掲書』２４７頁）。

数量念仏は、末法濁世に生きる自覚をもつ道綽が考案し、観想念仏のできない民衆にひろめました。小豆で念仏数を計り、木槵子《もくげんし》の念珠をつま繰る方法です（小笠原宣秀「道綽・善導」『現代語訳　親鸞全集』第九集　所収』）。道綽の日課五万遍念仏と善導の百万遍念仏が多数念仏の脈流となった、と重松明久氏（『前掲書』１８０頁）は指摘します。ただし、長時間を要する数量念仏は日々の労働に忙しい庶民には実行できないものでした。

墓所に卒塔婆を建てる

二十五三昧会の起請文（『起請八箇条』『起請十二箇条』）が注目されるのは、ここに「病中から臨終→死後という連続した対応と具体的施設」が初めてみられるから、と指摘されます（神居文彰、他『臨終行儀―日本的ターミナル・ケアの原点―』第二章第一節）。確かに、死後供養についての規定は『往生要集』にはみられませんが、起請文では、結衆の墓所を定め、これを「花臺廟《けだいびょう》」と名付ける条があります（『起請十二箇条』の第十条では安養廟）。

『起請八箇条』の第六条の概略を紹介します――「西山のふもとに墳墓の地を定め、そこに一基の卒塔婆を建て、なかに多種の陀羅尼をおさめておく。結衆のだれかが死んだら、三日以内に必ず葬る。春秋二回を会合の時として、山の花を折り、林の葉を手向けて、来世のために念仏を修すべきである。日暮れになって、無常の理を観じ、幽かな踏み跡を歩むごとに免れがたい死を悲しむ」（大意）。

『起請十二箇条』の第十条でも、勝地に卒塔婆を一基建て、一同の墓所とし、安養廟と名付ける、と規定されます。六道絵の「不浄相」を想わせる描写によって、墓地の塵になる肉身のはかなさを述べ、それ故に、景色の良い所に、末永く安養廟を建て、墓所とするともいいます。また、真言を唱えて地鎮し、仏力を得て、日の善し悪しを問わず、三日を過ぎないうちにこの廟に葬る、とします。卒塔婆は各人が一つずつ建てたようです。

速水侑氏（『前掲書』134頁）によると、二十五三昧会の根本結衆の一人である花山禅定法皇が結縁したとき（寛和二年〔986〕）、上下の区別なく、同じ景勝の地にそれぞれが卒塔婆を建てるように綸旨を遺したことから、墓所の規定が加えられるようになったそうです。この事情は『首楞厳院二十五三昧結縁過去帳』の花山法皇の項にみられます。法皇（生年四十一）の卒塔婆は結縁衆の卒塔婆の中心に建てられたと書かれています。遺骨はここに安置されました。

二十五三昧会は卒塔婆を建て、さまざまの陀羅尼をこれに収めたのですが、その前例として、天台座主であった良源（912―985）が墓所に石卒塔婆を建て、各種の真言陀羅尼を安置するように遺言したことがあげられます（土井卓治『石塔の民俗』68頁）。土井氏によれば、良源の石卒塔婆は墓標として礼拝する初期の石塔例のようです。

また、『起請八箇条』の第八条には、埋葬から七七日忌・一周忌の没後供養まで、結衆の心得が具体的に書かれています――「結縁衆のなかで早世する者がいれば、結衆は力をあわせて葬送の事を営む。その夕は一同が歩を運び、終夜、念仏し、遺骨を安置して、旋遶《せんにょう》（囲み回って）念仏する。これが終われば、相ともに別れ去る（中略）没後、浄土への引接《いんじょう》をうながすために共に心を尽くさねばならない。七日毎に結衆は集まって念仏を修するべきである。七七日の四十九日になれば、花を折り、水を汲んで、講莚（講義）をひらく。一周忌にもまた同じことをする」（大意）。

本書第一章第三節の**【仏教の呪術的受容】**でふれましたが、皇族については、七日ごとの法会や満中陰（七七日忌）は奈良時代の八世紀初頭から記録されています（『続日本紀』巻第三）。『起請八箇条』にみられるように、中陰関係の法事は十世紀末には中下級貴族のあいだでも定着していたようです。

第五節　平安貴族の臨終行儀

晩年の藤原道長

平安中・後期の藤原時代に入り、末法思想がゆきわたり、浄土教がまず貴族の間に、さらに、一般民衆にも浸透し始めました。末法時代は、「教・行・証」のうち、「教」だけが残り、いくら修行（「行」）しても悟り（「証」）が得られないという仏法衰退期で、日本では十一世紀頃の藤原時代にあたるという認識が定着しました。

この世で悟りを得ることができない時代では、阿弥陀仏の浄土に往生して輪廻の迷いを脱することに関心が向かうようになります。末法思想は承平天慶《じょうへいてんぎょう》の乱以後の社会不安によっても増幅しました。財力のある高級貴族は浄土願生の信仰だけでは満足できず、この世に浄土を再現して美的陶酔にふけりました。『観無量寿経』などの浄土教経典で、浄土や阿弥陀仏の相好《そうごう》（すぐれた身体的特徴）を想い描く「観想念仏」の行が勧められたことから、藤原道長などは造仏、御堂建立にはげみ、豪勢な御堂の中で仏像群にかこまれて、観想念仏にはげみ、最後を迎えたとされます。道長は万寿四年（１０２７）十二月四日、六十二歳で死亡。当時の上級貴族の例にもれず、道長は「入道」となって、仏門に帰入しています。

栄華を極めた道長にしても、晩年には近親者のあいつぐ死亡に落胆し、自らの健康不調にひどく苦しむことになります。

『栄花物語』は晩年の道長が仏教に傾倒する様子をくわしく記します。寛仁三年（１０１９）三月、世の無常を感じ、道長は出家。ついで九月末に奈良東大寺で受戒します。巻第十五の末尾には、道長が造仏、写経、御堂建立に熱心だったと書かれています。九体の丈六の金色阿弥陀仏を造らせ、阿弥陀堂に安置したのは寛仁四年（１０２０）二月二十七日でした。臨終では、この阿弥陀像に五色の糸を結びつけて、糸引きの臨終行儀をしたと『栄花物語』にあります。念入りにも、九体の阿弥陀仏のすべての手に紐が結び付けられていました（巻第十八）。現世の栄華と極楽往生を願い、万寿元年（１０２４）三月、法成寺の薬師堂に六観音・七仏薬師を安置（巻第二十二）。万寿四年五月に一万体の不動像を供養したとあります（巻第十五）。同六月には、百体の釈迦如来像を釈迦堂に安置しました（巻第二十九）。

また、寛弘二年（１００５）、宇治の木幡《こはた》に法華三昧堂を建立し、十二人（六人？）の僧を住まわせ、先祖供養をさせています。十月に盛大な御堂供養が催されました（巻第十五）。浄妙寺です。道長が自分で書写した経典や法華経・心経をここで供養しました。道長は木幡の墓所が荒廃しているのにかねがね心を痛めていました。

『小右記《しょうゆうき》』にみる道長の病苦

健康悪化は、万寿三年（1026）十二月十日、道長の娘、後一条天皇の中宮である威子《いし》の出産で心痛のあまり気分を悪くしたことから、顕著となります（巻第二十八）。安産に安堵したものの、「この乱れ心地の去年よりはいみじう苦しうさぶらへば」（〔大意〕自分の病気も去年よりもひどく苦しいので）と、外出を避けています（万寿四年三月ころ、巻第二十八）。

万寿四年五月十四日、息男・顕信《あきのぶ》が死亡。道長は、『小右記』（六月四日条）によると、「入道殿は食事せず、飲食を受け入れず、無力ことのほか甚だしき由」という衰弱ぶりでした。九月十四日、娘で皇太后・妍子《けんし》が死亡し、十月二十八日、四十九日の法事が営まれたのですが、心労で道長の病がさらに悪化しました（巻第二十九）。耐えがたい病状の様子で、下痢だったので、阿弥陀堂に入れなかった、と『小右記』（十月二十八日）にあります。万寿四年十一月二十一日条には、早朝に沐浴したところ、めまいに襲われたとあり、また、下痢が頻繁に起き、飲食を受け付けず、さらに、背中に腫物ができて、治療できない、とあります。娘の彰子《しょうし》や威子《いし》が見舞いに来ても、汚穢のために近づけませんでした。大小便の失禁が疑えます。ついで、二十四日条に、背中の腫物の勢いが胸にまで及んで、その毒気が腹の中に入り、震えが起きた、と記されます。

病状の由々しい道長は、万寿四年十一月二十五日、阿弥陀堂に移りました。同日、後一条天皇が見舞いに来ました。十二月二日、医師が背中の腫物に針を刺したのですが、膿や血などが少々出ただけで、道長は苦吟の声をあげました。四日の巳《み》の時（午前十時頃）に死亡。死んでも、生きているような温もりがわずかに腋にあったとされます。

『小右記』に書かれている道長の苦痛に満ちた臨終は『栄花物語』の華麗な臨終行儀から想像できるものとは隔

たっている、と速水侑氏（『地獄と極楽『往生要集』と貴族社会』歴史文化ライブラリー51）は指摘します。『栄花物語』は道長の行状を理想化しているというわけです。松村博司氏（「栄花物語と往生要集―栄花物語雑記―」『源信』日本名僧論集　第四巻）によれば、『栄花物語』には源信の『往生要集』を下書きにした部分が少なくなく、とくに道長の臨終行儀はこれに準拠したものとします。

『栄花物語』にみる道長の華麗な臨終

『栄花物語』（巻第三十）に描かれている道長の臨終行儀をたどってみます。万寿四年十月二十八日、妍子の四十九日の法事を終えたものの、道長の病状は好転せず、関白頼通が加持祈祷を勧めたのですが、道長は「祈祷をしてもかえって悪道に陥る。念仏だけを聴きたい」と言いました（『小右記』によれば、念仏は十一月十三日の夜半に沐浴してから始めています）。『栄花物語』の記事によれば、臨終では念仏が祈祷よりも有効という意識を道長が持っていたことになります。死期が近いことを覚悟したからでしょう。病気治癒には加持祈祷、極楽往生には念仏が有効と考えていたのでしょう。

何も食べない日が続き、十一月も祈祷を許さず、法成寺の念仏堂に籠って仏像を日夜注視することで神経を消耗し、ゆっくり寝ることもなく、死を覚悟する言葉を吐いたりしました。周囲も望みがないことを覚悟。やがて、「同じく死ぬのなら、臨終行儀にかなう死に方がよい」と言って、法成寺の阿弥陀堂の「御念誦《ねんず》の間」に移りました。周囲に六尺の屏風を立て、人が近づかないようにして籠りました。この部屋は阿弥陀堂の正面中央にあって、道長だけが籠る広さなのですが、内装・調度は贅を極め、道長が読経するための部屋でした。その前に丈六の金色の阿弥陀仏が九体安置されていました。蓮糸を組みひもに作って、それを九体の仏の手に通して、中尊の手に集め、その紐の束を念誦の間に引き寄せるように仕掛けられていました。仏にしたがって浄土に赴くようになっています。

死期を悟った道長はこの部屋で蓮の糸を握り、後生の安楽をひたすら願った、とあります。もはや、この世に執着をなくしている様子で、屏風の西側をあけさせ、九体の阿弥陀仏を仰ぎ見て、頭北面西の体勢で臨終の念仏をひたすら心にかけました。阿弥陀仏の姿を見ること、念仏の声を聞くこと、極楽浄土に思いを傾けること、これらが道長の最後の願いでした。

ところが、松村博司氏（「往生要集と栄花物語の道長臨終記事」『日本思想大系　月報5』1970年9月第六巻『源信』）は、「道長は極めて平静に観想と念仏三昧に死を待っていたようであるが、すでに見て来たように『小右記』に記された病状によれば、このような平静さは疑わしい」と、『栄花物語』と『小右記』の違いを認めています。そうであれば、糸引き作法についても、はたして実行されたかどうか疑わしくなります。

十二月二日、僧侶がそばに付き添って念仏をして聞かせたりしました。衰弱がはなはだしく、念仏の声が弱々しく聞こえることで、存命であることがやっと分かる状態でした。翌日も同様でしたが、四日の巳の刻（午前十時ころ）に死亡しました。道長の臨終は奇瑞譚にちかいもので、善根の人の死に方だったとされます――「されど御胸より上は、まだ同じやうに温かにおはします。なお御口動かせたまふは、御念仏せさせたまふと見えたり」（大意）死亡後にも上半身に温もりがのこり、口もわずかに動いて念仏を唱えているように見受けられた）。下半身から死が忍び寄り、上半身に温もりが残るのは善根者の死に方だったという説は『往生要集』大文第二「欣求浄土　聖衆来迎楽」（『注釈版聖典　七祖篇』855―856頁）にうかがえます。

臨終時には、大勢の僧たちも声を惜しまずに念仏を唱えました。夜中過ぎにすっかり冷たくなり、入棺しました。翌日に、陰陽師に葬送の日取りを問うと、「七日の夜がよい。場所は鳥部野」と回答しました。死亡してから四日目の夜に葬送が行われ、出棺は夜で、無量寿院（阿弥陀堂）の南門の脇門から出ました。この作法は釈迦入滅の折に城の東門から出棺した故事にならったものとします（たとえば、『大般涅槃経』後分巻下）。導師は比叡山の座主・院源。収骨は夜明け方。瓶に入れて、木幡に運ばれました。

『明月記』にみる藤原俊成《ふじわらのとしなり》の臨終

源信が逝去してからほぼ一世紀後、平安時代末期の永久二年（１１１４）に生まれた藤原俊成は元久元年（１２０４）十一月に死亡しました。九十一歳でした。平安時代から鎌倉時代への過渡期に生きた歌人でした。その臨終については、藤原定家の『明月記』に記されています。

藤原道長と同様に、俊成も生前に入道しています。しかし、浄土教の熱心な信者であったかどうかは、にわかに判断できません。臨終にさいして念仏を重んじ、「さらば念仏して極楽へまいらむと思《おぼ》し食《め》せ」という言葉を聞いて、頷いていますが、俊成が臨終で「五色の糸」を握って来迎を待ち望んだとは『明月記』には書かれていないようです。遺体のそばに光明真言で加持した土砂を置いたり、撒いたりする儀礼もみられません。あるいは、喪葬では光明真言を唱えるのが形式化していたので、この儀礼についてとくに書かなかったのかも知れません。

俊成の臨終に伺候した二名が俊成の籠僧《こもり》。その一人は密教僧で、「護摩」を修する験者とおもわれます。もう一人の籠僧の名は「信乃房」。ほかに、小僧が一人。「籠僧」とは葬儀に従事する僧で、触穢を避けて精進潔斎する僧である「清僧」と区別されます。井原今朝男氏（『前掲書』第2巻　２２４頁）によれば、籠僧は京都の貴族階級の風習として始まったとされます。俊成の入棺は籠僧と小僧が行い、触穢を嫌うが故に他に手伝う者はいませんでした（『明月記』元久元年十二月一日条）。

『明月記』には、今日の民俗ではほぼ廃れたとされる儀礼が行われています。たとえば、蓆《むしろ》を敷いて遺体を頭北面西に安置する「枕直し」、湯灌にともなう「声掛水《こえかけみず》」、「ワラ沓を履く」、「道たがえ」などです。こうした喪葬儀礼が鎌倉時代初期にすでに定着していたことが知られます。ただし、近代のものと差異がみられるものもあります。

たとえば、『明月記』の「声掛水」では、水を汲んだ者（成安）が別の者（小僧）を呼び、水を与えます。水を灌ぐのは小僧です。ところが、近代の民俗例では、水汲みに行った者を後から呼びに行く型が多いようです。中世で再解釈が起きて、近代の型が出来上がったのでしょうか。中世の真言宗の葬儀手引書『葬法密』（『日本教育文庫』宗教篇　６８５頁）では、「入棺の前に沐浴する。水を大きな土器《かわらけ》に入れ、敷物にすえて、樒《しきみ》一枝をこれに添える。役人が亡者のそばで待ち受け、水を持つ人の名を二度呼ぶ。そのあと、呼ばれた人は返事をして、水を持参する。役人が樒で三度ばかり水を灌ぐ」（大意）と、湯灌に準じる作法を述べています。ここでは、名を呼ばれた者が水を持参することから、近代の「声掛水」民俗に類似します。

意味が分からない儀礼もみられます。棺の先頭に立てられる小旗（「小襖」とも書かれることから、紙または布でつくられたのでしょうか）は、定家の時代でも何のために立てられるか分からなかったそうです。定家自筆本では「小旗」と書かれます（水藤真『中世の葬送・墓制―石塔を造立すること―』7頁、26頁）。具体的にどのような形状だったのかは不明ですが、参考になりそうなのは、勝田至氏（『日本中世の墓と葬送』１７９―１８０頁）の指摘です。棺の死者の頭部に近い所に御幣《ごへい》が立てられる図像が十三世紀から十四世紀の絵巻物にみられるとのことです。「小旗」が御幣に類するものとすれば、忌祓《いみはら》いに用いられたものかもしれません。

また、「善の綱」とまぎらわしい「綱の料」が棺に結びつけられて、出棺しましたが、これは棺を土葬の穴に下すために使われた綱でしょう。

勝田至氏（『死者たちの中世』64頁）が指摘したことですが、俊成が法性寺に移りたいと言ったとき、定家は「京中実に見苦しかるべし」との感想を述べています。俊成は高齢でもあり、いつ死んでもおかしくない病状でありました。死穢を避けるべきという禁忌意識が京中にあって、俊成の遺体を京中で移動させることにでもなれば、世間を騒がせることになるとおもったのではないか、というのが勝田氏の解釈です。

『明月記』にみられる俊成の喪葬を紹介します。

元久元年（１２０４）十一月二十六日、発病。高熱を発し、顔の右側が腫れ、飲食ができない状態となり、定家が馳せ参じると、俊成は鴨川を渡った法性寺に移りたいと言いました。遠路でもあるし、高齢のこともあったのですが、押しとどめるわけにもいかず、巳時（午前十時ころ）には法性寺に移りました。ほとんど前後不覚でした。ひどい寒さに定家は寺を退出しています。二十七日、病状は前日と違い、和歌のことなど、話ができました。ただし、食事はしないに等しく、顔はやはり腫れていました。見舞いが訪れたころから、病状は悪転、苦しみの様子で、発熱。夕方に及び、苦痛が甚だしくなりました。二十八日、終日雨。病状は好転せず、苦痛甚だしく、まったく頼りない状態で、食事もしませんでした。終日、辛苦しました。二十九日、俊成入道の病状は危急であるから、臨終のことはぬかりなく準備させ、善知識も立派な者を選ばねばならない、との下知が殿下より定家にありました。俊成はしきりに雪をもとめ、まだ得られないのかと怨み言を言いました。北山で得られた雪が送られ、病状が回復したかのようでしたが、喉が鳴る症状が増えました。喘息のために鳴るのか、それともしきりに冷たいものを召すので、咳のせいで鳴るのか、と定家は迷っています。

十一月三十日、定家が馳せ参じると、念仏の音が高く聞こえ、すでに死亡したとのことでした。寝室ではすでに眼をとじていたのですが、呼吸しているようでした。健御前（定家の姉）が言うには、「雪をしきりに食べるので、雪を隠さざるをえなかった。小僧は念仏の音を断たずにいた。明け方に「しぬべくおぼゆ」と言うのを聞いて、「いつもよりも苦しいですか」と尋ねると、俊成入道はうなずいた。「さらば念仏して極楽へまいらむと思し食《め》せ」と言うと、また頷いた」とのことです。俊成が「だきおこしてくれ」と言ったので、抱き起したが、とても苦しそうに見えたので、小僧を近寄せて念仏をするようにしました。「念仏の功徳で病状が落ち着くでしょう」という声を聞き、俊成はわずかに慰められた様子で、息が絶えたということでした。女房は皆退室し、小僧らが蓆《むしろ》だけを敷き（曳き下げ）ました。畳では厚いからでした。枕元に灯下をともし、衣を直しました。「御座直し」の作法です。これより先に、定家自身が部屋の格子を下げ、妻戸を閉じています。その日、籠僧の事を大略決め終ります。陸奥阿闍梨（護摩行の僧）と信乃房（両人とも俊成の籠僧《こもりそう》）が臨終に伺候し、小僧とあわせて三人。

十二月一日、夜明けと共に、法性寺の山中に入り、俊成の墓所を実見。石を丸く置き、従者に穴を掘らせるように下知しました。食事のあと、両籠僧を呼び、棺に納める物や梵字の事などのことを指示し、これらを預けました。紙で衣をつくり、敷物、梵字を書いた覆い（すべて紙）を僧に任せて調えさせました。喪服を調達することなども決め、遺言にあるように、七日毎の仏を画かせましたが、入棺では普賢を供養し、また、四十九日を講讃するのに法華経の一部を用いることにしました。

日没に至り入棺が行われ、小僧の重次が棺を担ぎ、堂の後戸から遣戸《やりど》に入り、遺体の後ろ、東の方に安置しました（遺体は北首西面に臥せています）。ついで、俊成の近習・成安が杓で南側の水を汲み、肩に掛けて地上に立ち、小僧の名を二度呼ぶと、「はい」とだけ返事がかえります。小僧は土器で水を受け、参入してその水を竹の葉で（刷毛にして）遺体にわずかにそそぐようにました。それから、杓や土器を雨垂れ下に置き、棺のフタを開けます（先ず、覆いを取り、棺の東に懸ける）。

次に、敷物を棺の中に敷き、僧ら四人が蓆の四方を持って棺中に安置し、蓆の端を押し入れます。僧らは遺体に衣を着せます（ただ、覆うだけ）。梵字を書いた紙で覆い、フタを閉め、釘を十本石で打ち付けます（一本一打）。布紐で棺を結え、これを綱の材料とします。それから生絹《きぎぬ》で覆い、紙縒《こより》を結びつけ、枕の方に小旗が立てられました（何のために立てられるのか定家にも不明）。この小旗を「小型の襖障子」とする解釈もあります（稲村榮一『訓

注　明月記』第2巻　228頁）。出棺の準備がすむと、一同は道場に入り、読経を行いました。

出棺に際し、各自、藁沓《わらぐつ》を履き、成安は藁沓を履いたまま松明を取って、棺のところに行き、松明に枕元の灯を点《とも》し付けて出ます。小僧の重次が棺を縁の下まで担いで運び、下人に渡しました。その間に、信乃房が灯を取りだし、これを消しました。葬列は堂の西ならびに南庭を経て、巽の山に登り、塔の南を経て山中に入り、穴のそばに安置し、読経をしてから、四人が綱を取って、中に入れました。僧がこれを行いました。まず、定家の兄が三度鋤で土を入れ、その後は雑人に埋めさせました。棺の「朸《ろく》」（棺を担う棒）を切って、中央に立てました。帰りは、路を替えて旧屋の跡の方に出て、西の車寄せの妻戸より入りました。こうして天候に恵まれ、俊成の葬送が無事におわったことを、定家らは喜びました。

俊成が危篤になって死亡するまで、臨終儀礼といえることは、「念仏をして極楽に往生するように思いなさい」にうかがえるように、「念仏」を唱えることぐらいだったとおもわれます（ただし、「念仏が気分を落ち着ける」との治病的な発想もみられます）。また、臨終には二人の籠僧と小僧が立ち会ったように読めます。ところが、浄土往生のための行儀であったはずの「御座直し」「御衣を直す」や「沐浴（湯灌）」などは、死亡直後に行われていません。病苦が甚だしかったからでしょうか。とにかく、臨終行儀が死後に行われる変化が十三世紀初頭の俊成の臨終にみられるわけです。

俊成の喪葬と現行民俗

十三世紀初頭の貴族について、『明月記』によって喪葬儀礼の流れが概略知られます。死亡直後の作法は「御座直し」「枕直し」と呼ばれ、中世初期の葬儀指南書『吉事次第』（『群書類従』第弐拾九輯、雑部、巻第五百二十二）によれば、畳に薦を敷いた上で死亡した場合は、女房四人が薦を持って持ち上げ、一人が畳を抜き取ります。それからその薦に遺体を北枕に置きます。俊成の場合は、死亡後に小僧らの手で筵だけが敷かれて、その上に移し置かれたように読めます。畳は厚いので使われなかったとのことでした。昭和年代以前で盛んに行われた「枕直し」にも類似する作法がみられます。たとえば、畳を一枚はがして、そこに死人をフトンごと運んで北枕にする民俗例（新潟県上越市、昭和四十年、平成五年）、畳をあげ、床板に筵を敷いて死者を寝させたり、畳の上に筵を敷いたりする民俗例（岐阜県揖斐郡、昭和三十七年、平成三年）がありますが、死穢を排除しようとする点で、俊成の枕直しに似ています（以上の民俗例については、『国立歴史民俗博物館資料調査報告書』「死・葬送・墓制資料集成」（9　東日本編2）を参照）。

『吉事次第』では「枕直し」に付随して屏風・几帳を立て回すとあります。その記述は『明月記』にはありませんが、定家自身が部屋の格子を降し、妻戸を閉じています。類似した所作でしょうか。玉腰芳夫氏（『古代日本のすまい』164頁）は、堀河帝（1107年没）の崩御では「昼間であるにもかかわらず、まず格子を下している。外界から隔離された室《むろ》的形式にすることを意味しよう」と、指摘します。「逆さ屏風」は、近代で盛んに行われましたが、平安時代では逆さではなく、裏向きに屏風を立てる儀礼がみられました。『栄花物語』（巻第二十六）には、「御几帳、御屏風などさまことに立てさせたまひ」（〔大意〕几帳・屏風などを表と裏を逆にして立てさせた）とあります。趣旨は「逆さ屏風」と同じでしょう。一般に、悪霊防除の意味があるとされます。「魔除けの刃物」が逆さ屏風の上に置かれる場合もありました。『吉事次第』には、そばで仕える従者は屏風の外にひかえ、僧も真言を唱える、とあります。『吉事略儀』でも、念誦する僧は屏風の外に伺候します。

次に、灯を枕元にともします。『吉事次第』では、五、六尺離して燭台を置き、夜に死亡した場合はもとからともしている火を使い、昼の死亡では火を打ってともす、とあります。この火を絶やすことは忌まれました。「衣直し」については、俊成の場合、衣を脱がせて、着直させたようです。定家はこれを見ていないので、詳細は不明とのことです。

棺に納める物・道具の用意が籠僧に指示されました。それらは御衣、敷物、梵字を書きつける覆い物で、すべて紙です。遺体を入棺してから、僧達が「御衣を着せしめ奉る」（只、覆ふなり）とあります。それから梵字を書いた紙で覆い、蓋を閉めました。『吉事次第』では、梵字を書いた方を上にして「引き覆い」でおおう、とあります。勝田至氏（『前掲書』83頁）によれば、「野草衣」と呼ばれる梵字を書いた「引き覆い」の衣が使われたようです。俊成の場合、梵字を書いた覆いは「紙」でした。その紙の下に遺体を覆う衣がかけられていたようです。棺の外には生絹《きぎぬ》が掛けられました。これは現行の棺に掛ける七条袈裟にあたるでしょう。

湯灌に使われた柄杓や土器を雨垂れ下に置きましたが、「雨垂れ落ち」が生と死の境界で、霊魂が出入りする異界とおもわれていたからでしょう。水は生と死の循環を促進する媒体とされているようです。たとえば、民俗で、かつて多く見られた儀礼として、枕飯を煮炊きする臨時のカマドを庭の「雨垂れ落ち」に石を組んで設置する習俗があげられます。また、棺のフタを閉じるのに石で釘を打ちつけるのですが、その石を雨垂れ落ちから取って用いるのもそのような意識があるからでしょう。高知県安芸郡では、湯灌には雨垂れ落ちで鍋を北向きにして沸かした湯を使ったのだそうです（坂本正夫「高知県の葬送・墓制」『四国の葬送・墓制』）。

出棺では藁沓《わらぐつ》をはきました。『明月記』には野辺帰りで藁沓を脱ぐことは書かれていませんが、勝田至氏（『前掲書』124頁）は、十二世紀には藁沓を脱いで足を洗った事例があると報告しています。その脱ぎ方にもかかとを踏むようにして脱ぐという儀礼が十五世紀にみられました。これと類似する民俗は最近まで生きていました。藁沓ではなく、ワラ草履、もしくは、ワラジを履いて出棺し、野辺帰りでこれを脱いで下駄などにはき替えたりしました。滋賀県ではこれを「捨て草鞋」と呼び、脱ぎ捨てて裸足で帰る風がありました。棺を担ぐ者はアシナカ（「足半」）を履き、帰りは墓に置いて帰る民俗が各所にみられました。藁沓が野辺送りで使われ、用が済むと捨てられる理由ははっきり分かりませんが、ワラが死穢と早々に絶縁するのに向いているという意識があったのかもしれません。高知県幡多郡で、ワラの枕の中に雨垂れ落ちの石を入れて死者の枕にしたという報告もあります（坂本正夫「前掲論文」）。ワラが跡形もなくすぐに燃えてしまうことと関係あるのでしょうか。また、武田明氏（『祖谷山民俗誌』97頁）によると、湯灌でワラダスキを掛けますが、同様にワラが死穢を防ぐという意識があるのでしょうか。

第六節　平安時代末期の念仏者

永観《えい(よう)かん》の臨終

永観（1033―1111）は『往生拾因《おうじょうじゅういん》』の著者で知られ、京都禅林寺に入寺したことから、禅林寺は永観にちなんで「永観堂」とも呼ばれます。永観は日本浄土教史で源信と法然の間に位置します。

源信が観想念仏と称名念仏を包摂する立場であったのに対し、永観は称名念仏に重点をおき、高声の念仏によって、三昧の境地に到り、一心専念を発して往生の果が得られるとします（稲葉秀賢「往生要集と往生拾因の念仏」『源信』日本名僧論集　第四巻）。また、井上光貞氏（『前掲書』421頁）は、法然が本願への信を重んじ、永観は名号そのものに価値を置いた、とします。

平安時代末期、文人官僚の三善為康《みよしのためやす》によって書かれた『拾遺往生伝』巻下（二六）に永観伝がのせられています。これによると、永観は顕密の業行に熱心でした。阿弥陀供養法を欠かさず晨朝《じんじょう》・日中・日没の三時に修し、このとき尊勝陀羅尼を三十八億遍以上も唱えたといいます。この記事によれば、阿弥陀供養法で密教系の尊勝陀羅尼が誦せられたことになります。阿弥陀供養法は阿弥陀仏を本尊にする密教修法とされます。また、阿弥陀の名号を毎日数万遍となえ、晩年には喉が枯れて、観想念仏を事としました。

『拾遺往生伝』巻下（二六）にある永観の臨終は次のようなものでした――（大意）顕密の業行に熱心だった永観も天永元年（１１１０）十一月に腰にわずかな不調を訴え、天永二年でも起床に不快をおぼえていた。八月下旬から、食事が普段のようには進まなくなった。十月末日にいつものように往生講を修し、合掌して額に当て、涙を流して随喜した。門弟が取り囲み、お互いに念仏をするように勧めたところ、『観経』の文言〔ただ仏と二菩薩の名を聞くだけでも、無量劫の生死の罪を除くのだから、まして念仏するものはなおさらである（大意）〕、また、『倶舎論』の文言〔寿命が尽きる時の歓喜はすべての病を捨てるようなものである（大意）〕を唱え、寿命が尽きても「嘆くことはない」と言いました。十一月一日、強いて沐浴したところ、苦痛がたちまち消えて、いつもの状態のようになり、同月二日、往生講を修させました。講式の念仏往生の段まで進むと、講衆の僧侶が一様に『来迎讃』を唱えました。香ばしいかおりがただよったのですが、人々にはこれが臭うか、とそばの人に問いました。講衆はまったく臭わないなどとこたえました。午前二時ころに至ると、頭北面西の姿勢で、正心念仏し、眠るがごとく気《いき》が絶えました。享年七十九でした。

また、永観が死没した後で報告された夢告は三例あげられます。法勝寺の法師・勝見は、永観が死亡したとき、永観が礼盤に登って釈迦如来を礼拝して去っていく夢を見ました。さらに、十一月八日、禅林寺の定因の夢に、多数の僧が永観を取り巻き、梵唄を歌ったところ、永観の表情は端厳・満悦の様子となって、その衣服は水晶のように明徹に見えた、とのことでした。

第三に、『拾遺往生伝』に書かれている永観の弟子（阿闍梨・覚叡）がみた夢ですが、覚叡がある寺で僧の仲間と並び座って仏像を仰ぎ見ていると、その仏が先師の永観であることが分かり、しかも、「従我聞法、往生極楽、云々」（大意〔わたしの指導で法を聞いたお前も極楽に往生するだろう〕）という一句を仏像の口から授けられたとのことです。永観は夢で極楽に往生したことを弟子に告げ、弟子を力づけています。阿闍梨・覚叡のみた夢は鎌倉時代中期に成立した『古今著聞集』（巻第二〔五一〕）にも載せられています。永観の異香奇瑞譚が簡潔に述べられた後、弟子に浄土往生を夢告しています。

永観の臨終には源信らが用いた五色の糸の行儀や土砂加持祈祷はみられませんが、香気がただようという奇瑞が書かれています。しかも、香気を感じたのは本人だけでした。沐浴して、頭北面西で念仏を唱えながら死ぬのは典型的な天台浄土教の臨終行儀でしょう。永観伝の末尾には、臨終にからむ瑞相・奇瑞譚がいくつか紹介されていますが、「瑞相は無数にみられたが、ここではその一部だけを記すのみ」（大意）で結ばれます。永観は念仏による浄土信仰と密教的な陀羅尼信仰をともに修したのですが、臨終では称名念仏を唱えながら往生しました。その主著『往生拾因』（『國譯一切經和漢撰述部　諸宗部　五』所収）の冒頭に永観は「念仏宗　永觀　集」と書いています。著述の時期は康和年間（１０９９―１１０４）、六十八、九歳頃とされます。

良忍《りょうにん》の融通念仏

比叡山の不断念仏の系統から派生した「百万遍念仏」「小豆念仏」など、数量を誇る念仏が平安時代末に修されました。中国浄土教の善導・道綽が数量念仏を修したという流れもありました。源信は、『往生要集』大文第六「別時念仏　尋常別行」で、善導『観念法門』の「『阿弥陀経』を誦すること十万遍を満てよ」を引用し、『阿弥陀経』読誦と数量念仏を紹介しました。また、中国浄土教の重鎮であった迦才《かざい》の『浄土論』を引用し、念仏を百万遍すれば往生できるという道綽の言を紹介しています。先にふれたように、『往生拾因』の著者・永観も、百万遍念仏を三百回行ったなど、数量念仏を過度に行ったために、喉が枯れたそうです。重松明久氏（『前掲書』第二編第三）は、数量念仏には日数を限って修する一日から七日あるいは十日、九十日の不断念仏系のものから、「恒常的な日別多数念仏への展開」（251頁）が院政時代にみられる、とします。良忍（1072―1132）が融通念仏を考えた一つのきっかけは、数量念仏を志向する時代風潮であったのでしょう。

平林盛得氏（「民間浄土思想の展開―空也から永暹まで―」『聖と説話の史的研究』第二部）は、「良念の一念がよく億万百遍の念仏に通ずるという思想の生まれてくる背景には、こうした数量的念仏が重要視されていたことを物語っている。この数量念仏のなかに百万遍念仏がある」（207頁）と、百万遍念仏に注目します。井上光貞氏は、「日に何千、月に何万と念仏を唱えることが流行したが、そこに百万遍念仏といわれるものもあらわれてきた」（『前掲書』230頁）と指摘し、難波四天王寺の百万遍念仏のように勧進興行となったものもあって、念仏衆という組織が毎年特定の旬を定めて百万遍念仏を催したのもこの時期で、鳥羽上皇のみならず「京都近傍の貴賤男女」（261頁）がこれに加わった、とも指摘します。四天王寺の西門の外、鳥居の内の八幡念仏所に限られるのですが、同行集団が合唱する融通念仏運動が台頭する基盤がすでにあったといえるでしょう。四天王寺の西門が極楽の東門にあたるという信仰が根付いていました。

融通念仏の祖・良忍は延暦寺の堂衆でしたが、後に大原に隠遁し、良忍と改名する以前の「沙門良仁」伝には、毎日「念仏六万遍」を修したとあります。これには、手足の指を焼いて九年間仏と経に供養し、断眠するなど、聖道門の苦行僧であったことも述べられています（『後拾遺往生伝』巻下〔三〕）。また、法華経読誦と念仏を兼修していました。

『後拾遺往生伝』（中巻〔一九〕補遺）の「上人良忍」伝によれば、中年以後、大原に隠棲し、ひとえに極楽往生を願って、暗闇で仏に向かい、極楽を観想し、白毫観、滅罪の懺法《せんぽう》、みだりに声を出さないなどの修行を行った、とあります。

『後拾遺往生伝』（中巻〔一九〕補遺）に「上人良忍」伝があるのは、下巻〔三〕にある「沙門良仁」伝を良忍伝とは別伝のものと誤り、中巻〔一九〕に「上人良忍」伝を補ったからとされます。この補遺「上人良忍」伝は「沙門良仁」伝の成立後三、四十年を経た頃に補遺されたもののようです（佐藤哲英・横田兼章「良忍上人伝の研究」『良忍上人の研究』）。「良仁」は改名前の名で、「良仁」と「良忍」は同一人物です。

「沙門良仁」伝に苦行僧の自力修行がみられ、融通念仏の理念が書かれていないのは、成立時期の違いによるとも考えられます。「沙門良仁」伝は上人没年（1132）まもなく書かれたとされ、その頃にはまだ融通念仏宗の開祖として良忍を評価する機運が熟していなかったのでしょう。『後拾遺往生伝』巻下が成立してからわずかに下る『三外往生記《さんげ》』にも良忍伝がおさめられていますが、苦行僧の側面はあまりみられず、融通念仏の功徳がここに初めて書かれます。『後拾遺往生伝』（中巻〔一九〕補遺）の「上人良忍」伝では、上人像の神秘化が進み、「初期の融通念佛衆団の形成を思わすものがある」と、佐藤哲英・横田兼章氏（『前掲論文』57頁）は指摘します。

良忍の伝記絵巻『融通念仏縁起』（正和本《しょうわ》）上巻第二段によると、良忍四十六才の夏に、融通念仏の夢告をうけました。それは、「一人の行を以て衆人の行とし、衆人の行を以ちて一人の行とするが故に、功徳も広大なり。往生も順次なるべし。一人も往生をとげば、衆人も往生を遂げむ事疑ひあるべからず」（上巻第二段）という、天台教学の「一即一切」の理念に基づいていました。一人の念仏の功徳にすべての人の念仏の功徳がおさまって、すべての人の念仏の功徳が一人に帰ってくる、という教えです。『融通念仏縁起』上巻第三段では、阿弥陀仏の夢告をうけて、良忍は「年来《としごろ》、自力観念の功を捨てゝ、偏《ひとえ》に融通念仏勧進の志起こり、他力称名の行者と成り」、万人が容易に入門できる念仏の教えをひろめ、念仏勧進の手段として名帳《みょうちょう》を使用し、人々を加入に誘った、とされます。

五来重氏（『著作集』第一巻　223―257頁）は、良忍の功績は天台教学に基づく「円融相即」を念仏勧進の理念としたことよりも、大念仏という合唱形式によって念仏の功徳を自他互に融通させ、ついには日本声明《しょうみょう》を大成せしめたことにある、と考えます。五来氏は、良忍が学問をすて、比叡山から大原に隠棲、念仏勧進に生きた人だった、と判断します。ここに、合唱という形で数量念仏が別次元にまで拡大されました。すなわち、一人では数量念仏に限りがあり、多人数による念仏合唱につながることで、無限に功徳が広がります。念仏勧進には名帳が使われました。これに自分に見合った日課念仏の遍数と、名前を記入します。時空を超えて加入者が行った念仏が合唱となって功徳が増大します。新たな参加者の念仏もこれに加わります。

鎌倉時代の十三世紀半ばに成立した『古今著聞集』（巻第二（五二））でも、「生年二十三よりひとへに世間の名利を捨てて、深く極楽を願ふ人なり。日夜不断に称念していまだ睡眠せず」とあって、良忍を自力念仏にはげむ「顕密無双の碩徳」（『融通念仏縁起』正和本上巻第一段）と評します。しかし、一人の力では極楽往生を遂げるのには限界があり、速疾往生をするには「融通念仏」に如かず、という阿弥陀仏の夢告をこうむりました（『融通念仏縁起』正和本上巻第三段）。自他たがいに念仏を融通し合えば、功徳広大となって、万人の往生が可能になるというのが「融通念仏」の理念です。

良忍の臨終

良忍が死亡したのは六十歳の二月一日（長承元年（1132＝天承二年））で、死期を悟ったのは七日前でした。上記の『古今著聞集』では、入棺のとき、鵞鳥の羽根のように軽かったという奇瑞譚や、「自分は往生の本意をはたし、上品上生に生まれかわったが、それもすべて融通念仏の力である」（大意）と、大原の覚厳《かくごん》律師の夢で告げたことなどが書かれています。

絵巻『融通念仏縁起』には諸本があります。最古の正和本は正和三年（1314）に成立したものとみられ、下巻がクリーブランド美術館、上巻がシカゴ美術館に所蔵されています。しかし、原本とするには難があり、1320～1340年代の写本とする説があります（小松茂美〔解説〕『融通念仏縁起』続日本の絵巻21　107頁）。ここでは、原則として、正和本に準拠して、良忍の臨終を述べます。

『融通念仏縁起』下巻第二段の詞書にも、臨終奇瑞譚が載せられています。まず、「異香が良忍の草庵に満ち、紫雲が軒端近くに立ち込め、青嵐の峰の松風が幽かに聞こえ、天上界から近づく楽の音が入りまじっているようで、二十五菩薩が奏でる楽器の音が庭の滝水が石に注ぐ音と和するようであった。往生の儀式は言葉で表現できないほど荘厳なもので、入棺のときには身が軽いこと鵞鳥の羽根のようであった」（大意）と、あります。

『後拾遺往生伝』（中巻〔十九〕補遺）の「上人良忍」伝は詳細に臨終の瑞相を述べています――（大意）臨終七日前には、病悩が平癒し、沐浴して香潔し、五色の糸を仏の手につなげて念仏をおこたることがありませんでした。臨終終期に至れば、自ら弥陀の定印を結び、三日間まったく動転なく、静かに気絶しました。天承二年二月一日の夜半でした。入滅後の三日間は、身が暖かく生きているときのようで、顔は微笑をうかべ、穏やかな表情でした。入棺の時、一枚の紙のように軽く、衣の襟からは馥郁とした香気がかんじられ、弟子がみた夢ですが、二筋の紫雲が東の空にやってきて、太鼓の響きが雲を打つが、音曲は聞こえませんでした。また、上人の房舎の前に池があり、池の東岸に龍頭舟があって、舟のなかの観世音菩薩が金色に輝き、安らかに微笑を浮かべていました。

良忍の遺体が紙のように軽かったというのは、良忍が神仙であるかのような印象を受けます。第三世天台座主・円仁の流星にまつわる予兆譚と共通するところがあります（本書第二章第一節の**【円仁の臨終は「諸教混在」】**参照）。あるいは、罪業が滅却され、極楽往生ができることを暗示しているのでしょうか。『二十五三昧起請』では、罪業滅却は土砂加持の功徳でも期待されましたが、良忍伝では土砂加持にふれていません。

絵巻の絵相から、良忍の臨終行儀を見ると、「正和本」下巻第二段の左側では、入棺した良忍に向かって諸菩薩が来迎する図が華麗に描かれています。極楽の宮殿が雲のかなたに見えます。阿弥陀仏の光明が良忍へ向けて左上から右へ差し掛けています。楽器を打ち鳴らしながら近づいてくる菩薩集団に向かい画面中央の僧が磬《けい》を打ち、合掌しています。画面右の室内には遺体を納めた棺とこれを載せる輿が置かれ、僧侶たちが棺の周りで悲しみ、合掌しています。縁側の外には良忍の死を悲しむ僧俗男女が集まって来ています。

良忍の臨終で使われた磬は下段第八段の「青木の尼公《あまぎみ》、この念仏衆に入りて、即ち往生を遂げにけり」でもみられます。僧が左手で柄香炉《えこうろ》をささげ、右手で磬を打ち鳴らしている場面に阿弥陀仏の来迎を示す光明が差しています。下巻第十一段では、別時念仏（大念仏）に加われなかった名主の娘が疫病を避けられず、臨終におちいる場面がみられます。ここでは病人の枕元に僧が三人いて、一人が鎮子《ちんす》（引金《いんきん》）を打っています。磬ではなく、鎮子《ちんす》が用いられているのは、一般民家であったからでしょうか。

十五世紀ころに成立した清涼寺本《せいりょうじ》『融通念仏縁起』上巻第八段「良忍入滅」は諸菩薩の来迎が正和本よりもはるかに華麗に描かれていますが、磬台、輿は描かれていません。また、正和本では遺体を覆う布（紙）に梵字と考えられる文字が書かれているのですが、清涼寺本では何も書かれていない白布がかけられています。藤原俊成の入棺では、『明月記』によれば、梵字の書かれた紙で遺体が覆われていました。清涼寺本の絵師が梵字を省略して描いたのでしょうか。

なお、清涼寺本の下巻第十段「清涼寺融通大念仏」は明徳版本（明徳二年〔1391〕完成）で新たに加えられた段に基づいて制作されたものですが、この段に『一遍聖絵』（巻第七第二十八段）にもみられる踊念仏が描かれています。二人の僧が台に乗って踊り、鉦鼓《しょうこ》を撞木《しゅもく》で叩いています。第十段の詞書によれば、嵯峨清涼寺の大念仏は弘安二年（1279）に始まり、毎年三月六日から十五日まで行われている、とのことです。踊念仏は、融通念仏発祥以前は空也に、以後は一遍へつながります。死者鎮送を願って念仏踊りをする風は、貴族趣味とはいえず、大衆一般に受け入れられるものでした。

『後拾遺往生伝』（中巻〔十九〕補遺）には、糸引き作法がなされたと書かれていますが、正和本下巻第二段の詞書および絵相に糸引き作法はみられません。また、土砂加持へも言及しません。融通念仏の功徳が絶大であるという立場から、これらの作法へ言及しないのでしょうか。

融通念仏宗は良忍が死亡した後（1132年）、法系が途絶え、百四十年経ってから中興の良尊（1279―1349）が出て、その徳望によって融通念仏宗が再興された、とされます。この良尊が「正和本」の制作にかかわったという説が出されています（小松茂美〔解説〕『前掲書』続日本の絵巻21　102頁）。ただし、良尊が融通念仏に帰依した時期から判断すると、良尊が正和本を制作したという説は疑問視されています。良尊の後、融通念仏宗は元禄時代の融観大通《ゆうかんだいつう》によって一宗として開立されました。五来重氏（『前掲書』第一巻　227頁）は「この念仏は融観まではとくに教義と称すべきものをもたなかった」とします。せいぜい、名帳に名を連ねて、ともに念仏する者は、互いに功徳を融通しあうという宗教運動だったそうです。

まとめ―浄土往生の臨終行儀と口称念仏への動き―

〔**真言・陀羅尼・念仏**〕平安時代では比叡山の延暦寺（天台宗）が浄土教の中心でした。第三世天台座主・円仁が入唐僧として五台山の念仏を学び、これを叡山に移植したことで天台浄土門の興隆が始まったとされます。この念仏は「山の念仏」として比叡山に定着し、そこから「不断念仏」が発展しました。念仏は観想念仏と口称念仏に大別されますが、比叡山の念仏の主流は天台止観業に由来する観想念仏でした。しかし、一定期間、絶えることなく阿弥陀仏の名号を唱える不断念仏が浸透すると、口称念仏へ向かう勢いが増します。

当時の人々が唱えた念仏は、「真言・陀羅尼」と「念仏」が未分化に唱えられた奈良時代と大差がないものでした。円仁は臨終のさいに仏号を弟子に唱えさせたのですが、唱える順番は毘盧遮那・釈迦・弥陀・普賢・文殊・観音・弥勒でした。絶命前には阿弥陀仏を念じ、手に印契を結び、真言を唱えました。諸教兼修はあたりまえで、浄土往生のために阿弥陀仏名をもっぱら唱える口称念仏は未発達で、密教の「光明真言」と念仏が喪葬儀礼で兼修されました。

このように、「真言（陀羅尼）」と「念仏」が機能的に未分化であった時代を経て、「念仏」の功徳が真言（陀羅尼）に勝るという見方も出てきました。永観は、『往生拾因』の「第一因　廣大善根の故」で、彌陀の名号は陀羅尼の徳を超え、法華三昧の行よりも勝る、と主張しました。ただし、真言・法華が滅罪の目的で唱えられ、口称念仏は臨終で浄土往生のために修せられるという役割分担の傾向が生じたのは平安時代末期のことでした。滅罪浄化したうえで浄土往生が可能になるという意識が根底にありました。

天台浄土教は、平安時代中期の良源が貴族の師弟を優遇し、その財政援助によって叡山の主導権を握るに至り、世俗化が進みました。また、山内は円仁門徒系と円珍門徒系に分かれて対立し、不穏な状態となり、僧兵の横行で堂衆と学生の闘争もあって、落ち着いて修行に打ち込むことがむずかしくなります。そこで、比叡山東塔の堂衆であった良忍が洛北大原へ、比叡山西塔《さいとう》黒谷の別所に隠棲していた法然も東山大谷へ下り、一般大衆を相手に市中で浄土教を説きました。

良忍の斬新性は多人数による念仏合唱を名帳によって勧進したことにあります。ただし、良忍の臨終は天台浄土教にみられる典型的なもので、糸引き作法で仏菩薩を迎えるなど、天台浄土教の大御所である源信の臨終にみられるような奇瑞に満ちたものでした（『後拾遺往生伝』中巻）。

良忍が勧めた念仏合唱はたやすく浄土往生できる道を大衆に用意しましたが、それ以前では、民衆は口称念仏を死霊鎮送の呪術と理解し、死を連想させるものとしたようです。念仏は真言陀羅尼と同じく死霊鎮送の役割を担うものと意識されていました。

口称念仏によって浄土に往生するという発想は天台浄土教では源信以前には目立ちませんでした。不断念仏が貞観七年（８６５）に始められたとされますが、浄土往生を願う意識は希薄だったようです。『三宝絵』（下「僧宝」25「比叡の不断念仏」）によれば、不断念仏は身口意の三業の罪咎《とが》を滅する行法で、「当初は念仏者自身の浄土往生というよりも、中有《ちゅうう》に迷う亡魂を鎮め浄土に送る目的で用いられることが多かった」と、速水侑氏（『呪術宗教の世界―密教修法の歴史―』１０９頁）は指摘します。

〔空也と教信〕一般に、口称念仏の功徳は死霊鎮送と意識されていましたが、浄土往生の行として口称念仏を普及させた最初期の念仏者とされるのは教信沙弥です。教信は九世紀後半の播磨国の在俗の聖でした。ついで、空也が「南無阿弥陀仏」を京都市中にひろめたのが十世紀前半とされます。当時の庶民が好感をもたなかった念仏を「自己および大衆の滅後往生を目的」として唱える念仏観を確立したのが空也とされます。空也が呪術的な踊り念仏の祖であるという見解がかつては是認されていましたが、空也の「南無阿弥陀仏」と唱える口称念仏は、大乗仏教の「空・般若・慈悲」という根本思想に裏打ちされたもの、と石井義長氏（『空也上人の研究―その行業と思想』）は主張します。

口称念仏によって浄土に往生するという革新的な思想にもかかわらず、空也の臨終行儀は保守的な色彩が濃く、当時の往生伝にみられる奇瑞譚に満ちています。空也の臨終には、「多くの仏菩薩、来迎引接《らいごういんぜふ》したまふといへり」と、永観二年（984）に完成した『日本往生極楽記』（一七）の著者・慶滋保胤は書きましたが、これより十二年前に成立した源為憲の書いた『空也上人誄』には「聖衆来迎《しょうじゅらいこう》」の記事はみられません。保胤が空也を荘厳化するために追加したものでしょうか。

なお、「来迎」思想はすでに『無量寿経』（第十九願）、『阿弥陀経』（正宗分　執持名号）、『観無量寿経』（正宗分散善）にみられます。宗教劇として「迎講」を始めたのは源信とされます。それは『往生要集』大文第二「欣求浄土」に基づくもので、二十五三昧会の結衆から藤原道長など上級貴族に浸透しました。ここに至って、天台浄土教は貴族的な耽美世界を具体的に演じて見せる儀礼を定着させました。求道精神から逸脱した観劇行事へ変容します。

空也に先行すること百年以上。播磨国の在俗の沙弥・教信（？―866）が口称念仏をもっぱらにして大衆を教化したとされます。比叡山で不断念仏が始められたとされるのが貞観七年（865）で、まだ観想念仏が主流であったことから、称名念仏の教えを教信が弘めたことを史実とするのは問題とされます（平林盛得「沙弥教信説話の変貌」『前掲書』）。

つまり、教信の各種往生伝は「伝記」というよりも「伝説」であって、往生伝にみられる教信の念仏信仰は空也の口称念仏優位の思想に影響されて後代に形成された創作であろう、と平林氏は考えます。教信を専修口称念仏者とする見方は平安時代末期の永観（1033―1111）の主著『往生拾因』にみられます（菊地勇次郎『浄土信仰の展開』109頁）。永観は源信と法然の間に位置する念仏者で、臨終では「正心」念仏して往生しました（『拾遺往生伝』巻下〔二六〕）。また、『往生講式』（四　念佛往生門）で「速かに萬事を抛つて一心に稱念せよ」と、熱烈に念仏を礼讃します。永観は「一心稱念」を重視し、『往生拾因』で自分を「念佛宗」と称しています。親鸞が知るに至った「念仏者・教信」は永観の『往生拾因』を媒介にしたものだったのでしょう（覚如『改邪鈔』三）。親鸞が空也について一切ふれなかった理由ははっきりしませんが、教信にみられる在俗性が不徹底であったからでしょうか。教信はあばら屋に住み、その遺体は一般庶民と同じく風葬に処せられました。空也は、戒壇院で大乗戒を受け、西光寺を創建し、おそらくは没後その境内に手厚く葬られたと推測されます。また、一丈もある観音像を造立し、金字大般若経の書写とその大供養会を催すなど、空也の対外活動に親鸞は違和感をもっていたのかもしれません。

〔**二十五三昧会と臨終行儀の完成**〕中下層貴族出身の僧俗を中心として不断念仏を修する「風流と念仏」の勧学会が結成されたのは第十五世天台座主・延昌が糸引き作法で入滅した年でした。ほぼ二十年後、看病・喪葬の相互扶助組織として「二十五三昧会」が発足します。比叡山の僧二十五人が発起人でした。「二十五三昧会」の理論的支柱となる『往生要集』の著者・源信もこれに参加します。

源信は基本的には諸行往生の立場にありましたが、浄土往生については「往生の業は念仏を本となす」と、念仏を重視します（大文第五「助念方法」）。源信の念仏は、多くの場合、「口称・観念を包括するもの」ですが、『首楞厳院二十五三昧結縁過去帳』の源信伝によれば、「往生之業称名可足」（大意〔往生の業は名号を唱えるだけで足りる〕と発言しました。観想念仏から称名念仏に軸足を移してきたとおもわれます。とくに、臨終行儀に口称念仏を重んじたことは臨終のさいに口称念仏を勧めた道綽の『安楽集』を『往生要集』に引用していることにもあらわれています。各種の源信伝によれば、糸引き作法で念仏し、眠るが如く息絶える臨終を迎えたようです。

二十五三昧会の趣旨を述べた『起請八箇条・十二箇条』では、光明真言による土砂加持や糸引き作法などの儀礼が載せられ、臨終行儀が高度に発達しています。しかも、死に場所となる往生院で看病することや、没後は墓所に花台廟を建て供養することにも言及しています。看病から死後供養まで、扶助会員の心得と設備の用意を述べるものでした。「二十五三昧会」は後に僧だけでなく俗人男女・子供までも参加するようになり、鎌倉時代の十四世紀には、「念仏講」「無常講」に発展します。

〔**平安貴族の臨終**〕さらに、財力と権力を兼ねた藤原道長などの高級貴族はこの世に浄土を再現し、そこに身を置いて耽美的陶酔にふけるために、豪華な阿弥陀堂を建立し、金色の九品仏などを造らせました。贅を凝らした「御念誦の間」で、糸引き作法によって仏菩薩に導かれ、浄土に向かうのが道長の願う臨終でした。このような「遊戯的・享楽的」傾向は院政期に最高潮に達しました（井上光貞『前掲書』198頁）。

鎌倉時代初期に死亡した藤原俊成の喪葬儀礼は当時の平均的な貴族のそれを代表するでしょう。俊成は熱烈な浄土教の信奉者ではなかったようですが、入道、すなわち、生前に在俗のまま仏門に入り、「念仏して極楽へ往く」ことを望んでいました。なお、藤原俊成の臨終では、臨終行儀は没後に行われています。平安時代と鎌倉時代の境界あたりで、生前から死後に臨終行儀が行われる変化が起き始めたようにもみえます。

『明月記』によれば、俊成の葬儀に糸引き作法や土砂加持はみられないものの、近代まで行われた喪葬民俗と共通する儀礼がかなりみられます。たとえば、「枕直し」、湯灌のさいに行われる「声掛水」の作法、釘打ち入棺作法、藁沓を履き、野辺帰りには路を替える、などがあげられます。また、近習の男が松明をとり、藁沓を履いたまま棺のところまで行き、枕元の火をともし付けて、堂を出たようです。草履を履いたまま座敷に上がって出棺の準備をする民俗は最近までみられました（松本保千代「和歌山県の葬送・墓制」『近畿の葬送・墓制』327頁）。これらは仏教一般、もしくは、浄土教とはとくにかかわりがない土俗的な儀礼です。平安時代末期には、一般的な習俗として行われていた儀礼とおもわれます。喪葬儀礼の多くが平安時代から近代に至るまで連綿と続いてきたわけです。

〔モガリの伝統〕『栄花物語』にみられる「魂呼ばい」は古墳時代のモガリの「哭泣《こくきゅう》」にまでさかのぼるといえそうです（本書第一章第一節の**【「魂呼び」の起源】**参照）。『魏志』倭人伝によれば、沐浴・歌舞飲酒・哭泣（号泣儀礼）がモガリにともなったとおもわれます。「魂呼ばい」や「泣女《なきめ》」習俗は戦後しばらくまで一般庶民が行いました。なお、通夜で僧が念仏を唱え、読経することも古代のモガリ儀礼（遊部による呪言）にさかのぼるとの指摘があります（本書第一章第二節の**【遊部《あそびべ》とは何か】**参照）。

モガリでは遺体を仮安置します。その期間が長ければ遺体は腐乱・白骨化します。モガリは八世紀の元明天皇では廃絶されましたが、一般庶民では、野外でこれに類似した「遺棄葬」（風葬）が室町時代まで行われたようです。琉球列島では、昭和年代まで「風葬」がみられました。風葬は単純な遺棄葬から人工色が濃いものまであります。『魏志』倭人伝に書かれたモガリの「歌舞飲食」は琉球列島の風葬にもみられました。このようにみると、古墳時代から近代に至るまでモガリの喪葬習俗が連綿と続いているかのような印象を受けます。

播磨国賀古の教信がモガリ風に葬られている状態を永観が『往生拾因』で具体的に書いています。風葬の描写です。死体が犬の群れや鳥に食われているかたわらで、大石の上に教信の頭部が鎮座し、民衆が星のごとく集まり、その頭部を廻って歌舞讃歎したとあります。モガリの歌舞儀礼を連想させます。このように、貧しい念仏聖がモガリ風に葬られるのは平安時代末期でもそうめずらしいことではなかったようです。しかも、古代モガリの「歌舞」儀礼がこの時代にも記憶されていた、とも考えられます。そうとすれば、民衆は歌舞することで教信との別離を惜しみ、その霊を慰撫し、さらに蘇生を願ったのでしょうか。

〔**庶民の喪葬**〕十世紀中葉より皇族は火葬が多くなります。貴族も概して火葬でしたが、女性の場合は遺言による土葬も多いとされます（朧谷寿『平安王朝の葬送』第四章　２３６頁）。上記の藤原俊成にも土葬がみられます。俊成の遺言によって土葬にされたようです。

二十五三昧会のメンバーは火葬にふされ、卒塔婆の下に遺骨が埋められました。しかし、下級僧を含めて縁者に恵まれない一般庶民は、教信と同様に、風葬（または遺棄葬）に処せられることが多かったようです。そのことは『今昔物語集』にうかがえます（拙著『親鸞と葬送民俗』第一章「古層信仰の遺風」）。死による穢れが及ばないように、死期の迫った使用人を邸外に出すこともめずらしくありませんでした。井原今朝男氏（『前掲書』第1巻　３３１頁）は「庶民の葬事・葬送儀礼は平安期には行われていなかった」と、考えます。下層階級についてはそうであったのでしょう。

貴族や高級僧侶では丁寧な葬儀が行われましたが、一般富裕層の臨終についても僧侶が弔う臨終行儀が行われたようです。『融通念仏縁起』（正和本下巻第十一段）では、名主の娘の臨終で、僧侶が数人付添い、一人が鎮子を打つ場面が描かれます。また、下巻第十段では、念仏の功徳で下級僧の妻が蘇生した場面が描かれていますが、ここでは木製の棺が室内に置かれています。葬送で家族の協力が得られる場合には、「野ざらし」は避けられたのでしょう。ただし、『餓鬼草紙』（河本家本「疾行餓鬼」）では、墓所に棺が置き去りにされ、蓋が見当たらない棺に腐乱死体が置かれ、それを犬が食っている場面が描かれています。また、遺体が埋葬されずに野ざらしに放置されている図もみられます（図③、本書19頁）。

すでに本書序章の**「臨終行儀」の盛衰**で紹介しましたが、『今昔物語集』（巻第二十七第三十六）に、富裕階層の場合ですが、野辺送りで念仏を唱え、鉦をたたく風習がみられます。この場合は土葬だったようです。下人たちが墓を築き、その上に卒塔婆を立てました。

〔**往生は至難の業**〕二十五三昧会では、病人は臨終で自分が死後どのような世界に往くかを看病人に伝えることが求められました。また、往生決定の証拠として奇瑞・夢告を病人は望みましたが、実際にはそのような死に方を迎えられた者は少なかったはずです。浄土往生が「難行」であるからには、それを可能にするかもしれない「数量念仏」へ傾くのも無理からぬところがあります。平安時代末期の永承七年（１０５２）には末法到来が強く意識され、そのことも数量念仏を助長させたようです。良忍の融通念仏もそのような時代背景のもとに盛業したのでしょう。末法濁世に生きる自覚はすでに道綽（５６２—６４５）にみられ、中国・唐代で数量念仏の教えが普及しました。

高級僧侶や上流貴族階級が丁寧な臨終行儀によって臨終を迎えても、浄土往生のしるしはまれにしかみられませんでした。みられたとされても、後人の創作とおもわれます。紫雲・香気・仏菩薩の来迎などの奇瑞はまれであるからこそ奇瑞とされます。二十五三昧会は、浄土往生が不確かであるからこそ、糸引き作法や土砂加持の実践を推奨したのでしょう。「往生するには名号をとなえるだけで足りる」と言った高僧・源信にしても、糸引き作法などの儀礼を積み重ねたにもかかわらず、臨終の場に居合わせたものに「顔色を見て、十五悪死を免れたかどうかわかるか」（大意）と、訊きただしています（『過去帳』源信伝）。入滅後、ある僧の夢に源信があらわれ、「極楽往生は至難の業である。だから自分は上品下生を願ったのであるが、浄土に往生したのかどうか、はっきりしない。聖衆が仏をとりまいたとき、自分は仏からもっとも遠いところにいたからである」（大意）と、語ったとされます。

〔**迎講の盛業**〕臨終の正念に名号を重んじた源信や永観が迎講という宗教劇を演じさせたのも、諸行往生の考えを捨てきれなかったからでしょう。『拾遺往生伝』巻下〔二六〕によれば、永観は数年かけて「菩薩の装束廿具」を高級な絹織物で作らせて、彩色し、迎講を修しました。速水侑氏（『前掲書』221頁）は、源信が「群参結縁する人々に浄土の教えを平易に説く」迎講を修したのですが、その精神は利他の大乗菩薩道であった、とします。平安時代の往生伝は来迎の奇瑞を記録することに熱心でした。『往生要集』によれば、往生人はその奇瑞を看病人に告げる義務を負っていました。来迎へのこだわりは相当なものでした。源信より百五十年ほど遅れて比叡山西塔の黒谷で研鑽を積み、専修念仏への道を拓いた法然（1133—1212）にしても、諸行往生の発想から完全に脱することはなかったようです。重松明久氏（『前掲書』262頁）は、法然が自分では数量念仏を実践し、臨終では常行三昧的な念仏行（三昧発得《さんまいはっとく》）による聖衆来迎を説いている、と指摘します。『法然上人行状絵図』（巻第二十一第一段）で、法然は、阿弥陀仏の来迎について、念仏をひたすら唱えれば、「法爾《ほうに》の道理にて疑ひなし」と述べています。

　他方では、本書第三章第一節で述べますが、臨終行儀では、法然は五色の糸を引くことを拒否します（『法然上人行状絵図』巻第三十七第三段、『法然上人臨終行儀』『西方指南抄』中本、所収）。法然の他力信仰は、親鸞のそれとくらべて、徹底していないようにみられるのですが、常日頃の口称念仏が最重要であることを法然は認めています。法然は、日常の念仏の功徳にともなって阿弥陀仏が来迎するのであって、臨終正念でなければ来迎はないという天台浄土教の考えを、否定します（『浄土宗略抄』『和語燈録』所収）。法然にとって臨終正念の境地は仏の力によって賜るものでした。

　法然の高弟であった湛空《たんくう》（1253年没）は京都紫野の雲林院《うりんいん》に伝わる行法を採り入れ、二十五三昧会を勤めたとされますが、『栄花物語』（巻第十五）に、雲林院の菩提講でおりふし迎講が催され、藤原道長がかかわった、とあります。石田瑞麿氏（「前掲論文」472頁）は、迎講は二十五三昧会の集まりで行われたこともあり、雲林院の菩提講（迎講）と二十五三昧会の類似性に注目します。臨終で阿弥陀仏の来迎を期する願望がこの頃にたかまってきたことにともなう興行でしょう。迎講に類する興行は都市寺院で名もない聖によって催されたようです（井上光貞『前掲書』２３０頁）。このように、迎講は十一、二世紀には都鄙にひろがりました。

法然と同時代の重源は高野聖から出発し、東大寺再興の大勧進聖となり、東大寺の渡辺別所で迎講を行っています。五来重氏（『著作集』第二巻　１７１頁）によれば、大坂の渡辺別所では建久八年（１１９７）、播磨浄土寺では正治二年（１２００）に迎講を始め、その主意は「真言的な薬師信仰と浄土教的な弥陀信仰とを一体化しようとした」ことにあるそうです。高野聖は覚鑁《かくばん》（１０９５―１１４３）を祖とする真言念仏の影響が強いとされます。

覚鑁は浄土思想と密教を結びつけ、『一期大要秘密集《いちごたいようひみつしゅう》』という真言宗系の臨終行儀をまとめました（本書第三章第三節の**【『孝養集』（伝覚鑁《かくばん》）の臨終行儀】**参照）。「五色の糸」を使用し、仏像を東に向ける来迎の相にふれるなど、『往生要集』の作法に準じている部分もありますが、阿字観、阿息観、月輪観などの真言修法を述べていることから、『一期大要秘密集』は密教浄土教の立場で臨終行儀を確立させた書とされます（斎藤雅恵『密教における臨終行儀の展開』第三章第一節第三項）。

なお、覚鑁によるものとされた『孝養集《きょうようしゅう》』も中世の代表的な臨終行儀指南書として見逃せません。今では、覚鑁に仮託された偽作とされていますが、臨終行儀が総合的に取り上げられています。

法然没後、専修念仏の信仰を担う親鸞はいっさい宗教劇としての迎講に関心を寄せませんでした。また、親鸞は、書簡で、臨終で来迎を待ち望むことは諸行往生の自力信仰の人についてあてはまることで、他力の人は臨終で来迎をたのむことはなく、信心が定まるとき往生が定まる、と説きます（『注釈版聖典』第一通）。旧仏教の側からすれば、親鸞の信仰は革新的な過激思想でした。法然・親鸞の臨終行儀に対する考えは本書第三、四章で扱います。

第三章　法然門流の臨終行儀（付、時衆の入水往生譚）

第一節　法然の臨終行儀

法然は「内《ない》専修、外《げ》天台」だった

法然は十三歳で比叡山にのぼり、天台僧として修行を積みました。当時、比叡山延暦寺は俗世間と変わらず「名聞利養《みょうもんりよう》」にまみれ、学生《がくしょう》と堂衆のあいだに衝突・騒乱がおきていたこともあり、十八歳で延暦寺を離れ、西塔黒谷《さいとうくろだに》へ遁世し、官僧寺院を離れた別所で求道ひとすじにはげみました。四十三歳で、中国唐代の善導『観経疏《かんぎょうしょ》』によって、専修念仏の教えに帰依します。次いで、黒谷を離れて東山大谷に移り、貴賤を問わず多くの人々に専修念仏の教えをひろめました。妻帯せず、持戒堅固の清僧を一生保ったことから、「内専修、外天台」と評されたりします。既成教団から離れた聖《ひじり》と称される布教者が往々にして在俗者とさほど変わらない破戒生活を送っていたのにたいし、法然は、『源空上人私日記』（『西方指南抄』中末、所収）によると、高度な学識をもつ「智慧第一」の聖と称されましたが、同時に、平安貴族に治病・除災の験力をもつ行者（験者《げんじゃ（ざ）》）ともみなされました。学識・道心・持戒堅固の美質を備えていただけでなく、験者に等しい評価が与えられたことを示す「三昧発得」

と「授戒」の挿話が知られています。

法然の言行録を親鸞が編集した『西方指南抄』（中本）所収の『三昧發得記』によれば、建久九年（１１９８）元日以降、法然は念仏三昧によって仏・浄土のありさまを観ずる境地をたびたび得たとされます。法然六十六歳のことです。まず、元日から二月七日までの三十七日間、毎日七萬回の念仏を唱え、浄土の諸相を観じました。このような観想を目的とする念仏の数量行を修するのは『選択本願念仏集』（以下、『選択集』と略します）の専修念仏の立場と離れています。『西方指南抄』では、念仏によって「三昧発得」の境地を得たとされますが、その時期に『選択集』を法然が完成させたとすれば、両者の念仏観に落差があることが問題となります。『三昧發得』では自力的な色彩が濃厚な観仏三昧が説かれます。しかし、『選択集』の立場は「無観称名」とされます（田村圓澄『法然上人傳の研究』２４５頁）。

そもそも、『選択集』は法然自身の著作であると認められていますが、『三昧發得記』については、法然に仮託された偽作とする説が提示されています（田村圓澄『前掲書』２４３―２４５頁）。両者の内容に落差が生じているとする田村圓澄氏（『前掲書』２４７頁）は、『選択集』と『三昧發得記』の作者が同じく法然であることを示すために、三昧発得を修したとされる年月日が定められた、と推定します。また、法然がただの念仏者ではなく、神通力のある験者であることを示すために三昧発得のエピソードが考案されたとも考えます。

確かに、『選択集』は建久九年三月頃に完成しているのですが、『三昧發得記』では建久九年元旦から二月二十八日までが最初の三昧発得の期間として設定されています。また、法然を三昧発得の念仏者にしたのは、善導がそうであったから、と田村氏は考えます。善導は『観経疏』（散善義　後跋、『注釈版聖典　七祖篇』５０３頁）で、「日別に（中略）阿弥陀仏を念ずること三万遍（中略）かの仏の国土の荘厳等の相を観想して（下略）」と、三昧発得を述べています。〈善導―法然〉という浄土教相承による権威付けという意味もあるのでしょう（田村圓澄氏『前掲書』２５１頁）。南都北嶺の旧教団が法然の浄土門には血脈相承がないことを非難し、教団を激しく弾圧する時期に、『法然上人御夢想記　善導御事』が成立し、ここで善導と法然の神秘的な夢中対面が語られた、とも解釈されます（『前掲書』２５３頁）。この夢想記は『西方指南抄』では『三昧發得記』に続いて載せられています。

法然の本意は『選択集』にあると考えられます。『選択集』で、法然は善導『観経疏』にしたがい、浄土往生のための五つの正行《しょうぎょう》「読誦、観察、礼拝、称名、讃嘆供養」のうち、称名念仏だけを往生の正定業《しょうじょうごう》とし、それ以外の四種の正行を助業《じょごう》とします。助業は正定業の「称名」のかたわらで浄土往生を助ける役割を担います。『観無量寿経』（『観経』）の三昧発得では観想念仏がおもに修されますが、「観察」（観想念仏）はかたわらに置かれるべき助業であることから、法然が浄土往生の念仏をさしおいて「三昧発得」の念仏行を修し、極楽の相を観察したのは理解しにくい、と田村氏（『前掲書』２４５頁）は『三昧發得記』の非法然的内容を指摘します。確かに、法然は『三昧發得記』で、『観経』の「日想観」や「水想観」などを念仏で成就したと述べています。

ただし、三十七日のあいだ「毎日七萬念佛不退」につとめたとされる念仏は、称名念仏であったと考えられます。『法然上人行状絵図』巻第七第六段に、「遂に口称三昧を発し給ひき」とあります。

ところが、末木文美士氏（「法然の『選択本願念仏集』撰述とその背景」『念仏の聖者　法然』）は、法然が「三昧発得を往生《おうじょう》の要因とはしていないものの、念仏の結果、三昧に達することは否定していない」と、法然は念仏による三昧発得を容認しているとします。また、戒律堅固であることも、法然にとってはことさら否定すべきことではなかった、と判断し、『三昧發得記』が為にする制作であるとの見解に疑義をとなえています。

法然に諸行往生の天台的な発想が抜け切れない面があることは、臨終で仏菩薩の来迎を目の当たりにし、普段からも仏菩薩の姿を見たと伝えられていることなどにもうかがえます。ただし、田村圓澄氏（『前掲書』１７４頁）は、来迎にふれている『法然上人臨終行儀』（『西方指南抄』中本、所収）について、その成立は法然滅後まもない時期で、

「史実であるよりは、凡人を超越した法然の姿を、臨終に事よせて説いた」と、します。この様な天台宗に対する妥協的態度について、「その撰者が天台宗に関係が深かったというだけでなく、むしろこうすることなくしては、その激しい弾圧化にあって、法然の記録を遺すことが不可能であったことによるのであろう」と、考えます。

法然の臨終記をすべて史実とするのは無理があるようです。上記のように、法然自身ではなく、むしろその周辺が法然の荘厳化を望んだこともうかがえ、喪葬儀礼についても法然の意向が反映しているとは言い切れず、後継者による創作の可能性がつきまといます。

田村圓澄氏（『法然』85頁）は、法然が上級貴族の「戒師」として宮廷貴族に迎えられたことに、法然の験者としての一面があるとします。建久二年（1191）、建仁元年（1201）と二年には、九条兼実の娘（中宮宜秋門院《ぎしゅうもん》）および兼実自身の出家の戒師となっています。正治二年（1200）には、法然は兼実の女房に病気を祓うために授戒し、法然の貴族への授戒は再三にわたりました。

法然という持戒堅固の名僧に貴族が期待したのは、受戒の「効験《こうけん》」（この場合は除災・延命）でした。受戒そのものに擬死再生の意味があったことは五来重氏（『著作集』第十二巻93―101頁）が指摘するところです。兼実は「戒律が仏道に入るためというよりは、災いを祓う力があるという庶民信仰」（100頁）によって受戒します。法然は、病人に授戒するのはどうかとの非難をよそに、病気治癒のためにも授戒しました。堀一郎氏（「民間信仰における鎮送呪術について」『民俗學研究』第三輯、48頁）も、法然について、「その外護者たる藤原兼実の前ではなお一個の呪術師であつた」と指摘します。天台教団が俗化のために戒律が保たれず、授戒の名僧がいない有様であったことも、法然に出番が回ってきた理由とされます（井上光貞『前掲書』305頁）。最澄が創設した大乗戒（円頓戒）の伝統を担うのは、むしろ別所に隠棲する上人でした。当時の宮廷貴族が仏教に対して期待するものは、仏教招来の時代と変わらず、呪術的な力でした。身分の高くない別所上人の法然が宮廷貴族に近づけたのも、呪力ある戒師と認められたからでした。法然の師であった叡空上人も黒谷別所に隠棲し、貴族に授戒しました。

ただし、こうした呪術的な病気治しの授戒は法然の本意とするところではなかったようです。『浄土宗略抄』（『和語燈録』所収）では、病気は神仏への祈りでどうすることもできない宿業によるものであるけれども、念仏の信者が宿業によって病気になっても、仏の力で軽くすんでいる、といいます。

> 又宿業かきりありて、うくへからんやまひは、いかなるもろ〳〵のほとけかみにいのるとも、それによるましき事也。いのるによりてやまひもやみ、いのちものふる事あらは、たれかは一人としてやみしぬる人あらん。いはんや又佛の御ちからは、念佛を信するものをは、轉重輕受といひて、宿業かきりありて、おもくうくへきやまひを、かろくうけさせ給ふ。いはんや非業をはらひ給はん事ましまさゝらんや。されは念佛を信する人は、たとひいかなるやまひをうくれとも、みなこれ宿業也。これよりもおもくこそうくへきに、ほとけの御ちからにて、これほともうくるなりとこそは申す事なれ。（『昭和新修法然上人全集』６０４―６０５頁）
> （〔大意〕また、前世の因縁によって受けなければならない病気は、どれほど多くの神仏に祈っても、どうにもならない。祈れば病気が治り、延命できるならば、病み死ぬ者は誰一人いない。まして、仏力は念仏を信じる者の重きを転じて軽く受けさせていただけるものだから、前世の因縁で重く受けなければならない病気を軽いものにしてくださる。まして、非業の死などを祓ってくれないことはないはずである。だから、念仏の信者はどのような病気にかかっても、それは前世の因縁である。もっと重い病気にかかるはずだったのに、これほど軽く受けることができた、というのである）。

貴族の求めに応じて戒師をつとめたのは、一つは、法然の包容力に富んだ性格によるとも考えられます。田村圓澄氏（『前掲書』105―108頁）は、法然には持戒堅固で救済者的な「念仏聖」と求道者的な「専修念仏者」の二面があって、それらが必ずしも矛盾・対立するものではなかったことに、法然の人間の深さが感じられる、としまます。法然が専修念仏の教えに回心したのは中年の四十三歳頃でしたが、先にふれたように、法然はその後も貴族階級に授戒すること再三に及びます。ところが、専修念仏の立場では阿弥陀仏の本願への信が肝要で、それ以外に知慧も持戒も不要と言います。言行不一致のそしりが免れませんが、それが法然の包容力とも考えられます。

法然は体型も豊満だったとされます。性格類型も温厚な同調型の循環気質者だったでしょう（小西輝夫『精神医学からみた日本の高僧』第三章）。循環気質者は、抑うつに傾くこともあり、法然は「愚痴の法然房」「十悪の法然房」の自覚をもっていました。『法然上人行状絵図』（巻第二十一第一段）に、「我はこれ、烏帽子《えぼし》も着ざる男也。十悪の法然房、愚痴の法然房が、念仏して往生せんと言ふなり」（大意）自分は烏帽子さえも着ける境遇ではない男ですが、「十悪の法然房・愚かな法然房」が念仏して往生しようと言うのです）と、あります。『法然上人行状絵図』（巻第六第四段）は、求道の行きづまりに悩み抜いた法然の抑うつ状態を的確に述べています――「なげきなげき経蔵に入り、悲しみ悲しみ聖教にむかった」（大意）。

法然の「臨終正念」

浄土往生について、法然が阿弥陀仏の本願に絶対的な信頼を置いたのに対し、源信の『往生要集』に代表される天台浄土教は臨終正念を重視します。「正念」とは『阿弥陀経』によれば「一心不乱《いっしんふらん》」（一心にして乱れざれば）の状態と理解できます（曾根宣雄「法然浄土教と臨終行儀」『佛教論叢』49号）。『往生要集』大文第六「別時念仏　臨終行儀」（勧念〔十〕）には、臨終の一念は百年の業に勝り、仏の来迎を祈念して、「南無阿弥陀仏」と念じるべきである、とします。つまり、臨終で正念することが仏の来迎を受け入れる前提となります。

ところが、法然は、『浄土宗略抄』（『和語燈録』所収）で、仏が来迎するのは臨終の者に正念させるためであるとします（「佛の来迎し給ふゆへは、行者の臨終正念のため也」『昭和新修法然上人全集』596頁）。すなわち、阿弥陀仏の本願を信じ、普段から一心に念仏することによって、仏は必ず来迎し、仏の来迎するのを見て、正念の境地に入る。それを心得ず、臨終のときに正念することだけに気を使うべきでない、と法然は主張するわけです。仏の本願に、臨終のときに念仏した人のみを迎える、という誓いはないので、このような心得違いの人は「佛の本願を信せす、經の文を心えぬ也」（『前掲書』596頁）とも言います。「経の文」とは『称讃浄土経』の文意のことです。『阿弥陀経』の玄奘訳です。「慈悲加祐令心不亂」（〔大意〕慈悲のたすけを以て、その人の心を乱れない様にさせる）とあります。

よって、法然の往生論は〈平生念仏→臨終→来迎→正念→往生〉と解釈できるでしょう。天台浄土教の〈臨終正念→来迎→往生〉に対して、法然は仏の本願を信じ、平生に念仏を唱えることを重視しています。この考えは臨終行儀にこだわらないことにつながります。『浄土宗略抄』に、「念佛を信せん人は、臨終の沙汰をはあながちにすへき様もなき事なり」（『昭和新修法然上人全集』597頁）（〔大意〕念仏を信じている人は、臨終行儀をしいてする必要もない）と書かれています。三月十四日付の書簡「大胡太郎實秀《おおごのたろうさねひで》へつかはす御返事」（『和語燈録』）にも、仏の本願を信じて念仏を唱えている人には仏が来迎して、臨終正念を保証するので、そのような人の臨終の様相が悪いことはない、よって臨終の準備をしいてする必要もない、と書かれています（『昭和新修法然上人全集』521―522頁）。実秀《さねひで》は寛元四年（1246）に往生した上野国の専修念仏者だったと伝えられます（『法然上人行状絵図』巻第二十五第二段）。実秀の入滅には異香・妙音の奇瑞が起きたそうです。

法然にとって仏の本願への信頼がもっとも重要でした。よって、天台浄土教で行われた臨終行儀はその必要性を減じるか、無用になります。仏菩薩の来迎を願う「五色の糸」作法を法然は拒否しました。また、法然は、五月二日付（元久元年〔1204〕？）の熊谷直実（蓮生）への書簡（「熊谷の入道へつかはす御返事」『拾遺語燈録』）で、念仏を一心に唱えることが往生への確実な道で、「又かうせうのまんたらはたいせちにおはしまし候。それもつきのことに候（『昭和新修法然上人全集』536頁）」（〔大意〕また、迎接《こうしょう》曼荼羅は大切なものです。でも、二の次です）と、述べています。ただし、熊谷は法然の高弟ですが、法然の考えを無視したかのように、迎接図を前にして往生しました。

法然は臨終で善知識の助力を必要としませんでした。「正如房へつかはす御返事」（『和語燈録』）は、善知識となるように懇願された法然がこれを拒絶する内容の手紙です。臨終の近づいた正如房すなわち後白河法皇の第三皇女・式子《しょくし》内親王に対し、法然は懇切に専修念仏の教えを示します。「一念モウタカフ御ココロナク、一コエモ南无阿彌陀佛ト申セハ、ワカミハタトヒイカニツミフカクトモ、佛ノ願力ニヨリテ、一定往生スルソトオホシメシテ、ヨクヨクヒトスチニ御念佛ノ候ヘキナリ。」（『昭和新修法然上人全集』541頁）（〔大意〕一念も疑う心なく、一声でも南無阿弥陀仏と申すなら、たとえ我が身がどれほど罪深くても、仏の本願力によって、確実に往生するとお思いになって、よくよく一途に念仏しなさい）と、説きます。ついで、信心が確定しているのだから、往生は疑いなく、わざわざ臨終で善知識に臨席してもらわなくても、仏を善知識と頼めばよい、と助言します――「凡夫善知識ヲオホシメシステテ、佛ヲ善知識ニタノミマイラセサセタマフヘク候ヘ」（『前掲書』545頁）（〔大意〕凡夫を善知識とする考えを捨て、仏を善知識として信頼してください）。

法然は自分自身については基本的には専修念仏の教えに準じた喪葬儀礼を望んでいましたが、庶民が呪術的な喪葬儀礼を望んでも、寛容な態度をしばしば示しています。「やってもよいし、やらなくてもよい」という包容力に富んだ姿勢でした。天台浄土教の伝統では、臨終で善知識が往生の手助けをしますが、法然はこれを必要とは考えていません。『法然上人行状絵図』（巻第二十三第一段）によると、源信など先輩の高僧は、阿弥陀仏像を西の壁に安置し、病人はその前に西向きに臥して、善知識に念仏を勧めてもらうようにせよ、と教示しますが、法然は、そうありたい（「あらまほしき事にて候へ」）としても、人の死に方は色々で、思うようにはならないので、日常の念仏こそ大切、と考えます。

また、『往生浄土用心』（『拾遺語燈録』所収）でも、法然は、心の乱れは仏の来迎によって取り除けるわけで、善知識の力だけでは困難です、と断ったうえで、「されはとていたつらに候ぬへからん善知識にもむかはておはらんとおほしめすへきにては候はす」（『昭和新修法然上人全集』564頁）（「大意」）そうかといって、何もしないのがよかろうとか、善知識に遇わずに命を終えようとか、おもってはいけません）と、善知識の存在を無条件に否定はしません。善知識が臨席しようと、しまいと、法然にとって日常の念仏がもっとも重要であることにかわりはありませんが、普通の臨終の時には、天台浄土教による臨終儀礼が望ましい（「あらまほしき事にて候へ」）というのが法然の考えでした。すなわち、阿弥陀仏を西側の壁に安置し、病人はその前で西向きに臥し、善知識に念仏を勧めてもらうという行儀を望ましいものとしました。これは源信の『往生要集』（「別時念仏　臨終行儀」）に引用された道宣『四分律行事鈔』や善導『観念法門』の臨終行儀を指しているとおもわれます。ただし、人は思わぬ死に方をするもので、臨終行儀を整える余裕もない場合もあるので、普段から本願を信じて念仏を唱えることを勧めます。また、時・場所を問わず、念仏ほど往生に都合がよいものはない、とも言います。

『法然上人行状絵図』（巻第四十四第六段）では、治承元年（1177）に三十九歳で死亡した遊蓮房円照の臨終で、法然（四十五才）は善知識を勧め、念仏を勧めています――「名号を唱ふる事九遍、上人勧めて『今一遍』と仰せられければ、高声念仏一遍して、やがて息絶えにけり。上人常には、『浄土の法門と遊蓮房とに会えるこそ、人界《にんがい》の生を受けたる思ひ出にては侍れ』とぞ仰せられける」（「大意」）念仏を九遍唱えた遊蓮房は、上人が「もう一遍唱えよ」と勧めたので、声高に念仏を一遍唱え、やがて息が絶えた。上人はいつも「浄土の教えと遊蓮房に出会ったことは、人間世界にうまれた思い出になる」と言われた）。法然と遊蓮房のつきあいは二、三年でしたが、深く共感しあう間柄であったようです（塚本善隆「鎌倉新仏教の創始者とその批判者」『法然』日本の名著 5）。

法然の臨終行儀についての考え方は『選択集』を完成させた頃には確立していたものとおもわれます。小山聡子氏（『親鸞の信仰と呪術—病気治療と臨終行儀—』86頁）は、「法然は、少なくとも六〇歳以降においては臨終行儀を必要だとは考えておらず、平生時の念仏によって極楽への往生が定まる、としていたのである」と、判断します。法然は、六十歳の建久三年十一月十五日に、御家人で戦場に赴く甘粕太郎忠綱《あまかすのたろうただつな》の来訪を受けて、往生の心得を説いています。「弥陀の本願は、機の善悪をいはず、行の多少を論ぜず、身の浄・不浄を選ばず、時処・諸縁を嫌はざれば、死の縁によるべからず。罪人は罪人ながら、名号を唱へて往生す。これ本願の不思議なり」（『法然上人行状絵図』巻第二十六第一段）と、念仏さえ唱えれば無条件に往生するとします。この逸話によれば、法然は臨終行儀を必要とは考えていなかったことになるのでしょう。

このように、法然には天台浄土教と専修念仏のあいだを揺れ動く二面性がつきまといます。すでにふれたように、遊蓮房の臨終で四十五歳の法然は善知識を勤めています。これは専修念仏に回心した法然の臨終行儀観を反映したものとは考えにくいでしょう。法然が専修念仏に帰依したのは四十三歳の安元元年（１１７５）だったようです。まもなく西塔黒谷を出て山を下り、法然は東山大谷に居を定め、布教にはげみました。法然は遊蓮房の善知識を勤める二年前に専修念仏の教えに帰していたと考えられます。ところが、法然は『選択集』完成の六十六歳前後にも皇族貴族のために戒師を勤めています。

『往生浄土用心』にみられるように、法然は必ずしも善知識が臨席する臨終行儀を否定しません。『大胡太郎實秀へつかはす御返事』（『昭和新修法然上人全集』５２１—５２２頁）にも、善知識を介在させる状況を法然が認めている部分がみられます。法然は、下品下生《げぼんげしょう》の者が極楽往生できるのは善知識が臨終で「南無阿弥陀仏」と称することを勧めているからであると説く『観無量寿経』を根拠にしています――「臨終ノ念佛ニテ往生ヲスト申コトハ、往生オモネカハス、念佛オモ申サスシテ、ヒトヘニツミヲツクリタル悪人ノ、ステニシナムトスル時ニ、ハシメテ善知識ノススメニアヒテ、念佛シテ往生ストコソ、觀經ニモトカレテ候ヘ。モトヨリノ行者、臨終ノサタハ、アナカチニスヘキヤウモ候ハヌナリ。」〔大意〕臨終で念仏して往生することは、往生することを願わず、念仏も唱えないでひたすら罪を重ねた悪人が、すでに死のうとするときに、はじめて善知識の勧化に会って、念仏して往生できる場合のことで、『観経』にも説かれています。常日ごろ念仏している人は、臨終の用意をあえてすることはありません）。

ただし、これは念仏を普段からしていない人について言っていることで、法然がここで強調するのは普段の念仏をしている人には臨終行儀は不要ということです。法然にとっては、念仏は普段からはげむことが重要であって、臨終行儀については、「しても、しなくてもよい」という立場にあったのでしょう。それでも、『往生浄土用心』にみられるように、臨終行儀は「するのが望ましい」とも言います。法然には「内専修、外天台」の二面性がぬけきれない、あいまいな部分があった、と考えられます。

法然の臨終と喪葬

法然の外貌は、代表的な肖像画とされる「足曳御影《あしびきのみえい》」にみられるように、やや豊満な体格が知られます（図⑥）。『要義問答』に「マコトニコノ身ニハ、道心ノナキ事ト、ヤマヒトハカリヤ、ナケキニテ候ラム」（『昭和新修法然上人全集』６１３頁）〔大意〕本当に、わが身にとって道心がないことと、病気のことだけが嘆きです）とあり、瘧病《おこりやまい》（マラリア）を患っていたようです（『法然上人行状絵図』巻第十七第二段）。しかし、享年が八十というのは、体質が強健で、おおむね健康に恵まれていたことを示します。

なお、法然六十六歳、三昧発得の念仏をした後、二月二十五日から明るい所で目を開くと、眼球の根に赤い袋があらわれた、と『法然上人傳記』(『九巻伝』「上人三昧發得事」)、『法然上人傳』(『十巻伝』「三昧發得事」)に書かれています。二月二十八日からは病気のため念仏が以前のようにはできなくなりました(『十巻伝』)。これは一時的な不調だったようで、半年後に元のように七万遍の念仏を始めました(『十巻伝』)。『九巻伝』『十巻伝』とも『浄土宗全書』第十七巻所収。

図⑥ 『足曳御影』(京都・二尊院蔵)「法然像」

『法然上人行状絵図』(巻第十七第二段)には、善導大師の絵像の前で高名な唱導師である聖覚《せいかく》が治病の祈祷を行い、法然の病(マラリア)を治した、と書かれています。小山聡子氏(『前掲書』81―82頁)によれば、「一期物語」(『醍醐本』)などの法然伝がこの祈祷による治病を不思議なこととして賞賛したのは、法然が治病の祈祷について必ずしも否定的な見解を弟子に示さなかったからであろう、と推測します。「一期物語」は法然の高弟である勢観《せいかん》房源智《ぼうげんち》(１１８３―１２３８)がその成立にかかわり、最古の法然伝に属すとの説が有力です。法然は授戒によって病気を治療するという呪術的な行為を貴族に対してくりかえしています。ここにも、法然の「内専修、外天台」という性格があらわれています。

晩年の法然の健康をいためつけたのは教団弾圧と配流であったことに疑いはありません。旧仏教側が、諸行往生を否定しているとして、朝廷に専修念仏教団の弾圧を奏上しているところに、世にいう「密通事件」が勃発し、後鳥羽上皇が激怒、法然の弟子四人が死罪、法然以下八人の流罪が決定され、専修念仏停止の宣旨が下されました。

法然七十五歳、承元《じょうげん》元年（１２０７）のことでした。法然の配所は四国の土佐でしたが、讃岐の小松庄に止住しているときに赦免の宣旨が下ったようです。流罪決定のほぼ十ヶ月後でした。入洛は許されなかったので、摂津の勝尾寺《かちおでら》に逗留したと伝えられます。東山大谷に五年ぶりに戻ったとき、法然は七十九歳に達していました。建暦元年（１２１１）十一月二十日でした。老齢のこともあって、法然は翌年の建暦二年正月二日から病臥することになります。

法然の臨終について、『源空上人私日記』『法然上人行状絵図』『聖人の御事諸人夢記』『伝法絵流通』（善導寺本）など初期の諸本に情報がもとめられますが、もっともくわしいのは『西方指南抄』（中本、所収）の『法然上人臨終行儀』（以下、『臨終行儀』と略します）です。法然の老衰について正月二日から順を追って病状推移を述べています。『臨終行儀』の記事にそって、法然の老病と臨終について、**正月二日**を起点に没後の奇瑞譚を含めて、紹介します（『定本親鸞聖人全集』第五巻）。まず、帰洛して東山大谷に隠棲してからわずか二ヶ月後、建暦二年正月二日の記事では、この二、三年の老人特有の症状が回復し平常の状態になったことが述べられます。ただし、建暦二年以前では、法然はとくに老衰の徴候を示していません。『臨終行儀』で、法然がにわかに老病から回復したと書かれるのは、法然が弟子たちに法文を談義する場を劇的に設定する意図からでしょうか（今堀太逸「法然の老病と臨終の絵解き―東国布教と女性―」『念仏の聖者　法然』）。

同二年正月二日より、老病の上に、ひごろの不食、おほかたこの二三年のほどおいぼれて、よろづものわすれなどせられけるほどに、ことしよりは耳もきゝ、こゝろもあきらかにして、としごろならひおきたまひけるところの法文を、時時おもひいだして、弟子どもにむ□ひて談義したまひけり（大意）建暦二年正月二日からは、老人病の症状がある上に、日頃食欲がなかったが、それがこの二、三年老いぼれて、万事に物忘れの症状があったのに、今年からは耳がきこえ、心も明晰となり、ここ幾年かの間、習い知った法文を時々思い出して、弟子たちに向かって談義された)。

ついで、法然は往生に関することだけを口にして、睡眠中でも念仏が絶えることなく、また、口が動いているのに、声が聞こえないことが常にあるにもかかわらず、念仏を耳にする者がいるなど、高僧の奇瑞譚に近づいた話になっています。

またこの十餘年は、耳おぼろにして、さゝやき事おばきゝたまはず侍けるも、ことしよりは昔のやうにきゝたまひて、例の人のごとし。世間の事はわすれたまひけれども、つねは往生の事をかたりて、念佛をしたまふ。またあるいは高聲《かうしやう》にとなふること一時、あるいはまた夜のほど、おのづからねぶりたまひけるにも、舌・口はうごきて、佛の御名をとなえたまふこと、小聲聞侍《せうしやうきこへはべり》けり。ある時は舌・口ばかりうごきて、その聲はきこえぬ事も、つねに侍けり。されば口ばかりうごきたまひけることおば、よの人みなしりて、念佛を耳にきゝける人、ことゞくきどく□のおもひをなし侍けり〔大意〕また、この十年ばかりは、耳がよく聞こえず、ささやき声は聞こえなくなったが、今年からは昔のように聞こえるようになって、通常の人のようである。世間の事は忘れられたが、常に往生の事を語られ念仏される。声高に一時は唱えることもあった。あるいは、夜間、寝ているのに自ずと舌・口が動き仏の御名を唱え、その声が小さく聞こえた。舌・口は動いているのに、声が聞こえないことも常にあった。それで、口だけが動くことを皆が知っているので、念仏を耳にする人は、ことごとく、そのことを不思議なこととおもった)。

正月三日、看病の弟子と自身の浄土往生について話を交わしています。師弟とも往生の時期が近いことを感じていました。

また同正月三日戌□時ばかりに、聖人看病の弟子どもにつげてのたまはく。われはもと天竺にありて、聲聞僧にまじわりて頭陀行ぜしみの、この日本にきたりて、天台宗に入て、またこの念佛の法門にあえりとのたまひけり。その時看病の人の中に、ひとりの僧ありて、とひたてまつりて申すよう、極楽へは往生したまふべしやと申ければ、答のたまはく、われはもと極楽にありしみなれば、さこそはあらむずらめとのたまひけり（〈大意〉同正月三日午後八時頃、聖人は看病の弟子たちに、「自分はもとは天竺で釈迦の弟子にまじって頭陀の行をした身で、日本に来て天台宗に入り、またこの念仏の教えに出会った」と、言った。その時、看病人のなかに一人の僧がいて、法然に問いて、「極楽に往生されることが決まっているのでしょうか」と、言った。法然の答えは「自分はもと極楽にいた身なので、極楽へ帰り往くだろう」と、いうことであった）。

正月十一日、法然は起き上がって高聲念仏を唱え、看病人にもそうするように勧め、阿弥陀仏が来迎したことを告げます。

又同正月十一日辰時ばかりに、聖人おきゐて合掌して、高聲念佛したまひけるを、聞人みななみだをながして、これは臨終の時かとあやしみけるに、聖人看病人つげてのたまはく、高聲念佛すべしと侍ければ、人〳〵同音高聲念佛しけるに、そのあひだ聖人ひとり唱てのたまはく、阿弥陀佛を恭敬供養したてまつり、名號をとなえむもの、ひとりもむなしき事なしとのたまひて、さま〴〵に阿弥陀佛の功徳をほめたてまつりたまひけるを、人〻高聲をとゞめてきゝ侍りけるに、なほその中に一人たかくとなへければ、聖人いましめてのたまふやう、しばらく高聲をとゞむべし、かやうのことは、時おりにしたが□べきなりとのたまひて、うるわしくゐて合掌して、阿弥陀佛のおはしますぞ、この佛を供養したてまつれ、たゞいまはおぼえず、供養文やある、えさせよと、たびぐ〳〵のたまひけり〔大意〕また、同年正月十一日の午前八時ころに、聖人は起きて合掌し、高聲念佛したところ、聞く人みな涙をながして、これは臨終の時なのだろうか、と疑っていると、聖人は看病人に「高聲念佛しなさい」と告げたので、人々は同音に高聲念佛をした。その間、聖人一人唱えて「阿弥陀佛を敬い供養し、名号を唱える者は一人としてむなしいことはない」と、言って、その功徳をさまざまにほめたたえたので、人々は高聲を止めて聞き入ったが、その中に一人高く唱える者がいたので、聖人は戒めて、「しばらく高聲をやめなさい。このようなことはその時の事情によって判断すべきであろう」と、言って、端正に合掌して、「阿弥陀佛がおいでになっている、この仏を供養しよう。ただ今は忘れているので、供養の文をもってきてくれ」と、たびたび言った）。

法然に見える来迎の菩薩・聖衆は弟子たちには見えませんでした。法然の浄土往生の時が熟してきました。ただし、五色の糸を仏の手に懸ける臨終行儀を弟子達が勧めると、法然はこれを拒絶しました。

またある時、弟子どもにかたりてのたまはく、観音・勢至菩薩聖衆まへに現じたまふおば、なむだちおがみたてまつるやとのたまふに、弟子等えみたてまつらずと申けり。またそのゝち臨終のれうにて、三尺の弥陀の像をすゑたてまつりて、弟子等申やう、この御佛をおがみまいらせたまふべしと申侍ければ、聖人のたまはく、この佛のほかにまた佛おはしますかとて、ゆびをもてむなしきところをさしたまひけり。按内をしらぬ人は、この事□こゝろえず侍、しかるあひだいさゝか由緒を□るし侍なり。

凡この十餘年より、念佛の功つもりて、極楽のありさまをみたてまつり、佛・菩薩の御すがたをつねにみまいらせたまひけり。しかりといゑども、御意ばかりにしりて、人にかたりたまはず侍あひだ、いきたまへるほどは、よの人ゆめくしり侍ず。おほかた眞身の佛をみたてまつりたまひけること、つねにぞ侍ける。また、御弟子ども臨終のれうの佛の御手に、五色のいとをかけて、このよしを申侍ければ、聖人これはおほやうのことのいはれぞ、かならずしもさるべからずとぞのたまひける（大意）また、ある時、弟子たちに「観音・勢至菩薩・聖衆が眼前に現れているが、汝らは拝まないのか」と、言ったが、弟子たちは「見えていません」と言った。また、その後、臨終の恒例として三尺の弥陀像を据え、弟子たちが「この佛を拝みいただきます」と申し上げたが、聖人は「この佛のほかにまた佛がおいでになる」と、指で空をさした。こうしたことについて事情を知らない人のために、その由緒を以下に記す。

およそこの十余年前から、念佛の功徳が積り、極楽の様相をご覧になり、仏・菩薩の姿を常に見ていた。そうとはいえ、心中に秘して、他人には語らなかったので、この世を去るまで、世の人はゆめにも知る事はなかった。おおかた真身の仏を見ることは常のことだった。また、臨終の例として仏の御手に五色の糸を掛けて、そうする事情を申し上げたところ、聖人は「これは大方の人のする儀式で、必ずしもそのようなことはしなくてよい」と、言った）。

正月二十日の午前、いよいよ聖人の臨終の時が迫って来たのか、五色の雲が大谷房の上にたなびきました。典型的な往生にともなう奇瑞とされます。午後には、法然は空を見上げ、その様子は阿弥陀仏の来迎を感じ取ったかのように見受けられました。

又同廿日巳時に、大谷房の上にあたりて、あやしき雲、西東へなおくたなびきて侍中に、ながさ五六丈ばかりして、その中にまろかなるかたちありけり。そのいろ五色にして、まことにいろあざやかにして、光ありけり。たとへば、繪像の佛の圓光のごとくに侍けり。みちをすぎゆく人〱、あまたところにて、みあやしみておがみ侍けり。

又、同日午時ばかりに、ある御弟子申ていふやう、この上紫雲たなびけり、聖人□往生の時、ちかづかせたまひて侍かと申ければ、聖人のたまはく、あはれなる事かなとたび〲のたまひて、これは一切衆生のためになどしめして、すなわち誦してのたまはく、「光明遍照、十方世界、念佛衆生、攝取不捨」と、三返となへたまひけり。またそのひつじの時ばかりに、聖人ことに眼をひらきて、しばらくそらをみあげて、すこしもめをまじろかず、西方へみおくりたまふこと五六度したまひけり。ものをみおくるにゞにたりける。人みなあやしみて、たゞ事にはあらず、これ證相の現じて、聖衆のきたりたまふかとあやしみけれども、よの人はなにともこゝろえず侍けり。おほよそ、聖人は老病日かさなりて、ものをくはずしてひさしうなりたまひけるあひだ、いろかたちもおとろえて、よはくなりたまふがゆへに、めをほそめてひろくみたまはぬに、たゞいまやゝひさしくあおぎて、あながちにひらきみたまふことこそ、あやしきことなりといひてのち、ほどなくかほのいろもにわかに變じて、死相たちまちに現じたまふ時、御弟子どもこれは臨終かとうたがひて、おどろきさわぐほどに、れいのごとくなりたまひぬ。あやしくも、けふ紫雲の瑞相あ□つる上にかた〲かやうの事どもあるよと、御弟□たち申侍けり（大意）また正月二十日午前十時頃、大谷の房の上あたりに、あやしい雲が西東にまっすぐ五、六丈たなびき、その中に円形の雲があって、その色は五色で色鮮やかに光っていた。たとえば、絵像の仏の後光のようだった。往来する人が処々でこれを見てあやしみ拝んだ。

また、同日正午頃、ある弟子が「この上に紫雲がたなびいています。聖人の往生の時が近づいておられるのでしょうか」と、問うと、聖人は「ありがたいことである」と何度も言い、わが往生は一切衆生のためであるなどと説明し、「光明遍照、十方世界、念佛衆生、攝取不捨」と、三遍唱えた。また、同日午後二時頃、聖人はとくに眼を見開き、しばらく空を見上げて、少しも目を動かさず、西方へ見送るような様子を示すことが五、六度あった。看病人はみな「来迎の相が現れて、これは聖衆がきたのではないか」と、不思議に思ったのだが、世間の人は何とも思わなかった。総じて、聖人は老病の日がかさなり、物を食わなくなってから久しく、色・形も衰えて、衰弱していたので、目を細めて広く見ることがなかったけれど、今はやや久しく上向きに目をひどく開き見たので、怪しいこととおもわれた。それからほどなく、顔色もにわかに変わり、死相がたちまち現れた。弟子たちはこれは臨終かと疑い、驚き騒いだところ、普段のようになった。不思議なことに、今日は紫雲の瑞相があったうえに、このようなこともあったと、弟子たちは言っていた)。

正月二十三日、往生の奇瑞として紫雲が京の各所で見られました。また、二十三日から二十五日まで、聖人は高聲念佛を常よりも強く、一時間も二時間も唱えたのに弟子たちは驚きました。

又、同廿三日にも、紫雲たなびきて侍よし、ほのかにきこえけるに、同廿五日むまの時に、また紫雲おほきにたなびきて、西の山の水の尾のみねに、みえわたりけるを、樵夫ども十餘人ばかりみたりけるが、その中に一人まいりて、このよしくわしく申ければ、かのまさしき臨終の午の時にぞあたりける。またうづまさにまいりて、下向しけるあまも、この紫雲おばおがみて、いそぎまいりてつげ申侍ける。すべて聖人、念佛のつとめおこたらずおはしける上に、正月廿三日より廿五日にいたるまで、三箇日のあ□だ、ことにつねよりも、つよく高聲の念佛を申たまひける事、或は一時、或は半時ばかりなどしたまひけるあひだ、人みなおどろきさわぎ侍。かやうにて二三度になりけり。〔大意〕正月二十三日にも、紫雲がたなびいているとわずかに聞いたが、二十五日の午時（正午頃）に、紫雲が目立ってたなびき、西山の水尾《みずのお》の峰ではっきり見えた。樵《きこり》が十余人これを見て、そのうちの一人が聖人の住房に来て伝えた。釈尊の臨終と同じ午時にあたる。太秦《うずまさ》の広隆寺に参拝した帰りの尼もこの紫雲を拝み、いそいで知らせに来た。およそ聖人は念仏の勤めをおこたらずにいた上、正月二十三日から二十五日に至るまで、三日間、ことにいつもよりも強く、高聲の念仏を、あるいは一時間、あるいは二時間唱えたのには、人はみな驚き騒いだ。このようなことが二度三度あった）。

正月二十四日から、法然は絶え間なく高聲念仏を唱えていたのですが、二十五日の正午頃になって聲が低くなり、臨終を迎えました。

また、おなじき廿四日の酉の時より、廿五日の巳時まで、聖人、高聲の念佛をひまなく申たまひければ、弟子ども、番番にかわりて、一時に五六人ばかりこゑをたすけ申けり。すでに午時にいたりて、念佛したまひけるこゑ、すこしひきくなりにけり。さりながら、時時、また高聲の念佛まじわりてきこえ侍けり。これをきゝて、房のにわのまへに、あつまりきたりける結縁のともがらかずをしらず。聖人、ひごろつたへもちたまひたりける慈覺大師の九條の御袈裟をかけて、まくらをきたにし、おもてを西して、ふしながら佛号をとなへて、ねふるがごとくして、正月廿五日午時のなからばかりに往生したまひけり。そのゝちよろずの人くきおいあつまりて、おがみ申ことかぎりなし。（大意）また、正月二十四日の午後六時頃から二十五日の午前十時頃まで、法然は高聲念佛を絶え間なく唱えていたので、弟子たちは交替して一時に五、六人が法然の声を助けた。すでに二十五日の正午頃に至り、念佛の声が少し低くなった。それでも、ときどき、また高聲の念佛がまじわって聞こえてきた。これを聞いて、房の庭の前に集まって来た結縁の輩は数知らずだった。上人は年来所持している慈覚大師の九條袈裟をかけて、枕を北に、面を西にして、臥しながら佛号を唱えて、眠るように正月二十五日午時の半ば（正午頃）に往生された。その後、非常に多くの人々が先をあらそって集まり、拝み申すこと限りがなかった）。

以上のように、『臨終行儀』や『法然上人行状絵図』（巻第三十七）などで、法然の往生奇瑞譚が述べられています。ところが、実際には、法然の臨終には瑞相がとくに認められなかったようです。天台座主・慈円（１１５５—１２２５）は『愚管抄』（巻六）で「流罪に処せられ、法然は、許されてついに大谷東山で入滅した。それも、人々が『往生される』と言いたてて集まってきたが、往生の瑞相はみられず、臨終も増賀《ぞうが》上人などで言われるようなこともなかった」（大意）と、記します。これに続き、阿弥陀仏の化身と言い出した東大寺の重源を例にあげ、慈円は専修念仏の教えに対する非難を展開します。なお、反骨奇行で知られ、顕密の行者であった増賀上人（９１７—１００３）の臨終奇瑞については、『大日本国法華経験記』巻下（第八十二）、『続本朝往生記』（一一二）に書かれています。ところが、慈円が、増賀と対照的に法然に奇瑞を認めていないのは、反専修念仏という聖道門の立場にあったからでもあるでしょう。ただし、慈円は、兄・九条兼実の依頼もあって、大谷の禅房を法然の帰洛後の住居とするように便宜をはかったようです。法然は九条兼実の戒師で、二人は昵懇の間柄でした。

袈裟を掛けることの意味

法然の臨終について、頭北面西の姿勢で側臥（平臥）し、九条袈裟を掛けているのが注目されます。「臥す」臨終姿勢は『法然上人行状絵図』（巻第三十七）などに描かれていますが、小山聡子氏（『前掲書』88頁）は、「平安時代から鎌倉時代にかけて、極楽往生したとされる者は、端坐して息を引き取ったと語られることが非常に多い」と判断し、法然は側臥する姿を見せて、臨終行儀で端坐は必要ないことを示した、と考えます。その根拠として、『法然上人傳記』（『九巻伝』）巻七下の記事をあげます。

『九巻伝』は、冒頭部分を除き、おおむね『法然上人行状絵図』（『四十八巻伝』）に基づき、他の資料をも参考にして、制作されたとみられます（中井真孝「法然伝の系譜」『念仏の聖者　法然』）。『九巻伝』では、「只今まで端坐念佛し給へるに。命終の時に至りて臥給ふことといかゞ」（大意）今さっきまで端坐して念仏されていたのに、臨終に至って臥すのはなぜですか）と問われ、法然は「我もし端坐せば人定て是を學ばんか。もし然ば病の身起居輒からじ。おそらくは正念を失ひてん。此義をもてのゆへに。我今平臥せり。端坐叶はざるにあらず。」（大意）「もし自分が端坐すれば、人はこれを必ずしなければならなくなるだろう。病身では起居がおもうようにならないし、正念をなくしているのだから。それで、自分は今からだを横にしている。端坐できないからではない」）と、返答しました。

ただし、『法然上人行状絵図』の往生人の臨終図では、端坐する往生人は「非常に多い」とまではいえないようです。側臥した往生人としては、明遍、明禅、信空、湛空、信寂房、乗願房、勢観房、重源、真観房、弁長があげられます。端坐して死んだのは武士、貴族出身者が多いようです。大橋俊雄氏（『法然上人伝』下、法然全集別巻２）の巻末の往生者一覧表によれば、往生者三十八名のうち端坐合掌したものは十一名です。法然が側臥する逸話は『法然上人行状絵図』にはありません。法然を理想・荘厳化するために、後から『九巻伝』に追加されたものかもしれません。

なお、法然伝では、法然は「側臥」および「仰臥」で描かれています。ただし、「仰臥」（仰向《あおむ》け）は例外的で、「側臥」すなわち「横になって」いるのが通例です。『法然上人行状絵図』および『拾遺古徳伝絵』（後者は本願寺系統の法然伝で、第三世覚如が正安三年（１３０１）に制作させました）では、『臨終行儀』（『西方指南抄』所収）に書かれている臨終の有様が絵に描かれていますが、九条袈裟を掛け、頭北面西で側臥しています。

これより二週間前の正月十一日、『法然上人行状絵図』巻第三十七第三段では、病床の法然は菩薩衆が眼前に現れたと弟子たちに言い、枕元に据えられた三尺の阿弥陀仏像の他に、空を指さし、「まだ仏がおいでになる。お前たちは拝まないのか」（大意）と、言いました（図⑦）。このときは法然は臥していません。

　ところが、光照寺本法然絵伝（建武五年〔1338〕制作）の第三幅第七段右では、このとき、仰臥する姿が描かれています。仰臥であれば、上空の菩薩衆を指さす構図がとりやすかったからでしょうか。本書第四章第二節の**【親鸞の臨終場面】**でふれますが、この構図は同筆の光照寺本親鸞絵伝一幅本にも影響を与えたようです。

『源空上人私日記』（『西方指南抄』中末、所収）には、「紫雲空にたなびき、遠近の人々あつまり来たり、異香が部屋に薫る〔原漢文〕」とあって、紫雲だけでなく異香が薫るという奇瑞が記されています。高僧奇瑞譚は『法然上人行状絵図』（巻第三十七第五段）でさらに潤色され、「音声《おんじょう》止《とど》まりて後、猶唇舌《なおしんぜつ》を動かし給ふ事、十余反ばかりなり。面色殊に鮮やかに、形容笑《え》めるに似たり」（〔大意〕声がしなくなっても、なお舌・唇を動かすこと十回以上で、顔の色はことに鮮やかで、容貌は笑みをたたえているよ

図⑦　『法然上人行状絵図』巻第三十七第三段（京都・知恩院蔵）
「須弥壇に据えられた阿弥陀仏像のかなたを指さす法然」

うだった）と、記されました。

なお、『法然上人行状絵図』は『四十八巻伝』とも『勅修御伝』とも呼ばれ、鎌倉時代末期の徳治二年（１３０７）から制作に取り掛かり、正中元年（１３２４）までに成立し、法然伝の壮大な集大成とみなされます。この『法然上人行状絵図』は知恩院所蔵です。京都東山大谷に知恩院を建てたのは鎮西教団で、『法然上人行状絵図』に「知恩院」という言葉が最初にあらわれることから、鎮西派を権威づけようとする意図が『法然上人行状絵図』にうかがえるとのことです（田村圓澄『法然上人傳の研究』第一部第三章）。

九条袈裟を掛けて臥す絵相は『本朝祖師伝記絵詞』巻第四（第三十九図）にもみられます（図⑧）。これは『伝法絵流通』とも称され、数多い法然伝絵のうちで最も古いものとされます（原本の成立は嘉禎三年〔１２３７〕、善導寺所蔵の写本は室町時代）。詞書をここに示します――慈覺大師附属の法衣を着して、頭北面西にして、念仏数返唱給之後、一息ととまるといへは、両眼瞬《ウゴク》かことし。手足ひへたりといへとも、脣舌をうこかす事数返之。（大意）慈覚大師の法衣をつけて、頭北面西の姿勢で念仏を数返唱えた後、息が止まっ

図⑧ 『本朝祖師伝記絵詞』善導寺本 巻第四第三十九図
（福岡県・善導寺蔵）
「法然の臨終」

たとはいえ、両眼は瞬《まばた》くようであり、手足が冷えてしまったとはいえ、舌・唇を数返うごかした)。『法然上人行状絵図』(巻第三十七第五段)でも「慈覚大師の九条の袈裟を掛け」とあって、はっきりと九条袈裟が描かれています(図⑨)。

小山聡子氏(『前掲書』89頁)は、法然が臨終時に慈覚大師円仁の袈裟を掛けたことに関連して、「源信以来の平安浄土教では、臨終時に沐浴をして身を浄め、浄衣を着て臨終におよぶことが一般的で」、鎌倉時代でも不浄があると、来迎がないと信じられていた、とします。代表的な法然伝とされる『臨終行儀』(『西方指南抄』所収)、『本朝祖師伝記絵詞』(善導寺本)、『法然上人行状絵図』には、九条袈裟を掛けたとありますが、沐浴して浄衣をまとったとは書かれていません。小山氏は「浄衣」と「袈裟」を同じ機能をもつものとみなし、浄土往生を確実にする意図で九条袈裟を着たとします。なお、源信は臨終で浄衣をまとったとされますが、袈裟を掛けているとは『過去帳』には書かれていません。ただし、『恵心僧都絵詞伝』(巻下、慶応二年刊版)では九条袈裟をまとったようにみえる臨終図が載せられています(図⑩)。

図⑨ 『法然上人行状絵図』巻第三十七第五段(京都・知恩院蔵)
「九条袈裟を掛ける法然」

沐浴してから浄衣をまとうのは源信以降に限られず、それ以前、たとえば第三世天台座主・円仁（８６４年没）にもみられます。また、源信よりも半世紀早く浄土教を民衆にひろめた空也（９７２年没）も臨終で沐浴し、浄衣を身につけています。

遺族が浄衣を着る習俗の起源は文献では古墳時代にさかのぼれるかもしれません。『魏志』倭人伝では「埋葬が終われば、一家はすべて喪服である練絹を着て水浴する」（大意）、『隋書』倭国伝では「妻子兄弟は白布で喪服をつくる」（大意）に、沐浴・白衣の起源が求められるようです。また『記紀』に、黄泉国から逃げ帰った伊弉岐尊が潮水によって禊ぎをする場面が記されています。これは沐浴の原型でしょう。

臨終で沐浴する高僧の事例は天台座主・円仁（８６４年没）、勝如上人（８６７年没）、天台座主・延昌（９６４年没）、空也（９７２年没）、源信（１０１７年没）、永観（１１１１年没）、良忍（１１３２年没）などにみられます。浄土へ往生しようとする強い意志が生前の沐浴にうかがえます。

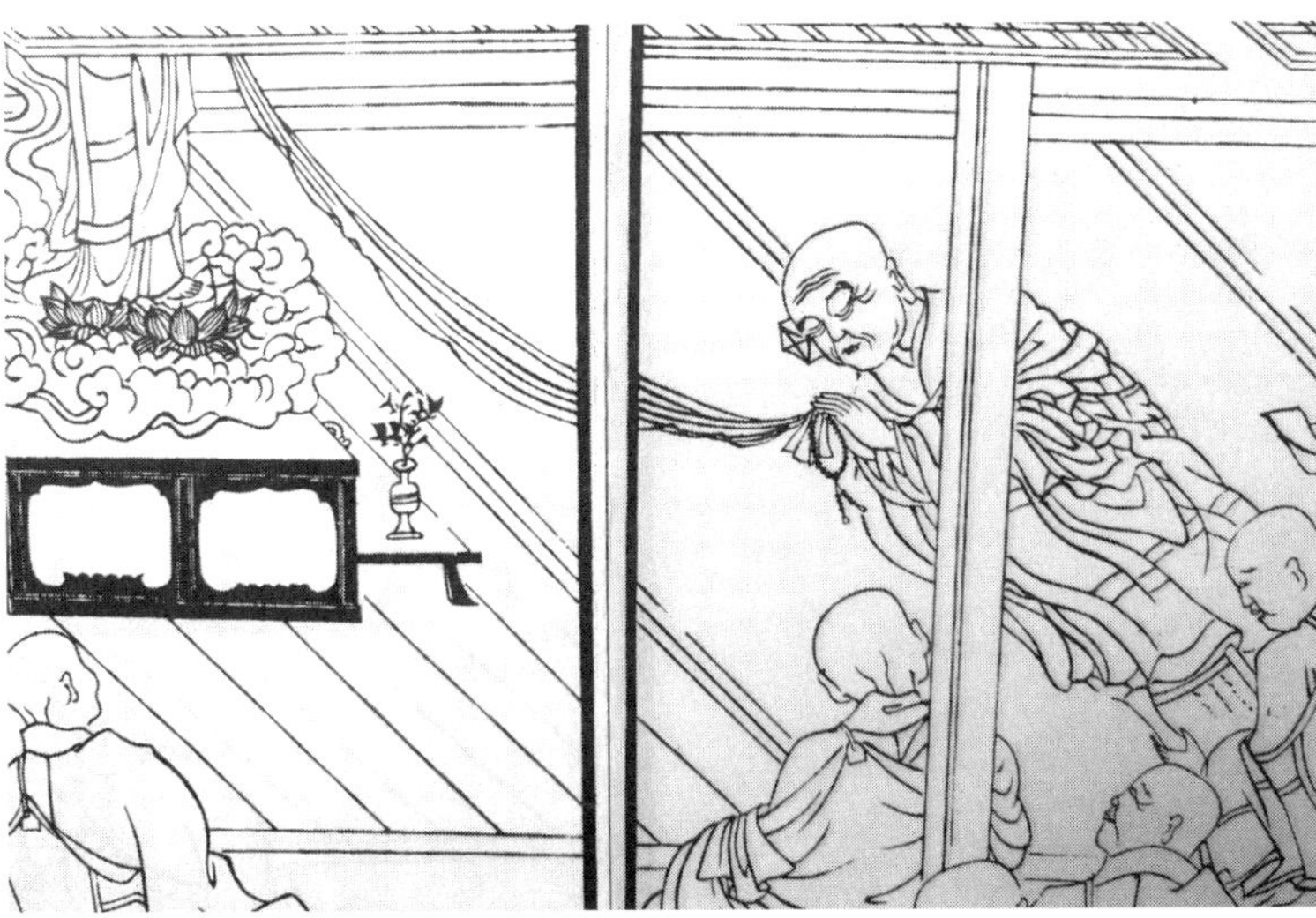

図⑩　『恵心僧都絵詞伝』巻下（慶応二年刊版・隆文館）
「源信の臨終」

ただし、臨終で九条袈裟を掛けた法然については、沐浴・浄衣の記事はみられません。『法然上人行状絵図』では、沐浴の記事は熊谷《くまがい》直実《なおざね》蓮生《れんせい》の臨終にみられるぐらいです。また、臨終で九条袈裟を掛けたのは、法然・信空・証空・弁長（七条袈裟）で、一般の僧侶の臨終ではみられません。信空は法然門下の統率者であったし、証空は名門出身の重鎮で、弁長は鎮西派の第二祖でした。

沐浴については、平安時代、延長八年（９３０）に没した醍醐天皇が入棺前に沐浴を受けている例があります（『吏部王記』延長八年十月一日条）。中世の喪葬儀礼を指南する『葬法密』でも、入棺の時に先ず遺体を沐浴するとします。沐浴は、全身を濡らすのと部分的に水をかけるという違いがみられました。全身の湯灌（沐浴）の事例は中世後期でみられました（勝田至『死者たちの中世』79頁）。藤原俊成（１２０４年没）の場合は、樒の枝を水にひたして振りかける作法が報告されています。『葬法密』に記されているのはこの作法です。とにかく、喪葬に関連して、平安時代末期には死者の沐浴習俗がある程度は定着していたと推測されますが、『葬法密』よりも少し前に成立した『吉事次第』には沐浴が記されていません。ありふれた作法であったので、あえてふれなかったから、とも考えられます。先に指摘したように『法然上人行状絵図』でも沐浴はほとんど記録されていません。実践の程度は不明です。

死者の死装束について、平安時代前期の天皇では、「日常衣とほぼ変わりの無いものであり、特別の形態の死装束というものは無かった」との説が提示されています（増田美子『日本喪服史　古代篇―葬送儀礼と装い―』１１１頁）。また、遺体を何重にも布で巻いて入棺する習俗が古墳時代から平安時代前期にみられたとします（増田美子（『前掲書』55頁）。

死装束でもっとも目立つのは死者に着せる経帷子《きょうかたびら》でしょう。その起源について五来重氏（『著作集』第十一巻「経帷子」）は、風葬死体に掛ける布にさかのぼれる、と考えます。この布やムシロ・ゴザなどに滅罪真言や念仏を書くようになって、経帷子が発生したとします。空也は風葬の遺棄死体を集め、これに掛けられていた覆いの代りに、六字名号の念仏紙をのせた、と五来氏は推定します（271頁）。こうした念仏紙は土葬入棺されるようになっても、「シキマンダラ」として死体の下に敷かれ、「ヒキオオイマンダラ」として死体に掛けられたのだというのが五来重氏の説です（265頁）。

五来重氏は、風葬の覆い布が「ヒキオオイマンダラ」や「経帷子」に変化し、「ヒキオオイマンダラ」は後に棺掛袈裟になった、と考えているようです（『前掲書』第十一巻　263—267頁）。柳田國男氏の『葬送習俗語彙』（**カハワタリ**〔信州諏訪〕）に、死人に経帷子を着せ、その上に「河渡り」という長さ一丈くらいの白布をかける習俗が紹介されていますが、五来氏はこれを「新旧二重の死者の包み布」（『前掲書』第十一巻　266頁）の残存とします。

なお、真宗高田派の中興の祖とされる真慧《しんね》（1434—1512）は北陸・東海・近畿地方を教化したのですが、その教化方法として「野袈裟」という簡易葬式道具を直参の坊主に下付した、と平松令三氏（『真宗史論攷』第二部第一章　75頁）は指摘します。この野袈裟は棺を覆うもので、年月日・授与先をこれに墨書し、各道場の坊主に下付し、簡便な葬儀が営めるように配慮することで教勢をひろめたといいます。野袈裟は縦横ほぼ四尺の正方形で、中央に「南無阿弥陀仏」の六字名号が書かれています。五来重氏（『前掲書』第十一巻　268頁）は、野袈裟の名号が死者の罪を滅して往生させる功徳をもつ、と考えます。高田派では今でも野袈裟を葬式に使っているのだそうです。

「河渡り」については、増田美子氏（『前掲書』）の指摘が参考になります。飛鳥時代から平安時代前期にかけて、「常用の形態の衣服を着装させ（中略—引用者）この上から、布で遺体を何重にか巻いて入棺し」（54頁）、さらに、嵯峨太上天皇の崩御の時（承和九年［842］）からは、布を何重にも巻きつける習俗はみられなくなり、衾《ふすま》（掛布団）で覆い、棺の中に河渡衣《かとい》を入れた、とします（１０３―１０４頁）。ただし、河渡衣がどのようなものかは不明としますが、平安末の「野草衣（ののくさころも／やそうえ）」と同種のもので、三途の川を渡るためのものではないか、と推測します（１１１頁）。この河渡衣は醍醐天皇（９３０年没）の入棺でも用意されました（『吏部王記』延長八年十月一日条）。

『吉事次第』の指南によると、入棺後、衣で死者を覆います。この衣を「引き覆い」と呼びます。梵字を書いた方を上にして覆い、もとの袷《あわせ》は取り除かずそのままにして、「引き覆い」をその上から覆います。次に、土砂を頭・胸・足に散らし（土砂加持でしょう）、棺のフタをします。棺を布の綱でからげ、棺の覆いをします。この覆いは白い生絹《すずし》の布でした。

平安時代後期の死装束について、増田美子氏（『前掲書』１８０―１８８頁）は、皇族と貴族の差はなく、日常着用していたものと同種の衣服を着させ、その上に梵字を書いた野草衣をかけるのが普通だったとします。ただし、出家している場合、上に袈裟・数珠などを入れ置きました。たとえば、白河法皇（大治四年〔１１２９〕没）の場合、遺体の一番上を引き覆い（野草衣）で覆い、出家の比丘が持つことを許された三衣、数珠を入れています。崇徳天皇の中宮となった皇嘉門院《こうかもんいん》聖子の入棺（『玉葉』養和元年〔１１８１〕十二月五日条）でも、梵字を書いた「野草衣」と呼ばれる引き覆いが用意されました。棺のフタの上に並べられた納棺用の雑物の内訳は、真言筒・御守り、大原聖人本覚房が梵字を書いた野草衣・三衣・香・土砂・針糸などです。棺の底に香と紙に包んだ土砂を置き、六人の役人が蓆《むしろ》ごと遺体を棺に入れ、次に、僧都が野草衣で左右に頸を押さえてから首を覆いました。元々遺体を覆っていた衣を引き抜いて野草衣の上に重ね、さらに小袖・袈裟・念珠などを置いたようです。増田氏はこの「野草衣」は平安時代前期の「河渡衣《かとい》」が名称変更したものと考えます（『前掲書』１８７頁）。

このように、「野草衣」とは遺体を包むようにかける布（紙）です。正和本『融通念仏縁起』（下巻第二段）に描かれている遺体を覆う布（紙）は文字のようなものが書かれている野草衣のようです（図⑪）。また、『明月記』（元久元年十二月一日条）によれば、入棺した藤原俊成の遺体に僧侶が衣をかけ、その上に梵字を書いた覆い紙をかけ、さらに棺を生絹で覆っています。ここでも、梵字を書いた覆い紙が「野草衣」で、それが「経帷子」に変化した可能性はあるでしょう。

　法然が九条袈裟を掛けて臨終を迎えたのは、袈裟が野草衣と同じ様な役割をもっていたからであろうと推側できます。野草衣には梵字が書かれていました。おそらく、経典の一部が書かれていたでしょう。五来重氏（『前掲書』第十一巻　271頁）は、野草衣に書かれていたのは滅罪経典の『法華経』の一文で、やがて六字名号などを経帷子に書いて滅罪と成仏を願ったとします。今日、七条袈裟で棺を覆う習俗が根強く見られますが、それは袈裟には滅罪または悪霊鎮撫の力があると信じられていたからでしょう。また、袈裟は死者を成仏に導く善知識が身に着けるもので、法然が九条袈裟をかけたのも成仏を確実にする功

図⑪　『融通念仏縁起』正和本下巻第二段
（クリーブランド美術館蔵）
「野草衣」

徳が袈裟にあるとみなされたからでしょう。伝来の高僧の袈裟であればなおさらその功徳は大きくなります。

なお、法然の入棺直後の姿は絵巻にはみられませんが、大谷の墓所から棺を掘り出して改葬するさいに、よい香りが漂い、法然の顔貌はまるで生前のようであった、と『法然上人行状絵図』（巻第四十二第三段）に書かれています。改葬は法然没後十五年ほど経って行われました。その段の絵相に門弟が棺を開けて法然の遺体を拝する場面が描かれていますが、法然は九条袈裟ではなく、ヒキオオイで覆われています（図⑫）。

『本朝祖師伝記絵詞』（善導寺本、巻第四第四十七図）にも、同様のヒキオオイが描かれています。ただし、梵字などは書かれていません（図⑬）。九条袈裟は入棺するさいに取り除かれたのか、もしくは袈裟の上にヒキオオイが掛けられたことになります。

棺の上に掛ける白い覆いは、『拾遺古徳伝絵』（巻第九第四、五段）に描かれています（図⑭）。遺体を二尊院および広隆寺に移す場面です。半年後、法然十七回忌に西山粟生野《あおの》で遺骸は茶毘にふせられました。

図⑫　『法然上人行状絵図』巻第四十二第三段（京都・知恩院蔵）
「法然の改葬」

図⑬　『本朝祖師伝記絵詞』善導寺本 巻第四第四十七図
（福岡県・善導寺蔵）
「ヒキオオイ」

図⑭　『拾遺古徳伝絵』巻第九第四段
（茨城県・常福寺蔵）
「棺の覆い」

第二節　諸門弟の臨終行儀

関東御家人の臨終

法然の専修念仏の信仰は当時とすれば画期的なものでした。比叡山をはじめ南都の興福寺、東大寺などの既成仏教勢力は法然教団に対して弾圧の姿勢を強めました。法然はこれらの勢力との摩擦を回避するために『七箇条起請文』（『七箇条制誡』）をつくって門弟の自重自戒を促したのですが、法然ら八人が流罪に処せられ、四人が死罪とされました。これを「承元の法難」（１２０７年）と呼びます。親鸞も流刑に処せられました。これ以降も法然教団は度重なる迫害をうけ、嘉禄三年（１２２７）の迫害では、隆寛、幸西など主要な門弟が流罪に処せられ、比叡山の衆徒が法然の墓所を破却し、その遺骨を鴨川に流そうとしているとの風聞が流れました。京都から念仏者が多数追放され、法然没後しばらく法然教団の衰退がつづきました。

本章第二節では、法然門下で関東御家人であった津戸三郎為守《つのとのさぶろうためもり》（尊願《そんがん》）、熊谷次郎直実《くまがいじろうなおざね》（蓮生《れんせい》）を中心に、その信仰と臨終を取り上げます。両人とも法然の教化を直に受け、法然に心酔しているのですが、いずれも関東の武人らしく強直無双、行動の人だったので、専修念仏を説く師・法然とは信仰面でずれがみられます。津戸為守は異形の往生（割腹自殺）で、熊谷蓮生は予告往生で、知られています。津戸は法然没後三十年で自害。専修念仏への弾圧が関東でも激しくなる頃でした。熊谷は法然よりも四年早くに死亡しています。熊谷が死亡した年（承元二年（１２０８））、法然は四国配流を赦免され、摂津の勝尾寺《かちおでら》に滞在しています。帰洛はまだ許されていませんでした。

関東御家人の往生伝は『法然上人行状絵図』で多数とりあげられています。大胡太郎実秀《おおごのたろうさねひで》、甘糟太郎忠綱《あまかすのたろうただつな》、宇都宮弥三郎頼綱《うつのみややざぶろうよりつな》、薗田太郎成家《そのだのたろうしげいえ》などの臨終奇瑞譚が述べられます。田村圓澄氏（『法然上人傳の研究』第三部第四章）によれば、初期の法然伝ではほとんどとりあげられていない武家の帰依者を『法然上人行状絵図』でにわかに扱うようになったのは、浄土宗鎮西教団の第三祖である良忠が鎌倉時代中期（１２５８年から１２８７年頃にかけて）に鎌倉で活動していたからであろうとします。

『法然上人行状絵図』が成立したのは、徳治二年（１３０７）に編集が始まり、その十年後とされます。鎮西教団の本拠であった知恩院がこの法然伝の制作にあずかりました。当然、鎮西派第二祖の聖光房弁長《しょうこうぼうべんちょう》は本書で好意的に扱われています（巻第四十六）。弁長の教えが勢観房源智のそれと一致することを良忠が証明した、と『法然上人行状絵図』（巻第四十六第五段）で述べられています。京都東山大谷の法然の墓堂を再興したのは勢観房源智の門流でした。鎮西派にとって、源智門流との合流は京都での教勢拡大の足がかりとなりました。

津戸三郎為守の自害往生

法然の人柄には貴賤を問わず多くの人々を惹きつける魅力が備わり、その門弟には関東出身の武士も少なからずいました。なかでも、津戸為守《つのとのためもり》（１１６３—１２４３）は勇猛な関東武士らしく、法然が死亡したのと同じ八十歳で死ぬことを望み、仁治三年（１２４２）十一月に割腹自殺をはかりました。けれども、並外れて強健気丈であったことから、その時には死にきれず、翌年正月十五日に、法然から譲り受けた袈裟をまとい、念仏のうちに息絶えています。

法然と津戸為守の師弟愛は法然が為守に宛てた書簡からうかがえます。『拾遺語燈録』所収の四月二十六日付書簡「津戸三郎へつかはす御返事」では、為守が出した見舞状への感謝の意を表し、自身の病状について丁寧に説明しています。それによると、法然は風邪を悪化させたが、病状が好転しているようなので、わざわざ上洛して見舞うことはない、と伝え、なにはともあれ、念仏往生が大事と説いています。

（前略）正月に別時念佛を五十日申て候しに、いよく風をひき候て（中略）なをしゐて候し程に、その事かまさり候て、水なんとのむ事になり、又身のいたく候事なんとの候しか（中略）醫師の大事と申候へは、やいとうふたゝひし、湯にてゆて候。又様々の唐のくすりともたへなんとして候氣にや、このほとはちりはかりよき様なる事の候也。左右なくのほるへきなんと仰られて候こそ、よにあはれに候へ。さ程とをく候程には（中略）のほりなんとする御事はいかてか候へき。いつくにても念佛して、たかひに往生し候ひなんこそ、めてたくなかきはかり事にては候はめ（下略）（『昭和新修法然上人全集』５５５頁）（〔大意〕…正月に別時念仏を五十日間やっていたら、ますます風邪をひいてしまい…なおも無理をしてやっていたので、風邪が悪化して、水などを飲むようになり、また身体が痛くなったりして…医師から大事にするように言われていたので、灸をふたたびしたり、湯にひたしたりしています。また、唐の国の様々の薬などを摂取しているせいか、このところほんの少しばかり良くなった状態です。とにかく上洛しようと仰せられるのは、本当に有難いことですが、かなり遠いことなので…上洛などされる必要がどうしてあるのでしょうか。どこでも念仏して、互いに往生することこそ、めでたく長い計画ではありませんか…）。

勇猛な関東御家人として知られた津戸三郎為守の行実については、『法然上人行状絵図』（巻第二十八）にみられ、その多くが史実に近いとされます（小山聡子『前掲書』１２０頁〔注〕44）。

建久六年（1195）、東大寺落慶法要のために源頼朝が上洛したさい、為守がその供をしたのは三十三歳の時でした。京都では法然上人の庵室を訪れ、戦場での罪業を懺悔し、法然上人から念仏によって極楽往生する教えを受け、阿弥陀仏の本願をひたすら信じて口称念仏を唱える「但信称名《たんしんしょうみょう》の行者」となりました。この年、法然は六十三歳でした。本国の武蔵国に帰ってからも称名念仏を怠らなかったのですが、おもわぬ誹謗をこうむって、法然に但信称名（本願を信じ、一途に念仏する）の信仰について問う書簡を出しました。法然の返信「津戸の三郎入道へつかはすお返事」（九月十八日付、『和語燈録』）は、建久六年に書かれたと考えられています。その誹謗は、津戸三郎などのような学問のないものには、念仏するしかないので、ただ念仏をするように勧めたのであって、学問のあるものは他に往生する方策があるはずだ、という内容でした。法然の返信は為守の疑心を見事に粉砕するものでした。

（前略）念佛ノ行ハ、モトヨリ有智・无智ニカキラス、彌陀ノムカシチカヒタマヒシ本願モ、アマネク一切衆生ノタメ也。无智ノタメニハ念佛ヲ願シ、有智ノタメニハ餘ノフカキ行ヲ願シタマヘル事ナシ（下略）（『昭和新修法然上人全集』501頁）（〔大意〕…念仏の行は、本来は、智恵のあるなしにかかわりません。弥陀が遠い昔に約束なさった本願も、すべての衆生を救うためのものです。無智の者には念仏を願われ、学問のあるものには念仏以外のもっと深い行を願われたことはありません…）。

為守がますます称名念仏にはげんでいるのを見て、専修念仏を行じる人が武蔵国で三十人以上にもなった、と為守は法然に報告したようです。『拾遺語燈録』所収の「津戸三郎へつかはす御返事」（九月二十八日付）で、法然は関東で専修念仏の教えが根付いたことをよろこび、弥陀の誓願は有智・無智を選別することのない平等の慈悲に立脚することを強調し、専修念仏にはげんで極楽往生を確実にするように勧めています。

おほつかなくおもひまいらせつる程に、この文返々よろこひてうけ給はり候ぬ。さても専修念佛の人は、よにありかたき事にて候に、その一國に三十餘人まて候らんこそ、まめやかにあはれに候へ。京邊なんとのつねにきゝならひ、かたはらをも見ならひ候ひぬへきところにて候たにも、おもひきりて専修念佛をする人は、ありかたき事にてこそ候に（中略）念佛往生の誓願は平等の慈悲に住しておこし給ひたる事にて候へは、人をきらふ事は、またく候はぬ也（下略）（『昭和新修法然上人全集』571頁）（〔大意〕気がかりに思っていたので、この御文を本当によろこんで拝受しました。さて、専修念仏の人は非常に少ないのに、武蔵一国で三十余人までおられることは本当にありがたいことです。京都あたりなどでいつも聞き習い、そばで見習うことができる所でも、思い切って専修念仏する人はめずらしいので…念仏往生の誓願は、仏が平等の慈悲にたっておこされたものですから、無智・破戒の者などを嫌って、人を選ぶことはまったくありません…）。

津戸為守は法然の弟子の浄勝房や唯願房などの僧を京都から呼び寄せ、不断念仏を始めました。しかし、元久二年（1205）の秋、征夷大将軍の実朝に告げ口するものがいて、呼び出されて尋問されるという噂が為守の耳に届きました。為守が旧仏教の諸宗を非難して専修念仏をひろめているという告発でした。元久二年は念仏を禁じる趣旨の「興福寺奏状」が朝廷に奏状された年で、これ以降、専修念仏への弾圧機運が強まり、二年後の建永二年（1207）に法然ら八人が流罪に処せられ、法然教団は解体します。津戸為守を告発する動きは専修念仏に対する旧仏教側の不満の高まりが武蔵国にも及んできたことを意味するでしょう。

為守は、どのように釈明すべきかを教示してもらうように申し入れる書状を出しました。漢文が苦手だったようで、カナ交じり文の返事を願っています。『拾遺語燈録』所収の「津戸三郎へつかはす御返事」（十月十八日付）で、法然は懇切丁寧に為守に釈明の文言を教示しています。為守が教理について未熟であることを考慮して、基本的な念仏の心得を弁明で述べるように勧めました。翌年の元久三年四月に将軍家から召喚の命令書が下され、為守は浄勝房、唯願房をつれて御殿に参上し、実朝に滞りなく申し述べたところ、将軍家は専修念仏の行は差支えないと判断したそうです。

世評と同様に、為守自身も学問のない野人であることを自認していました。劣等感によって形成されたコンプレックスを抱えていたようです。

法然没後、為守は高弟の善恵房《ぜんねぼう》証空《しょうくう》（1177―1247）に浄土往生について不審のことをたずねる書簡をだしています（『法然上人行状絵図』巻第四十七第三段）。関東の学者のなかに、法然上人の教えと違い、無智の者は往生できないと言うものがいるが、善恵房はどう思うか、という内容です。

（前略）当時、関東の学生の中に、『無智にては、勤めたりとも、臨終静かに終はりたりとも、往生したりとは思ふべからず。又、学問したらむ者は、仮令《たとい》、臨終の時、如何なる狂乱をし、狂い顛倒したりとも、決定往生なり』と申し候。この事、御房中に、如何様に思食《おぼしめ》したり（中略）学問せぬ人の嘆き申す間、申し候也（下略）（大意）…近頃、関東の学者が、『無智の者ではたとえ念仏にはげんだとしても、臨終で静かに終わったとしても、往生できたと思ってはならない。また、学問のある者は、たとえ臨終でどのように狂乱し、気が動転しても、往生は決定している』と、言っているのですが、このことについて貴房はどのようにおもっているのでしょうか…学問をしない者が嘆いているので申し上げるのです…）。

為守は学問の有無にかかわらず念仏する者は必ず往生できると信じていたのですが、この書簡によれば、学問のない者は往生できないという学者の意見に為守が当惑していることが分かります。為守は学問が苦手で、行動の人だったようですが、法然は他力の往生人には学問はいらないと言っていました。親鸞は、文応元年（１２６０）の晩年の書簡（『注釈版聖典』第一六通）で、学の無いものこそ往生する、という法然の言葉を紹介しています（本書**［あとがき］**を参照）。

為守は出家したいと願っていました。だが、幕府の許可が得られなかったので、俗人の姿のままで法名をもらい、戒を受け、袈裟をかけたいと法然上人に申し出ました。授けられた法名は「尊願」です。為守の一途の信心に動かされて、法然は袈裟、数珠を贈っています。

建保七年（１２１９）に、幕府の許しを得て、為守はついに出家を遂げています。さらに、法然死去の後は、穢土《えど》がいとわしく、浄土往生への願いが強まり、仁治三年（１２４２）十一月十八日に割腹して自害往生を企てました。この年は為守の八十歳にあたり、釈尊も法然上人も八十歳で入滅していることでもあり、また十八日は如法念仏の結願日で、『無量寿経』にある念仏往生の願が第十八願であることから、この時に自害往生を企てたとされます。

割腹往生は壮烈なものでした。十八日の夜半に道場で「高声《こうしょう》念仏」してから、「自ら腹を切りて五臓六腑を取り出し、練大口に包みて、忍びて後ろの河に捨てさせにけり」（大意）自ら腹を切り、五臓六腑を取りだし、練絹の大口の袴下に包んでこっそりと後ろの河にすてさせた）と、あります（『法然上人行状絵図』巻第二十八第三段）。ただし、並はずれて強健な体質であったことから、この時には死にきれず、うがいをする水すら断って、早く往生しようとしましたが、腹を切った傷跡も治ってしまいました。その後、時々、行水はしたそうです。

これまで、正月の歳祝いに臨終作法をするのが習慣となっていたので、正月を迎えてこの時こそ往生できると喜んだものの、往生できず、毎日嘆いていたところ、正月十三日の夜の夢に法然上人が現れ、十五日の午の刻（正午ころ）に極楽に迎えると告げました。為守は喜びの涙を流し、その日、賜った袈裟を掛け、念珠を手に持って、西に向かい端坐合掌し、高声念仏を数百遍唱え、午の刻に往生した、とのことです。往生の奇瑞として、紫雲が空にそびえたち、異香が室に満ちて、火葬する庭にまで消えないで香ったことがあげられています。何よりも、切腹して水を断ってから五十七日間も経ってから絶命往生したこと自体、驚くべき奇瑞とおもわれました。

津戸三郎為守が自害によって往生しようとした理由について、まず為守の法然に対する思慕の念が強かったことがあげられます。『拾遺語燈録』所収の書簡「津戸三郎へつかはす御返事」（四月二十六日付）で、法然は、たとえ遠く離れていても、互いに念仏往生を遂げたいもの、と為守に伝えています。また、『法然上人行状絵図』（巻第二十八第三段）で、割腹自殺を図った後、「上人も、『極楽に必ず参り遇へ』と仰せの侍りしに」（大意）法然上人も『極楽で必ず会おう』と言われたのに）と、娑婆で生きることを嘆いています。また、法然は津戸為守宛の書状断簡Ⅱ「念珠を所望しける時の消息」でも、ともに極楽往生を遂げたいものと書いています――「是ほどに思召事は、此世一の事にはあらず。先の世のふかき契とあはれに覺へ候。かまへて極楽に此たびまいり合せ給ふべく候。常に持て候、ずゝひとつまいらせ候（下略）」（『昭和新修法然上人全集』６０７頁）（大意）浄土往生についてこれほど深く思っているとは、この世だけの因縁ではなく、先の世の深い約束事であると喜びます。このたびは必ず極楽に共に生まれ会いましょう。いつも私が持っている数珠を一つ差し上げます…）。

為守はこうした法然の書状を錦袋に入れて肌身から離さなかったといいます。深い師弟愛に結ばれ、来世も浄土に共に生まれることを互に願っています。法然没後、早く浄土往生を遂げて、法然の下に加わりたいと思う為守の気持ちは無理からぬものでしょう。ただし、往生を願うのと割腹自殺を実行するのとでは大差があります。また、穢土を厭う気持ちが日ごとに高まり、主君の実朝の面影をなつかしくおもい、人間界に住んでいるのは無駄と感じたそうですが、そのことを除いて、法然門下に加わってから、為守に自害を促す重大な精神的変調はとくにみられないようです。息子の守朝《もりとも》には切腹自殺を手伝わせていますので、息子との不仲は考えにくいでしょう。老齢にもかかわらず、身体強健・気力充実の関東武士の風貌が想像できます。

　また、為守は念仏往生の他力信仰が不徹底であったので、自害することで「臨終正念」を確実にしようと願う自力的な発想から抜け出せなかった、とも考えられます。新村拓氏（『死と病と看護の社会史』１４８—１４９頁）によれば、平安中期から鎌倉時代にかけて、自害の苦痛に耐えることで、生まれかわる意味を見出す「異相往生人」がみられました。病気になっては、臨終正念が得られないとして、元気なうちに臨終を迎えたいと考え、自殺したとも考えられます。

『法然上人行状絵図』は鎮西派の本拠である知恩院がその成立にかかわり、法然伝の集大成ともいうべきものです。その鎮西派の中心人物である聖光房弁長《しょうこうぼうべんちょう》は、巻第二十八の末尾で、為守の自害往生について、「自害往生・焼身《しょうしん》往生・入水《じゅすい》往生・断食往生等の事、末代には斟酌《しんしゃく》すべし」と戒めています。末代（世の末）では仏法が衰え、人々の資質も劣化しているので、自害往生を思い立っても、後悔の念が起きるかもしれず、進んで行うべきでないとし、法然上人の教えを信じて、死ぬまで怠りなく念仏を唱えることを勧めます。

『法然上人行状絵図』巻第二十八第三段の末尾に、自害を肯定しない法然の考えが載せられています——「生けらば念仏の功積もり、死なば往生疑はず。とても斯《か》くても、この身には思ひ煩ふ事ぞなきと心得て、懇ろに念仏して、畢命《ひつみょう》を期《ご》とせよ」（大意）生きていれば念仏の功徳を積み、死ねば往生を疑わない。いずれにしても、この身には思う煩うことがないと心得、心を込めて念仏し、生涯をまっとうしなさい）。これは法然が禅勝房《ぜんしょうぼう》に授けた教えとのことです。

　禅勝房は、『法然上人行状絵図』巻第四十五第二段によれば、遠江国の人で、はじめ天台宗を学びましたが、浄土の教えを知り、熊谷蓮生《れんせい》に法然上人の所でくわしく学べるように紹介状を書いてもらい、上洛しました。禅勝房が帰国するさいに、法然が「浄土門では、愚か者に立ち返って極楽に往生するのである」という言葉を贈ったとのことです。遠江国では大工をして過ごしていました。法然の高弟である隆寛がこの地を通りがかり、禅勝房に敬意をあらわしたことから、上下貴賤を問わず多くの人が禅勝房に帰依しました。禅勝房は二十九歳から専修念仏を行っていたのですが、八十五歳になった正嘉二年（１２５８）九月から少し健康を害し、死ぬ五、六日前に上人像を拝み、十月三日に仏・菩薩の来迎を予見し、四日の寅刻（午前三時ころ）に「観音・勢至がすでにお迎えになられている」（大意）と、言って、起き上がってから、端坐・合掌し、高声念仏を三回して、息絶えた、ということです。

親鸞は、「つのとの三郎殿御返事」（『西方指南抄』下末）の付記で、「つのとは生年八十一にて、自害してめでたく往生をとげたりけり。故聖人往生のとしとて、したりける。もし正月二十五日などにてやありけむ。こまかにたづね記すべし」（大意）津戸は年齢八十一で、めでたく往生を遂げました。故法然上人が往生した年であるので、自害しました。正月二十五日だったとおもわれますが、詳細に調べておく必要があります）と、記しています。親鸞が「めでたく」と評し、非難がましくみていないのが注目されます。

捨身（自害）往生は平安時代末期に末法思想や浄土教の隆盛にともない流行しています（井上光貞『日本浄土教成立史の研究』２５４頁）。上代でも行基教団が極端な苦行や捨身をするので、これを禁じる法令が出されています。捨身往生の目的は身口意の懺悔であったようです。永遠に続く罪苦を死によって償う意味があったともいいます。平安時代の往生伝に捨身（焼身・入水）往生を企てた念仏行者の例が見られます（重松明久『日本浄土教成立過程の研究』第二編第二　２１９頁）。津戸為守の場合、合戦で殺生を重ねた罪悪感による捨身往生ともおもわれますが、それだけが理由と決めつけるには逡巡します。

『法然上人行状絵図』巻第二十八第一段に「合戦度々《たびたび》の罪を懺悔《さんげ》し、念仏往生の道を承《うけたまわ》りて（下略）」と、あります。これは法然の門下に加わる三十三歳のことです。割腹は仁治三年、八十歳。晩年に「人間界を厭《いと》う」ウツ状態が日ごとに増悪したのでしょうか。なお、津戸為守が自害したのは法然没後三十年を経たときで、法然は津戸の自害往生を知りません。その法然は師・善導の捨身往生説を信じていました。

『漢語燈録』所収の『善導十徳』（『昭和新修法然上人全集』８３０頁）で、法然は第七の徳として「遺身入滅徳」をあげています。善導は、臨終に際し、「此の身厭うべく諸苦逼迫」（大意）娑婆の身をいとうべく、様々の苦痛に責め立てられ）、しばらくも休息できず、寺の前の柳樹に上り、西に向かい、臨終正念を願じ、樹上より身を投じて自殺した、とされます。この逸話は、中国・宋代の王古による『新修往生伝』に基づき、法然が撰した『類聚浄土五祖傳』「第三位　善導禪師」に依ります（黒田彰「中世文学から見た法然上人」『念仏の聖者　法然』）。法然は善導の捨身について非難がましいことは書いていません。

為守の臨終儀礼には五色の糸を引く作法はみられませんが、拝領の袈裟を掛け、数珠を持って西向きに端坐し、合掌して、念仏を唱えるうちに、息絶えました（図⑮）。源信以来の天台浄土教の臨終儀礼と変わるところはありませんでした。うがいは止めましたが、身を浄める香を用い、時々行水もしました。割腹自殺を企てたのは、師・

図⑮　『法然上人行状絵図』巻第二十八第三段（京都・知恩院蔵）
「津戸三郎の臨終」

法然に極楽で再会したいという願望にかられたからかもしれませんが、罪障を滅することで浄土往生を確実にする意味があったとすれば、自力的発想が津戸為守につきまとっていたことになるでしょう。なお、臨終正念を確実にするための割腹自殺だったという見方もあります。他力本願による往生ではなく、自力的な発想によるものでしょう。

熊谷蓮生《くまがいれんせい》の予告往生

武蔵国の御家人・熊谷次郎直実《くまがいじろうなおざね》（１１４１―１２０８）は、津戸為守と並んで、学問のない直情径行の野人だったようです（武人・直実の行実については、高橋修『熊谷直実　中世武士の生き方』、梶村昇『熊谷直実―法然上人をめぐる関東武者（１）』参照）。源平の合戦で勇猛を知られたものの、鶴岡八幡宮の流鏑馬で将軍源頼朝に冷遇されたとして不満を覚え、頼朝の命に逆らい、所領の一部を召しあげられました（『吾妻鏡』文治三年〔１１８７〕八月四日条）。ついで、『吾妻鏡』（建久三年〔１１９２〕十一月二十五日条）によると、伯父と領地の境界について争いとなり、頼朝の御前で対決したのですが、弁才に劣る直実は、取り調べが終わっていないのに、証拠書類を投げ捨て、席を立ちました。怒りにまかせて、髻《もとどり》を切り、私宅にも帰らず出奔しました。ただし、菊地大樹氏（『鎌倉仏教への道　実践と修学・信心の系譜』第五章）は、古文書『熊谷家文書』によれば、前年の建久二年にはすでに出家していた、と指摘します。『吾妻鏡』は直実の剛直さを強調するために、流布していた逸話を採り入れたとのことです。熊谷直実は法名を法力房蓮生《れんせい》と名乗りました。

すでに法体となった直実は伊豆走湯山《そうとうさん》（伊豆山権現）の社僧・良暹《りょうせん》に遇った時、「その性殊に異様」（異様に興奮）とされます（『吾妻鏡』建久三年〔１１９２〕十二月十一日条）。良暹に説得され、上洛を断念し、熊谷郷に戻ってから、走湯山に通ううちに、妙真という尼僧に法然の教えを聞いた可能性があります（今堀太逸「法然の老病と臨終の絵解き―東国布教と女性―」『念仏の聖者　法然』)。妙真は自分の浄土往生の日時を予告したそうで、予告した日時にたがわず、翌日の夕方、端坐・合掌し、高声念仏を唱えて往生しました(『法然上人行状絵図』巻第二十四第六段)。空に音楽が聞こえ、異香が室に満ちる奇瑞が人々を驚かせたとのことです。予告往生は熊谷蓮生にもみられます。このように、熊谷直実が出家したのは、合戦で悪行を積んだ罪の意識だけでなく、鎌倉幕府の体制内で不遇をかこったからでしょうか。

上洛した熊谷入道蓮生はまず安居院《あぐい》の澄憲《ちょうけん》を訪ねたそうです。その理由はわかりませんが、法然と親しい聖覚《せいかく》は澄憲の子息です。『法然上人傳記』(『九巻伝』巻第四下)によれば、澄憲の宅で対面を待っている間、蓮生が刀を研ぎ始めたのを見た人が、なぜそのような事をするのか、と問うと、「腹を切れば、後生が助かると言われれば、すぐにでも腹を切るつもりで研いでいる」と、答えたそうです。真偽は分からないのですが、いかにも直情径行の熊谷入道らしい逸話です。『法然上人行状絵図』には上記の刃研ぎの逸話はありません。後に、別系統の伝記から採られて、付け加えられたのでしょう。

法然の室を訪ねた熊谷直実蓮生は、どれほど罪障の重い者でも念仏すれば救われるという教えを聞き、さめざめと泣き出したので、法然がその理由をただしました。蓮生の返答は率直なものでした。

(前略)手足をも切り、命をも捨てゝぞ、後生は助からむずるとぞ、うけ給はらむずらんと存ずる所に、『唯、念仏だにも申せば、往生はするぞ』と、易々と仰せを被り侍れば、余りに嬉しくて、泣かれ侍る(『法然上人行状絵図』巻第二十七第一段)(〔大意〕…手足も切り捨て、命も捨ててこそ、後の世は仏に救われるであろう、と聞くものとばかりおもっていたところ、『ただ念仏さえとなえれば、必ず浄土に往生できます』と、こともなげにご教示いただいたので、余りにうれしくて泣いてしまいました)。

また、蓮生は京都で「曲者《くせもの》」（変り者）として知られていたようで、その逸話が『法然上人行状絵図』（巻第二十七第一段）に紹介されています。法然が九条兼実の御殿に参上するとき、熊谷蓮生が自分から押しかけてお供しました。蓮生が変わりものであることを知っていたのですが、法然は蓮生の行動を無視し、御殿で法話を始めました。蓮生は沓脱の石のところでひかえていましたが、法話の声がかすかにしか聞こえてこないので、大声を出して、「哀れ、穢土ほどに口惜しき所あらじ。極楽には斯《か》かる差別はあるまじきものを。談儀の御声も聞こえばこそ」（〔大意〕この世ほど口惜しい所はありません。極楽ではこのような差別はないはずなのに。御法話の声も聞こえないとは）と、とがめるように言いました。兼実公はその声を耳にして、何者かと法然に問いました。法然は、「熊谷の入道とて、武蔵国より罷《まか》り上りたる曲者（下略）」（〔大意〕熊谷入道という武蔵国から参った変り者…）と、返答しています。兼実公の思いやりで、蓮生が昇殿を許され、法話が聞けたということは、当時、驚くべき果報とおもわれたそうです。

熊谷蓮生は、また、けっして西に背を向けないことで知られていました（第三段）。鞍を前後逆に置いて、馬に後ろ向きに乗り、京都から関東に向かったそうです。これは「東行逆馬」の逸話として知られます。『往生礼讃』で説かれる「不背西方」を尊び、浄土往生を一途に願っていたので、行住坐臥、西に背を向けなかったのだとされます（慶滋保胤の『起請八箇条』第七条に「慕㆓天台之舊儀㆒坐臥不㆑背㆑西」の文言がみられます）。法然も「信心堅固なる念仏の行者の験《ためし》には、常に思ひ出で給《い》ひて、『坂東の阿弥陀仏』とぞ仰せられける」（〔大意〕信心堅固な念仏行者の例として、いつも思い出し、『関東の阿弥陀仏』と、いわれた）そうです。しかし、強直な性格のせいか、粗暴なところがありました。下人を無慈悲に折檻したことを『法然上人行状絵図』の著者は、合点のゆかないこととします。

法然との出会いが建久四年（１１９３）ころとすれば、これより十年ばかり後、元久元年（１２０４）五月十三日正午に、六十七歳の蓮生は、京都鳥羽の地で来迎曼荼羅の阿弥陀仏を前にして「上品上生」を発願します。「上品上生」とは、阿弥陀仏の浄土に九種類の等級があって、その最上位にあるのもとされます。『観無量寿経』に述べられています。生前の修行の程度・質によって割り当てられる等級がきまるとの説が当時は一般的でした。『法然上人行状絵図』巻第二十七第二段に蓮生の願文が載せられています。要旨を紹介します。

「わたしが上品上生の極楽に生まれるならば、縁のあるすべての人をのこらず極楽に迎えられます。また、縁のない人たちにも情けが掛けられます。よって、上品中生以下の八品の浄土には生まれたくありません。末代では上品上生に生まれるものはいないし、あの源信僧都ですら下品上生を願っていたことは分かっています」と、身勝手な願いであることを述べています。しかし、「あくまでも上品上生に生まれたい。自分はそれ以下に生まれたくないので、阿弥陀仏が上品上生の位に迎え入れてくれないのなら、すべての人間を浄土に迎えるという阿弥陀仏の本願は成就されなくなります。また、様々な経論にみられる文言も成り立たなくなってしまいます。仏・菩薩の言葉に偽りはないはずです」と、くどくどしく勝手な願望を述べ立てます。さらに、『観無量寿経』にある、上品上生を願ずる者は、三種の心を起こして往生するという文言をふまえ、「上品上生に生まるべき決定心起こしたり。その疑煩悩断じたり。その悟りを開いたり」（大意）上品上生に往生できる決定心《けつじょうしん》（不動の心）を起こし、それについて疑う煩悩も断ち切り、悟りも開いています）と、法然上人から何を学んだのか疑わしいとおもえるほど、傲慢な理屈を展開します。蓮生は、一つの事柄に気を取られると、全体が見通せなくなる偏執的な人格だったようです。「不背西方」の逸話もそれに類するのでしょう。

　蓮生は自筆の『夢の記』にも浄土往生の夢について、「自分は上品上生に生まれる夢を何度も見たし、側近にもその夢を見たと告げる者もいる。五月十三日に願をおこし、同月二十二日、阿弥陀仏に『自分の願が成就するにしても、しなくても、はっきりした示現《しるし》を与えてください』と、申し上げて寝たその晩、夢に蓮の花の茎がなよなよと一本立っていて、十人ばかりの人がそれを取り巻いている。その場で、『自分だけが蓮台に上がれる』と、言い終えると、自分が蓮の花の上に端坐していると見えて、夢がさめた」（大意）と、記したそうです（『法然上人行状絵図』巻第二十七第二段）。六月二十三日にも、同じような夢を見た、といいます。こうした夢の告げなどは元久元年（１２０４）五月、六月にみられたと書かれています。蓮生が自分の極楽往生について予告したのが二年後の建永元年（１２０６）八月です。

こうした瑞相について知らせを受けた法然は、武蔵国に戻った蓮生に、四月三日付の書簡を送っています（『拾遺語燈録』所収「ある時の御返事」、浄土宗西山派の派祖・証空が代筆）。「死ぬ時期を知って往生するものは多いのですが、あなたのように人をおどろかせるようなことは、末代ではないでしょう。しかし、仏教では魔事と言う仏法の妨げがあります。用心して、念仏に精進されますように」（大意）と、極楽往生が仏によって許されたと感じる驕り高ぶりを戒めています。夢告・瑞相にうかれて驕慢の心が芽生え、念仏の精神がないがしろにされることに法然は危惧をいだいていました。

蓮生は往生にかかわるこうした瑞相を幾つか法然に伝えたのですが、そのことを耳にした九条兼実は、なぜ自分に真っ先に知らせてくれなかったのか、と質す四月一日付の書簡を法然に出しています（『法然上人行状絵図』巻第二十七第四段）。兼実はよほど蓮生の奇瑞譚に関心をもったのか、その書簡の追って書きに「写しでは判読できない箇所があるので、熊谷入道が出した書状の本文を貸してください。入道の本当の往生の際の瑞相よりも、平生の瑞相が勝っているのに感動の涙を禁じ難いのです」（大意）と、記しました。

九条兼実は承元元年（１２０７）四月五日に死亡していますが、上記の書簡はそれより四日前に書かれたともわれます。この書簡にある蓮生の平生の奇瑞譚とは往生についての夢告にかかわるものでしょう。『法然上人行状絵図』（巻第二十七第五段）によれば、蓮生が往生を予告したのは建永元年（１２０６）八月、予告往生の延期宣言は承元元年二月八日です。

蓮生は建永元年八月に、「蓮生は明年二月八日、往生すべし。申す所若し不審あらん人は、来りて見るべき」という高札を武蔵国村岡の市に立てさせたところ、遠近から数えきれないほど人々があつまりました。往生の日、蓮生は沐浴し、礼盤にのぼり、高声念仏をとなえたのですが、しばらくすると念仏を止め、目を開いて、「今日の往生は延期とします。来る九月四日に必ず本望をとげます。その日にいらしてください」（大意）と言いました。群集は嘲笑し、妻子眷属はなげいたものの、蓮生は「阿弥陀如来のお告げで来る九月に延期したので、自分の考えでない」（大意）と、平然と言いました。

蓮生はこの往生延期について法然に説明する書状を出したようです。法然からの返事は『和語燈録』（「熊谷入道へつかはす御返事」）および『西方指南抄』下末に収められています。日付は九月十六日で、この返事は生きている蓮生に届くことはなかったようです。蓮生が予告往生を果たしたのは承元元年（１２０７）九月四日でした。この頃には、法然は四国在留中でした。この書簡で、法然は今度こそ往生が遂げられるようにと蓮生を勇気づけています。

なお、『吾妻鏡』第一九（承元二年〔１２０８〕十月二十一日条）では、熊谷蓮生は京都東山の草庵で同年九月十四日午後二時頃に予告往生を遂げたとあります。結縁の僧俗が草庵を取り囲みました。蓮生は時刻に衣・袈裟を着け、礼盤にのぼり、端坐合掌し、高声念仏を唱えて絶命したそうです。病気にかかっていたわけではないとのことです。しかし、京都で往生したのは不自然、と高橋修氏（『前掲書』１２６―１３０頁）は指摘します。往生の場所・日時について、『法然上人行状絵図』の内容が真実に近いとします。

法然の九月十六日付の返事（『西方指南抄』下末）をここにあげます。

御ふみくはしくうけたまはり候ぬ。かやうにまめやかに、大事《だいじ》におぼしめし候。返々ありがたく候。まことにこのたび、かまへて往生しなむと、おぼしめしきるべく候。うけがたき人身《にんじん》すでにうけたり、あひがたき念佛往生の法門《ほふもん》にあひたり、娑婆《しゃば》をいとふこゝろあり、極楽《ごくらく》をねがふこゝろおこりたり。弥陀の本願《ぐわん》ふかし、往生はたゞ御こゝろにあるたびなり、ゆめく御念佛おこたらず、決定《くゑちぢやう》往生のよしを存《ぞん》ぜさせたまふべく候。なに事もとゞめ候ぬ。（大意）お手紙をくわしくよみました。このように心から重大におもっているとは、本当にありがたいことです。本当に今度はきっと往生しようとおもいきるように。受けがたい人間の身に生まれ、遇いがたい念仏往生の教えに会え、この世を厭う心があって、極楽を願う心が起きています。阿弥陀如来の本願は深遠で、往生はお心次第で決定されます。ゆめにも御念仏を怠らずに、往生は決定していることのいわれを御承知していただきたいのです。他のことは気に掛けないでください。）

『法然上人行状絵図』巻第二十七第五段によれば、蓮生は二月八日に往生すると明言したものの、その日になって前言をひるがえし、次の九月四日に往生すると言って群集に嘲笑されたのですが、春も夏も過ぎた八月末に少し体調を崩すことがありました。以下は蓮生の臨終の有様です（大意）。

九月一日、空に音楽を聞いてから、少しも苦痛がなく、心身安楽の状態になりました。予告の四日の後夜（夜半から朝にかけて）、沐浴して、ようやく臨終の支度を整えました。人々がにぎやかな市のように集りました。すでに午前十時頃になると、蓮生が武蔵国に下向するときに与えられた法然上人秘蔵の弥陀来迎の三尊・化仏・菩薩を一幅の図絵にしたものを掛けて、端坐・合掌し、高声念仏を盛んにとなえ、念仏とともに息が絶えた時、口から光を放ちました。その長さは五、六寸ほどでした。紫雲がたなびき、音楽がほのかに聞こえ、異香がかんばしく漂い、大地が震動しました。奇瑞が連綿と五日の午前六時頃までつづきました。翌日の午前零時頃、入棺したとき、異香・音楽などの瑞相が以前と同じく現れました。午前六時頃に、紫雲が西から来て、屋根の上にとどまること二時間ばかりで、西に向かって去りました（図⑯）。

巻第二十七の末尾は、「このような奇瑞を見聞きした人々は、蓮生が本当に上品上生の往生を遂げたに違いない、と話し合った」（大意）で結ばれます。津戸三郎為守の臨終と同じように、蓮生の場合にも、五色の糸を取る儀礼はみられませんが、往生伝で定型化した奇瑞が羅列されます。また、来迎の掛軸を法然からもらっているので、これを掛けています。ただし、蓮生は九条袈裟をまとって臨終を迎えなかったようです。法然から九条袈裟を伝授されなかったからでしょう。

とにかく、熊谷蓮生と津戸三郎為守は法然の代表的

図⑯　『法然上人行状絵図』巻第二十七第五段（京都・知恩院蔵）
「熊谷直実の臨終」

な弟子にあげられる関東の御家人でした。蓮生と津戸為守は無智なので、念仏するしかない、という世評に対し、法然は弥陀の本願は人を選ばない、とする津戸三郎為守宛の書簡を書いています（『西方指南抄』下末、九月十八日付）。親鸞が、その手紙の奥書付記に「つのとの三郎といふは、武蔵國の住人也。おほご・しのや・つのと、この三人は、聖人根本の弟子なり」（〔大意〕津戸三郎は武蔵国の住人です。大胡・渋谷・津戸は法然上人の根本の弟子です）と、書き加えているのですが、熊谷蓮生の名はこれに漏れています。法然の書いた本文冒頭では、「くまがやの入道」と「つのとの三郎」が併記されているのですから、その理由が知りたくなります。熊谷蓮生は、みずから上品上生を願い、その成就についての夢告を言い立てるなど、驕り高ぶった態度が目立ったので、親鸞は熊谷蓮生の名前を落としたのでしょうか。

熊谷蓮生の予告往生と奇瑞に満ちた往生譚や津戸為守の自害往生は当時の人々に衝撃を与えたでしょう。ところが、『法然上人行状絵図』（巻第二十八第三段末尾）の禅勝房宛の法然書簡にみられるように、法然が自害による異相往生を肯定していないことは、すでに指摘しました。四月三日付の証空が代筆した書簡でも、異相往生へ用心するように書かれています。菊地大樹氏（『前掲書』第五章3）は、異相往生について、称賛が十三世紀を通じて懐疑に向かう、と指摘し、それは「混沌とした当時の宗教的社会状況を表している」と、考えます。多様な価値観が流動する時代の到来です。

親鸞が津戸三郎為守宛の書簡の奥付で名をあげた大胡《おおごの》太郎《たろう》実秀《さねひで》も関東の御家人で、篤信の弟子でした。渋谷は渋谷道遍《しぶやのどうへん》（渋谷七郎入道道遍）については、『法然上人行状絵図』巻第二十五第二段にその名がみえます。渋谷は法然のそばに仕え、専修念仏の教義にくわしかったようです。大胡太郎実秀は法然没後三十年余り後の寛元四年（1246）に亡くなっています。京都や鎌倉で、専修念仏の弾圧が続いていた頃です。大胡太郎実秀の往生はおなじく巻第二十五第二段にみられます。大胡の臨終では、異香をかぎ、音楽を聞く者が多かった、とされます。

『法然上人行状絵図』には、他に関東御家人の門弟として、甘糟《あまかすの》太郎忠綱《たろうただつな》、宇都宮弥三郎頼綱《うつのみやのやざぶろうよりつな》、薗田太郎成家《そのだのたろうしげいえ》の往生が書かれています（巻第二十六第一、二、三段）。甘糟は、法然から拝受した袈裟を鎧の下に着て、日吉社《ひえしゃ》の八王子に勅命で出陣し、深手を負い、最期を覚悟しました。太刀を捨て、高声《こうしょう》念仏して、敵にうたれましたが、そのとき、紫雲が戦場を覆い、異香をかぐ者が多かったと伝えられます。法然は紫雲が比叡山にたなびいているとの報を聞いて、「哀れ、甘糟が往生したよ」と、言ったそうです。

宇都宮弥三郎頼綱は法力房蓮生《れんせい》（熊谷直実）に「どれだけ権勢を誇っても死は免れず。浄土往生には念仏が欠かせない」と諭され、承元二年（１２０８）、摂津国の勝尾寺で法然の教えを受け、専修念仏の行者になり、法然没後に出家して実信房蓮生《じっしんぼうれんしょう》と名乗り、西山に庵を結びました。仁治二年（１２４１）に、阿弥陀仏の左手を握る霊夢を見て、実信房蓮生は専修念仏にひたすらはげみました。それから十八年後、正元元年（１２５９）十一月上旬から少し健康を害していたのですが、同月十二日には端坐・合掌して念仏をつづけ、往生の瑞相が現れ、素懐を遂げたと伝えられました。

薗田太郎成家は上野国の御家人で、狩りを得意とし、悪行を恣《ほしいまま》にする乱暴者でしたが、正治二年（１２００）に京都で法然上人の教えにふれ、その年、二十八歳で出家し、智明《ちみょう》という法名が授けられました。六年間、法然上人に仕え、上野国に帰り、小倉村に庵を結び、専修念仏にはげんだので、「小倉の上人」と呼ばれました。常に「光明遍照《こうみょうへんじょう》」と唱え、犯した罪を告白して、声を出して泣きました。ある年の元日に、下役の僧に「西方浄土からの使いですが、浄土へ来るのが遅いので、急いでおいで下さい」と言わせました。智明はその僧を丁重にもてなし、贈り物を与え、これを毎年の元日の行事としました。宝治二年（１２４８）九月十五日、少しばかり具合が悪かったので、弟を呼んで専修念仏の教えを説き、翌日の午後八時頃、端坐・合掌し、高声念仏を二時間ばかり称えて、禅定にはいるかのように息絶えました。享年七十五。紫雲が屋上にたなびき、音楽が雲の上から聞こえ、光明が充満し、異香が漂いました。これは誰もが見聞した、とのことです。

法然門下の「糸引き作法」について

本書第二章第二節で述べたように、糸引き作法は七世紀に唐の道宣が「五色の糸」を使う臨終行儀を説いて以降、源信が『往生要集』でこれを紹介したことで、貴族・僧侶階級に広まりました。ただし、西口順子氏（「浄土願生者の苦悩―往生伝における奇瑞と夢告―」『阿弥陀信仰』民衆宗教史叢書　第十一巻）によると、平安時代の六種の往生伝に載せられる三百四十六人のうち、五色の糸を持った往生人はわずか二十七人です。「往生奇瑞」（紫雲・音楽・異香・来迎など）が百五十四人であるのと比べると、少数との印象が否めません。

『法然上人行状絵図』（巻第二十五～二十八）で、関東の御家人として津戸為守、熊谷直実、大胡実秀、甘糟忠綱、宇都宮頼綱、薗田成家の往生が取り上げられていますが、五色の糸を引く臨終行儀はみられません。巻第十二で法然に帰依した六人の貴族の往生が扱われていますが、一人も五色の糸を持たなかったようです。また、先の関白・九条兼実も五色の糸を持ったとは書かれていません（巻第三十五第三段）。法然よりも早く死亡しているので、五色の糸を持たない兼実の臨終は法然の流儀に影響されたものではありません。後白河法皇は、建久三年（１１９２）三月に、端坐して念仏を続け、眠るように絶命しましたが、五色の糸は保持していません（巻第十第三段）。

ところで、『法然上人行状絵図』に、臨終に五色の糸を持つ絵相がみられる往生人もいます。ただし、わずか二人です。往生人は『法然上人行状絵図』全体で三十八名ですから、先の西口論文で指摘された諸往生伝で五色の糸を使用した例よりもはるかに低い割合です（三十八名の往生人の一覧表は大橋俊雄・著『法然上人伝』下（『法然全集別巻２』）３６３―３６６頁）にみられます）。糸引き作法を実践したのは、巻第四十四第四段にその往生が描かれている隆寛《りゅうかん》と巻第四十六第四段に描かれている聖光房弁長《しょうこうぼうべんちょう》ですが、彼らは法然入滅のときに存命していました。

隆寛は六十四歳、弁長は五十歳でした。五色の糸の扱いについては、いずれも法然の流儀と一致しません。師の臨終行儀を見習わず、天台浄土教で説かれる五色の糸を使用している絵相がみられるのは何故でしょうか。その理由について、鎮西派にとって、第二祖の弁長は言うに及ばず、隆寛にしても、法然の愛弟子で、天台僧の外面を保っていたことから、臨終行儀について特別扱いすべき存在だった、と考えられます。

弁長は鎮西派の第二祖（派祖は法然）でした。『法然上人行状絵図』（巻第四十六第五段）によると、法然教団の重鎮であった勢観房源智《せいかんぼうげんち》が「先師念仏の義道を違へず申す人は、鎮西の聖光房なり」（〔大意〕「亡き師の念仏の教えを正しく伝えている人は、鎮西派の聖光房です」）と、鎮西派の弁長を法然の正当な後継者とする見解を述べたとされます。「京都に何らの地盤をもたぬ聖光の鎮西教団が、法然の正統者として進出しえたのは、勢観房源智の門流と結んだからである」と、されます（田村圓澄『前掲書』２０５頁）。源智は「隠遁」を好む篤信者でした。聖光房弁長には臨終行儀について述べた『浄土宗要集』『念仏名義集』があり、その弟子に『看病御用心』の著者・然阿弥陀仏良忠《ねんあみだぶつりょうちゅう》（１１９９―１２８７）がいます。

隆寛については、『法然上人行状絵図』（巻第四十四第五段）で、後鳥羽上皇の皇子である雅成《まさなり》親王が「法然と隆寛は互に師であり、弟子でもある。浄土では隆寛は師、法然は弟子、この世では法然が師で隆寛は弟子である」という夢をみるほど、隆寛を評価しています。また、隆寛は天台僧の立場を保持し、『七箇条起請文』に署名しませんでした。田村圓澄氏（『法然』２４７頁）は「一念義を排して多念相続を勧め、臨終の念仏を重視したのは、天台の行儀の影響による」と、考えます。

聖光房弁長《しょうこうぼうべんちょう》の臨終行儀

『法然上人行状絵図』（巻第四十六第四段）に、弁長（１１６２―１２３８）の臨終が書かれています。弁長は筑後国の善導寺で死亡しました。七十七歳でした。病気になったのは嘉禎《かてい》三年（１２３７）十月、翌年一月に門弟を集めて、来迎の賛文を唱えて念仏させました。念仏を聞いている間、弁長は泣いて喜び、「極楽の菩薩たちが中空に満ちている」と、言ったので、聞く人はみな不思議におもいました。同月二十三日、化仏が来現したことを門弟に告げました。二月二十七日午前二時頃、よい香りがしきりに薫りました。二十九日の午後二時頃に七条袈裟を着け、頭北面西して、五色の幡《はた》を傍らに置き、合掌している両手の親指に自筆の『阿弥陀経』を差し挟み、念仏しました。念仏を二時間ほどして、最後に高声を出し、「光明遍照」と言い、眠るように息絶えました。

臨終では、五色の雲が天にそびえ、紫雲が庵に斜めに覆いかぶさり、群集が集まって、誰もがこれを見ました。絵相では、弁長は、腰から下に衾《ふすま》を掛け、五色の糸（幡）と『阿弥陀経』を両手で保持しているように見えます。袈裟は着けていますが、絵相からは九条か七条かは分かりません（**図⑰**）。

弁長は『浄土宗要集』『念仏名義集』（『浄土宗全書』第

図⑰　『法然上人行状絵図』巻第四十六第四段（京都・知恩院蔵）「弁長の臨終」

十巻所収）などで臨終行儀にふれています。重松明久氏（『日本浄土教成立過程の研究』第三編第三の四）によると、弁長は「三昧発得を成就し、臨終に来迎に預るべきことをとく。しかも、法然のとかなかった助業に対しても、かなり比重を加えて評価して」（420頁）、念仏を「行」と捉え、多数念仏を説きました。よって、他力への「信」に重点を置く法然の信仰とは重ならない部分がみられます。

弁長は、『念仏名義集』（巻下）で、「臨終ノ吉キ人ハ往生シタルト知ル臨終ノ悪キヲハ悪道ニ落タリト知ル也」（大意〕臨終の有様が善い人は往生したと分かるし、臨終の有様が悪い人は悪道におちたと分かる）と、臨終の善し悪しを往生の根拠とします。苦しみもなく、心安らかに念仏を唱えて息を引き取るのが善い臨終で、奇瑞の顕れるのが最上の臨終とされます。これとは反対に、狂死するような悪い臨終では三悪道におちることになり、臨終がどうであろうと往生できるとする流派の考えは誤っている、と主張します。

ところが、法然は、『一百四十五箇條問答』（『和語燈録』所収）などで、たとえ善知識に会わなくても、また、臨終で思うようにならなくても、念仏さえ唱えていれば往生する、と言います。つまり、臨終の有様は関心外で、念仏を唱えることを重視します。さらに、平生に往生を願って念仏する人には臨終で悪いことは起きないはずで、念仏の功徳によって仏が臨終で迎えに現れ、心乱れずに往生できるから、と考えます（『浄土宗略抄』『和語燈録』所収）。

また、法然は、『往生浄土用心』（『昭和新修法然上人全集』所収、563頁）でも「本願信して往生ねかひ候はん行者も、この苦はのかれすとて、悶絶し候とも、いきのたえん時は、阿彌陀ほとけのちからにて、正念になりて往生をし候へし」（〔大意〕阿弥陀仏の本願を信じて往生を願う行者も、この死苦は免れず、もだえ苦しんでも、息が絶える時には、阿弥陀仏の力で、正念で往生するでしょう）と、念仏の行者は、見かけは悪い臨終であっても、仏のちからで、心乱れずに往生できるとします。死苦のために念仏が唱えられない臨終でも、普段から念仏していれば、往生できる、と法然は考えています。

弁長は、天台浄土教と同じく、臨終時での善知識の役割を重視します。善知識は病人のそばに寄り添い、死ぬまで多少の猶予があれば念仏功徳を説き聞かせ、心して念仏を十遍唱えさせるのがその役割としますが、それだけでなく、病人の両手を取って合掌させ、西に向かって拝ませ、さらに阿弥陀仏とその脇侍の観音・勢至菩薩の姿を想い、観音菩薩の蓮台に乗って浄土に赴く思いをなせ、と言い聞かせる役割を善知識に課します（長谷川匡俊（他）『臨終行儀—日本的ターミナル・ケアの原点—』１３６—１３７頁）。

また、臨終行儀には、幡を掛け、火を燃やし、名香をたき、本尊を東に向け、善知識を迎えて、その教えを守ることが求められる、と弁長（『念仏名義集』巻下）は述べます。法然はこのような行儀に執着しません。「善知識が付き添い、臨終行儀が出来るなら、したほうがよい。しかし、どんな死に方をするかわからない。思ったようにはなりにくいので、日頃から念仏を唱え、仏菩薩の来迎を信じなさい」（大意）（『往生浄土用心』『昭和新修法然上人全集』所収、５６４頁）というのが法然の立場です。つまり、弁長は天台浄土教で求められた善知識の付添いや臨終行儀を法然以上に重視したといえるでしょう。

ただし、『聖光房に示されける御詞』其一七（『昭和新修法然上人全集』所収、７４７頁）では、愛弟子の真観房《しんかんぼう》感西《かんさい》（四十八歳）を失った法然が「臨終の時には一向専修の人も善知識を用いるべきで、自分は愛弟子の臨終に最適な善知識であろう」（大意）と、弁長に述べたとされます。法然の発言に矛盾がみられるようですが、法然には「専修・天台」の二面性が抜き去りがたかったからでしょうか。それとも、臨終行儀を重視した弁長が伝える言葉であることを考慮するべきでしょうか。あるいは、若死にした愛弟子の死を法然が深く悲しんだ末の発言だったのでしょうか。法然のこのような二面性について、久下《くげ》陞《のぼる》氏（「良忠上人における臨終行儀の相承」『源智・弁長・良忠　三上人研究』所収）は、過酷な生活を強いられた人々であれば、臨終行儀の条件を整えることが困難である、との自覚を法然がもっていたことから、臨終行儀を重んじない発言になったのであろうとします。

なお、「幡《はた》を掛ける」とは、五色の細長い布を仏の手から垂らし、それを病人が掴んで仏菩薩の来迎に預かろうとする天台浄土教の「糸引き作法」ですが、『法然上人行状絵図』によれば、弁長自身がこれを実践して死を迎えました。

隆寛《りゅうかん》の臨終

隆寛（1148―1227）は、名門貴族の子息で、慈円の弟子となって天台教学を授けられました。隆寛律師と呼ばれるのは、法勝寺で大熾盛光法《だいしじょうこうほう》を修したことが評価され「権律師」に任ぜられたからで、その前年（1204）、『七箇条制誡』への連署に加わっていません。「必ずしも専修ではなく、迎講や熾盛光法の修行によっても知られるように、専修以外の、さらにいえば天台の要素が加わっている」と、田村圓澄氏（『法然上人傳の研究』185頁）は指摘します。つまり、隆寛は、法然を敬慕するのと同時に、持戒の天台僧の立場を守っていたようです。ただし、法然から『選択集』を付与されるなど、法然の信頼は厚く、洛中洛外で専修念仏の指導的立場にありました。隆寛が専修念仏の教えに造詣《ぞうけい》が深かったのは、その著『一念多念分別事《いちねんたねんふんべつのこと》』『自力他力事《じりきたりきのこと》』にうかがえます。前著については、親鸞がその趣旨を解説した『一念多念文意《いちねんたねんもんい》』を書いています。他力念仏の真髄を明らかにした名著として親鸞は隆寛の『自力他力事』を書写し、門弟に読むように勧めました。要するに、隆寛は、師・法然と同じく、「内《ない》専修・外《げ》天台」という二面性をもっていました。

法然教団が大規模に弾圧されたのは建永二年に続き嘉禄三年（1227）です。法然没後十五年のことです。三人が流罪に処せられ、その中に隆寛が含まれていました。また、専修念仏者の四十六人が京都から追放されました。

隆寛は流刑地の奥州に赴くはずだったのですが、弟子・西阿《さいあ》の配慮によって、嘉禄三年八月、鎌倉から相模国飯山（厚木市）に移りました。同年十一月、風邪にかかり、十二月十三日の午後四時頃、往生の時が迫り、臨終行儀を整えました。八十歳でした。「往生の時がすでに来た。わたしの説く教えが正しいかどうか、また専修念仏による往生の手本を示すべき時である」（大意）と、言って、阿弥陀三尊像に向かい、五色の糸を手に掛け、端坐合掌し、高声念仏を二百回余り、『往生礼讃』（日中讃）の経文を弟子とともに唱えました。弟子が「臨終の一念は、百年の業に勝《すぐ》れたり」と言うと、隆寛は少し笑みをうかべ、本尊を仰ぎ見て、高声念仏し、禅定に入るように息絶えました。隆寛の臨終には、彩雲・異香・妙音などの奇瑞が現れたとも書かれています（図⑱）。

隆寛が天台浄土教の影響下にあったことは、五色の糸の作法だけでなく、「臨終の一念は、百年の業に勝《すぐ》れたり」と、弟子が言うのを聞いて、喜んだりすることからも、うかがえます（「隆寛律師略傳」『浄土宗全書』第十七巻）。天台浄土教は臨終の一念を重視します。源信の『往生要集』巻中（「別時念仏　臨終行儀」勧念（十））にこの文言があります。すでに、本書第三章第一節でふれましたが、

図⑱　『法然上人行状絵図』巻第四十四第四段（京都・知恩院蔵）「隆寛の臨終」

法然はこの考えに同調しませんでした。『浄土宗略抄』（『和語燈録』所収）で、法然は平生念仏が大切で、臨終正念できるのは、普段から念仏にはげんでいる功徳で、臨終に仏菩薩が迎えに来るからである、と述べます。

また、『法然上人行状絵図』（巻第四十四第五段）に、隆寛が三昧発得の境地に達したとあります。法然について、師が三昧発得で極楽の様相を見たという話題が出されたとき、隆寛は「自分も時々経験します」と、言ったのですが、よけいなことを言ってしまったという面持ちで、「きっと風邪気味だったので、そう見えたのでしょう」と、言い直したそうです。法然の三昧発得は口称念仏によって達成されたもので、隆寛のそれも口称念仏によるものだったと考えられます。また、法然以前の天台浄土教では、天台智顗《ちぎ》の常行三昧の伝統を継ぐ観想念仏によって極楽の様相を見ることが浄土往生への道とされましたが、法然は三昧発得を往生の因とはみなしていません。それでも、三昧発得を恥じるかのような上記の逸話から、隆寛は、専修念仏の領域から逸脱し、天台教学の影響をうけたことに、後ろめたさを感じていたのかもしれません。また、法然自身も三昧発得を他人に知られることを嫌ったらしい、と伝えられています（『法然上人行状絵図』巻第七第六段）。

以上のように、隆寛には天台浄土教の影響を免れ難い面があったといえますが、天台浄土教の源流に位置する十世紀末成立の『起請八箇条・十二箇条』に載せられている「光明真言で以て土砂を加持して、遺骸を埋める土砂加持の作法」は、隆寛の臨終に限らず、『法然上人行状絵図』全体にみられません。土砂加持は専修念仏には受容されなかったようです。没後供養のために行われる密教系の作法だったからでしょうか。臨終で阿弥陀仏に摂取される専修念仏の信者には極楽往生のための没後供養は不要のはずです。

土砂を棺の底に置く作法は平安末期（1181年）の皇嘉門院聖子の喪葬（土葬）でみられます。おそらく光明真言で加持した土砂と考えられます。土砂はすべて棺に入れず、少量残して墓所に散らします（『玉葉』養和元年〔1181〕十二月五日条）。中世の喪葬儀礼の手引書『吉事次第』には、棺に納めた遺体に引覆をかけ、その上から頭・胸・足の三箇所に土砂を散らす、と書かれています。『吉事次第』では土葬については言及されていませんので、墓所に土砂を散らす作法は書かれていません。

こうした土砂加持作法に先行するものとして、八世紀に『佛頂尊勝陀羅尼経』が在地の村々に受容され、陀羅尼で加持した土砂を用いて納骨する呪法が根付いていた、と井原今朝男氏（『史実　中世仏教』第1巻　254頁、312頁）は指摘します。光明真言で土砂加持する風が急速にひろまったのはこれ以降のこととされます。ただし、『起請八箇条』『起請十二箇条』で土砂加持作法を勧めるのは、石田瑞麿氏「『往生要集』の思想史的意義」（『源信』日本思想大系6　432―433頁）によれば、浄土教を密教と妥協させようとする二十五三昧会の試みによるとのことです。源信は密教に対して及び腰だったとされます。

時衆の入水往生譚

時宗の開祖・一遍（1239―1289）は、法然の高弟・証空の膝下で研鑽を積んだ聖達《しょうだつ》に浄土教を学びました。念仏勧進の旅に出た一遍とその同行・時衆にも、瑞相があらわれたという話が多くみられます。また、時衆のなかには入水往生をとげたものが何人かいます（一遍の臨終については、本書第四章第二節でふれます）。ここでは、入水往生を中心に、時衆の奇瑞譚を取り上げます。津戸三郎為守の自害往生については、本節ですでに扱いました。自害往生には、焼身・入水・投身などがあります。津戸の割腹自殺は関東武者の勇猛さが求められるでしょう。これに準じるのは焼身自殺ですが、西口順子氏（「火・煙・灰―神仏の霊力をめぐって―」『民衆生活の日本史・火』）によれば、女性が焼身往生を遂げる例はみられないのだそうです。『大日本国法華経験記』（巻上・九）では、日本で最初に焼身往生を果たしたのは持経者の応照法師とします。法華経薬王菩薩本事品の影響でしょうか。たやすい方法と考えられたのは入水往生のようです。時衆では入水往生が多くみられます。

『一遍聖絵』（巻第六第二十二段―1）によれば、鎌倉入りを拒絶されてから、片瀬の浜の地蔵堂で数か月を送るうちに、念仏札を配る（賦算《ふさん》）勧進や踊念仏が評判になり、大勢の人々が集まりました。弘安五年（1282）三月末、「紫雲立ちて、花降り始めけり」という奇瑞が起き、それからは度々こうした奇瑞がみられました。一遍は「花の事は花に問へ、紫雲の事は紫雲に問へ。一遍知らず」と、こうした奇瑞を気にすることはありませんでした。ただし、一遍の周辺は高僧伝の先例をいくつかあげてこうした奇瑞を賞賛し、一遍を崇めています。

弘安五年七月十六日に片瀬を立って三島に着いた日に、日中から日没まで紫雲が立ちましたが、ちょうどその時、時衆七、八人が一度に往生をとげた、ということです（『一遍聖絵』巻第六第二十二段―2）。一度に死ぬとは、集団自害往生だったのでしょうか。三島神社の神官は死穢をきらわず、一遍と結縁したのですが、すこしの祟《たた》りもなかった、とされます。なお、後続段に、三島のすこし先の地で入水往生がおきたことが書かれています。『一遍聖絵』（巻第六第二十三段）に、鰺坂《あぢさか》入道というものが時衆への参加を申し出た話があります。駿河国の富士川あたりでした。一遍はこの入衆をなぜか断りましたが、鰺坂は死ねば往生できると思い込み、入水自殺をしました。合掌はすこしも乱れなかったそうです。臨終正念であった証拠でしょうか、「紫雲棚引《たなび》き、音楽西に聞こへけり」という瑞相があらわれました。一遍は鰺坂入道の死を悼みましたが、入水自殺を讃えてはいません。ただし、「心をば西に筧《かけひ》の流れ行く　水の上なるあはれ世の中」（大意）心を西にかけて流れる水泡のように消えていく命　はかない人の世であることか）という歌が伝えられています。

正応元年（1288）十一月十六日、瀬戸内海の大三島で祀られている大山祇《おおやまずみ》神社に参拝しました。一遍の祖先の越智益躬《おちますみ》はこの社の氏人でした。剃髪はしていなくても受戒していて、臨終では念仏往生し、その時、音楽が空に聞こえるという瑞相があらわれたそうです（『一遍聖絵』巻第十第四十一段）。大明神らしき方がある僧の夢で告げるには、一遍がここに参拝することになったのは、衆生を救済するために大明神に招かれたから、とのことでした。一遍の神秘化がここにもみられます。

死期が近づいた正応二年（1289）八月二日、一遍は遺戒を記録させましたが、その際に門弟が自害往生を企てることを懸念する言葉をのこしました。

『一遍聖絵』（巻第十一第四十五段）によると、「自分の臨終の後、身投げするものがあるはずです。信心が定まっていれば、どうであっても往生は間違いないけれど、我執《しゅう》が尽きていなければ、身投げなどするべきではありません。仏法に遇う身は受けがたいのに、その身をむなしく捨てるのは浅ましいことです」（大意）と言って、一遍は涙を流し、自分の死後に遺弟が入水往生するのではないか、と心配しています。一遍が心配したように、入滅した八月二十三日に、七人の門弟が前の海に身投げしました（**図⑲**）。

『一遍聖絵』（巻第十二第四十八段）で、編者の聖戒《しょうかい》はこの入水往生について非難がましいことは書いていません。善知識の一遍を失った門弟の悲しみに同情し、「わが身を捨てて、知識を慕う志、同じ蓮台に坐ろうというお約束、同じ浄土に往生する縁は、かならず実現されること

図⑲　『一遍聖絵』巻第十二第四十八段（神奈川県・遊行寺蔵）
「入水往生」

でしょう」（大意）と、一遍の懸念を打消しました。親鸞が津戸為守の自害往生を「つのとの三郎殿御返事」（『西方指南抄』下末）で「自害してめでたく往生をとげたりけり」と評しているのと同様です（本書第三章第二節の**【津戸三郎為守の自害往生】**参照）。ただし、大橋俊雄氏（『一遍』107頁、『時宗の成立と展開』300頁）は、後年、「遊行十六代四国回心記」（宮内庁書陵部蔵）に書かれていることですが、自力の信仰であるが故に入水したものを遊行上人（知識）の判断で「不往生」とした、と指摘します。

一遍はとくに自分自身にかかわる奇瑞・瑞相については、これを無視し、取り合わない言葉をのこすのが原則ですが、聖戒などの遺弟などは一遍の神秘化を望みました。師弟の考えの齟齬は珍しくありません。法然、親鸞の喪葬にもみられます。

第三節　鎌倉期での臨終行儀の精緻化

天台浄土教への回帰

法然の門のなかには天台浄土教の流れを引き継ぎ、法然没後、臨終行儀について、祖師・法然から離れた方向にむかう流派がありました。その傾向は天台浄土教の臨終行儀を踏襲し、さらにそれを精緻化するものです。法然自身についていては、天台的な諸行往生の考えから完全に脱することはありませんでしたが、専修念仏の信仰に立つ限り、臨終行儀を重んじることにはなりませんでした。臨終で善知識の付添いを必ずしも必要とは考えず、臨終行儀の演出で最も目立つ「糸引き作法」を拒否したという逸話は専修念仏の立場を延長した線上にあります。

念仏を「行」として唱える「多念義」系が善知識・臨終行儀を重視しました。その流派の中心が鎮西《ちんぜい》派で、口称多念の念仏を勧め、法然の天台浄土教的な側面を引き継いだといえます。田村圓澄氏（『法然』２４９頁）は、鎮西派の祖・聖光房弁長（１１６２—１２３８）とその後継者・良忠（１１９９—１２８７）について、「寺院を建立し、戒律を厳守した」ことで、法然に顕著だった「念仏聖」の姿が希薄になったとします。良忠は弁長が七十五歳の時の弟子です。この流派は北九州を拠点に布教したことから鎮西派と呼ばれ、後に関東方面で武士階級と接触してから、京都に活動地を移し、十四世紀前半から鎮西派が浄土宗の中心を占めるに至りました。

本節で紹介する良忠『看病御用心』と覚鑁《かくばん》作とも伝えられる『孝養集《きょうようしゅう》』は、いずれも鎌倉時代中期頃に成立し、出家・在家を問わないのですが、どちらかといえば富裕階層を対象に書かれた看病指南書とおもわれます（『孝養集』の偽作説は定説です）。当時行われていた臨終行儀を集大成した趣があって、仮名交じり文で書かれた大衆向けの案内書で、看病にあたる善知識の心得を箇条書きに述べます。

両本はほぼ同じ行儀を取り上げますが、『孝養集』が良忠の『看病御用心』よりもややくわしい内容になっています。たとえば、『孝養集』で扱っている「頭北面西」「浄衣・沐浴」を『看病御用心』は取り上げていません。ただし、臨終では、看病の作法を熟知した複数の善知識が付き添うので、「頭北面西」「浄衣・沐浴」等の基本的な行儀はあえて取り上げる必要がないと良忠は判断したのかもしれません。

また、「糸引き作法」について、『孝養集』は細かく規定しています。五色の糸を八十歳以前の女性に精進させて作らせる等の指図が『孝養集』第二条にみられます。作者が製法にこだわるのはいかなる理由によるのでしょうか。密教の行儀重視に関連するのかもしれません。

良忠《りょうちゅう》『看病御用心』

弁長の弟子で、鎮西派の第三祖・然阿弥陀仏良忠《ねんあみだぶつりょうちゅう》には『看病御用心』という臨終指南書があります。弁長の法脈にしたがい、良忠は天台浄土教の臨終行儀を重視します。『看病御用心』は十九条から成り、臨終行儀を細かく指示し、看病人のための看病指南書の趣を帯びているともいえます。成立年代は1240年頃であろうとのことです（斎藤雅恵『密教における臨終行儀の展開』129頁）。出家者よりはむしろ在家者を対象として書かれたとされるのは、次項で扱う『孝養集』と似ています（『前掲書』130―131頁、158頁）。看病指南書の性格は両書に共通します。ただし、対象に在家者が含まれるとはいっても、かなりの富裕層でなければ、とても実践できません。当時は、生活に余裕のない階層では、せいぜい知り合いの僧侶に鉦を打ってもらい、念仏を唱えるぐらいのことしかできなかったでしょう。

三種の写本が知られ、ここでは「浄厳院本《じょうごんいんほん》」を使用します（本文については、伊藤真徹『日本浄土教文化史研究』第四篇4　447―461頁）。諸写本のうちで浄厳院本は古く、奥書によると、良忠が弘安十年（1287）に死亡してから三十三年を経た文保三年に書写、その後、数人の手で筆写が重ねられ、天台僧の隆尭《りゅうぎょう》が応永二十年（1413）に転写したものが滋賀県浄厳院で発見された、とされます（玉山成元「良忠上人著『看病用心鈔』について」『良忠上人研究』所収）。本書は十九条の本文と結文から成ります。結文は本文中に組み込まれています（第一四、一五条）。平仮名交じり文です。

良忠は善知識・看病人の役割を「行事」「勧念」の両面で詳述します（臨終行儀指南の手本とされる源信の『往生要集』「別時念仏　臨終行儀」も「行事」と「勧念」から成り立ちます）。「行事」は看病人などによる臨終の場にかかわる具体的な処置、「勧念」は病人に往生のための念仏を勧めることです。『看病御用心』では、「行事・観念」両面で、天台浄土教の臨終儀礼が頂点にまで精緻化されている、とおもわれます。

本章第二節の**【聖光房《しょうこうぼう》弁長《べんちょう》の臨終行儀】**でふれましたが、善知識の役割については師の弁長も重視しています。また、弁長以前では、唐代の道宣が『四分律行事鈔』で、また、善導が『観念法門』で、善知識を重視しています。道宣・善導については、源信が『起請十二箇条』『往生要集』に引用し、善知識重視は天台浄土教に引き継がれました。ただし、弁長の師・法然は善知識の付添いに執着しません（本章第一節の**【法然の「臨終正念」】**）。

浄土教の死生観に立脚して、善知識の心得を指南するのが『看病御用心』の第五条です。ここで、良忠は伝善導『臨終正念訣《りんじゅうしょうねんけつ》』（『臨終要訣』とも題されます）を病人に読み聞かせることを勧めています。服部英淳氏（「善導大師の行儀分とその註書　解説」『浄土宗全書』第四巻）によれば、「伝善導」とされるのは、『臨終正念訣』を含む『念仏鏡』の共著者・善道を善導と誤って伝えたことによるとされ、善導大師の時代よりも下って成立したそうです。『臨終正念訣』（『前掲書』第四巻、所収）では、看病人などの付添いは病人が生きることに執着しないように気を使い、「わずかでも病感があれば、その軽重にかかわらず、無常を念じて、一心に死を待つべきである。（中略）できれば、浄土を明らかに理解する人に来てもらって念仏を病人に勧めれば、それがもっともよい」（大意）と、あります。これを承けて、良忠は、善知識の役割について、「ひたすら今回の病を往生の機会とよろこんで、一心に死を待ち、来迎を望む心境になるように勧める」ことが肝要と述べ、治療などをむやみに求めることを戒めます。ただし、苦痛を除いて念仏をするためならば、治療するのはあながちに否定しないのですが、どうしても命を惜しむ心情から行われることには注意すべきと言います。浄土門の病気に対処する態度は次項で取り上げる密教系の覚鑁《かくばん》の『一期《いちご》大要秘密集《たいようひみつしゅう》』と根本的にちがいます。

また、『看病御用心』（第三条）は、悪縁を避けるため妻子などを近づけないように、と注意するのですが、古くは伝善導『臨終正念訣』にも同様の助言がみられます。ただし、『臨終正念訣』では、妻子を近づけるなとまでは書かれていません。病人の正念を乱さないように、家人などが、臨終で泣き叫ぶのを禁じ、病人にはひたすら念仏を勧め、息を引き取ってから、泣き悲しみなさい、とします。さらに、善知識を招き、念仏を病人に勧めるのが最良で、必ず往生できると断言します。

『看病御用心』という表題にたがわず、良忠は、まず序文で、看病人（善知識）の慈悲心による誘因がなければ往生極楽の一大事は成し遂げられず、病人は知識を仏として崇め、看護人は病人をわが子のように思って接しなさい、と看病の基本姿勢を説きます。

さらに、以下の条項で、看病人の心得を丁寧に述べます。「知識の人数は三人程度がよく、一人は枕元で鉦を叩いて念仏を唱え、傍らにいて雑務を勤める二人は看病の作法を心得ている者がよい。知識は病人の様子から目を離さないように、また、騒がしくならないように注意を怠らず、面会も謝絶し、神・仏への祈祷、治療・灸などによって延命を図ってはなりません」（第四、五条）、「どのような重病・横死《おうし》・頓死に陥ることになろうと、平生念仏の功徳によって臨終に念仏を唱え、往生ができると信じ、仏縁を結んでくれる最後の知識として看護人を頼らせます」（第六条）、「何か食べたいものがあるかと訊いたり、妻子を近づけさせたりして、病人の気持ちが乱れることを避けさせます」（第七条、第三条）。

善知識は大慈悲心をもって患者に接するべきことを強調します。「病人はもの分かりが悪く、怒りっぽいものなので、大慈悲の心で病人に親切に接し、穢土を厭い、浄土を願う心境になるように誘導しなさい」（第一一条）、「病人が錯乱したからといって、これを見捨てないように。このような時に善知識は慈悲の心をもって念仏を勧め、往生を遂げさせなさい」（第一七条）、「知識は大慈悲心をもって寿命が尽きて息を引き取る最期の瞬間を見守りなさい。そうすれば、病人はすみやかに苦を免れて、無為常楽の境地に到れます」（第一八条）。

また、瀕死の患者への接し方を具体的に述べます。「絶命寸前では、病人をわずかでも動かさないようにして、病人の耳に聞こえるように高声で念仏しなさい。絶命したとしても、騒がず、念仏を一、二刻（二～四時間）唱え続けなさい。この念仏の功徳で浄土往生できるように、心を込めて念じなさい」（第一九条）。他にも、大小便の処理など（第九条、第十条）、衛生状態への言及もみられます。

良忠の勧める臨終行儀は病人がこの世への未練を捨て、浄土往生を確信して死に赴く用意をさせるためのものです。臨終で正念を乱すことなく念仏を唱える環境を整えるために、善知識を付き添わせ、仏像を安置し、五色の幡を掛け、香をたき、臨終の場を往生にふさわしく設営することなどについて、細かく指示します。

臨終の場所についても、細かな指示がみられます。「病人の臥す場所はふだんの居間とは別の場所を選び、清潔に整え、本尊を移します。安置する高さ、仏像と病人とのあいだの距離などにも気を配ります」（第一条）、「日が暮れたら、灯下をあかるくともし、仏をはっきりと拝ませ、病人の様子もよく観察できるようにします」（第二条）、「室内に香をたき、華を散らし、病床をかざります」（第二条）、「屏風・障子などを用意して、大小便の不浄を仏前と隔てなさい。ただし、病気が急変して死が迫っている場合は、仏を直接に拝ませるようにしなさい。また、常に紙に水を湿らせ、病人の喉をうるおしなさい」（第十条）と、「末期の水」につながるような作法を指示します。以上のように、良忠による臨終行儀の指図は微に入り細に入るものです。

糸引き作法も定められています。「本尊の手に五色の幡を掛けて、病人の手で引けるようにします。仏像を安置する高さは病人が寝ながら拝めるぐらいにし、仏像と病人との距離は、臨終時には、少し近い方がよい」（第一条）。

糸引き作法との関連で、注目すべき遺構が京都大原三千院にあって、それは往生院の最古の遺構とされる往生極楽院ですが、ここには須弥壇がないそうです。阿弥陀三尊像は框座《かまちざ》にあって、「これは前の板敷の床に寝せられた病者とおなじ高さになるための工夫であったらしい」と、五来重氏（『著作集』第十二巻　１４２頁）はこの阿弥陀堂で良忠の述べる糸引き儀礼が実践されたことを想定します。

また、善導『観念法門』、二十五三昧会による『起請八箇条』（慶滋保胤）、源信『往生要集』（「別時念仏　臨終行儀」）に「看病人は病人に往生の所見を尋ねて、記録しておく」という趣旨の文言がありますが、『看病御用心』（第一二条）にも同様の内容がみられます。『看病御用心』の第一二条が唐代の善導の『観念法門』にさかのぼることは明白でしょう。さらに、善導の『観念法門』には、酒・肉・五辛を食べた人を近づけることがないように注意するように書かれています。病人が正気を失い、鬼神が乱入し、病人が狂い死にして三悪道におちるからとされます。これも『看病御用心』（第三条）に載せられています。

善知識の最大の関心事は、病人が極楽浄土に往生するのか、三悪道におちるのか、その兆候を捉え、後者の場合、対処法を講じることでした。そのために、第一二条で、病人に、夢でも現実でも、見たことを看病人に語るように勧めるわけです。第一二条を紹介します――「病者夢にもうつゝにも　みる事あらは　知識にこれをかたるへし　病者おもひほれて申さすハ　知識何事かみゆると　つねにとはせ給へし　もし罪の相ならは　知識こゝろをいたして　おなしく懺悔し　念佛して罪を滅すへし」（〔大意〕病人は、夢でも目覚めているときでも、往生の相を見ることがあれば、知識にそのことを語りなさい。病人がぼんやりして話さない時には、知識は何事が見えるかと常に問いなさい。もし罪の相がみえたならば、知識は心を込めて一緒に懺悔し、念仏して罪を滅除しなさい）。善知識は病人がやすらかに浄土に往生できるかどうかをあらかじめ知って対処しなければならず、また、善知識には守秘義務があって、他人に善・悪の相について語ってはいけない、と書かれています。本書第二章「まとめ」の〈**往生は至難の業**〉で指摘したように、平安時代、人々は浄土往生の確実な証拠とみなされる臨終の状態・奇瑞・夢告を重視しました。

良忠は、臨終で阿弥陀仏の来迎を期するために、念仏を生涯にわたり唱え、日頃の念仏の功によって、寿命が尽きる時に、浄土往生が決まる、という信仰をもちました。臨終で、たとえどんな苦しみが襲ってきたとしても、正念は乱れることなく、念仏を唱え続ければ、命が尽き果てた時、聖衆が来迎する、というのが良忠の念仏観です（第一四、一五条）。良忠にとって、念仏を相続することが浄土往生の前提でした。

また、序文にあるように、善知識の手助けが浄土往生に必要と考え、知識は臨終で念仏をひたすら勧める大役を担います（第一七条）。つまり、病人が往生するには、普段から念仏を唱え、臨終でその念仏行にはげめるように善知識が手助けをする必要があって、絶命するとき、その念仏の功徳によって、阿弥陀三尊が来迎し、病者は極楽浄土に往生するわけです。

良忠は、臨終に阿弥陀仏が来迎し浄土往生できるのは、念仏を平生に唱えることによって可能になる、という法然の考えを継承するだけでなく、第一八条にみられるように、善知識が最期の瞬間を見届けるのが大切で、臨終の一念を間違ってしまえば、六道を遍歴することになる、と普段の念仏よりも臨終の一念を重視します。極楽往生に善知識（看病人）の介在と臨終の念仏（臨終正念）が必要という良忠の考えにも、天台浄土教の影響がみられます。

良忠は、善知識（看病人）の役割について、臨終でどのような苦しみに襲われても、多年にわたり念仏を唱えてきた功徳から、正念を乱すことなく、念仏を唱え続けることができ、来迎に与れると病人を励ますこと、とします。

さらに、「念佛勧進」だけでなく、善知識には様々な臨終行儀に指導的に参加することが求められます。臨終の道場設営から絶命後の作法に至るまで、善知識の手本となる臨終行儀が本書でこまかく規定されます。良忠は師・弁長の信仰を引き継ぎ、臨終行儀にこだわらなかった法然との距離を感じさせます。むしろ、弁長や良忠は天台浄土教の大御所・源信に近い立場にあるのでしょう。

源信の善知識を重視する考えは善導の弟子である懐感《えかん》禅師『群疑論』を引用していることにもみられます（『往

生要集』巻中（別時念仏　臨終行儀）、『注釈版聖典　七祖篇』１０５８頁）――「たとえ罪を重ねた下品《げぼん》の人間であっても、臨終の時に善知識に遇って心から念仏し、念仏するがゆえに、積み重ねた罪を滅して極楽浄土に往生できる」（大意）。道綽の『安楽集』（『注釈版聖典　七祖篇』所収、２２８頁）や、さらにさかのぼると、『観無量寿経』の「下品下生《げぼんげしょう》」往生に同じ内容の文言がみられます。また、結縁衆が互いに善知識の縁を結び、病人の世話をして臨終の正念を成し遂げさせるという内容は源信が参加した二十五三昧会の『起請八箇条・十二箇条』にもみられます（第五条、第八条）。

法然は、臨終で善知識に遇わなくても、また、臨終で思うようにならなくても、念仏さえ唱えていれば往生する（『一百四十五箇條問答』『和語燈録』所収）、と考えていました。以下に引用する『往生浄土用心』（『昭和新修法然上人全集』所収、５６２頁）でも、人が死ぬ因縁は様々で、思うようには死ねないものであるから、普段から念仏を唱えるのが大事で、臨終に善知識がいなくても、往生できる、と述べます。

日ころ念佛申せとも、臨終に善知識にあはすは往生しかたし。又やまひ大事にて心みたれは、往生しかたしと申候らんは、さもいはれて候へとも（中略）日ころたにも御念佛候へは、御臨終に善知識候はすとも、ほとけはむかへさせ給ふへきにて候」（〔大意〕日頃から念仏を唱えていても、臨終に善知識に遇わないと往生し難いとか、病気が重くなって苦しみで心が乱れれば往生は困難と言います。もっともですが…普段から御念仏を唱えていれば、臨終で善知識がいなくても、仏はお迎えになるはずです）。

これに続き、法然は、善知識の力で往生するという話は『観無量寿経』の下品《げぼん》の人のことをいうので、日頃から本願力を信じ念仏を唱える人は善知識がいなくても、往生できる、と述べます。

ただし、良忠と法然は死生観に共通点があります。浄土教全般にみられるものです。法然（『往生浄土用心』『前掲書』所収、566頁）によれば、穏やかに念仏を唱えるために、病気を治療するのは構わないが、命を惜しむのは往生の妨げである、と述べ、病気を治療するだけであれば問題としないが、延命を目的とする治療は勧めません。良忠『看病御用心』第五条にも同趣旨の主張がみられます。

『孝養集』（伝覚鑁《かくばん》）の臨終行儀

『孝養集《きょうようしゅう》』は中世の代表的な臨終指南書の一つです。新義真言宗の開祖・覚鑁《かくばん》（1095—1143）が書いたものと伝えられますが、「覚鑁に仮託して、鎌倉末期ごろに高野山で書かれたもの」と、五来重氏（『著作集』第十二巻　167頁）は考えます。偽作説の根拠は、斎藤雅恵氏の『前掲書』（第四章第二節第二項）で述べられています。天台浄土教への言及が多く、覚鑁が展開した即身成仏思想に基づく「密厳浄土《みつごんじょうど》」よりも「厭離穢土《えんりえど》・西方浄土」を強調していることなど、密教色が必ずしも濃くないことが指摘されます。

覚鑁には『一期大要秘密集《いちごたいようひみつしゅう》』という出家者向けの臨終行儀書があって、これは真作とされます（原漢文、『興教大師全集』下、巻第七）。長承三年（1134）以降に成立し、九項目の用心（心得）を説きます。序文で「出離生死、只此刹那在」（〔大意〕生死の迷いを離脱するのはこの臨終の瞬間である）として、臨終正念によって往生成仏することを、真言密教の立場で説きます。まず、第一用心で、「死期がはっきりしないうちは、仏法に祈り、医療を加えることで、安身・延命の方策としなさい。わずかでも身命を棄捨しようとしてはなりません。これは身命に執着するからではなく、仏法（密教修行）との真の縁を厚くするためです」と、病気を治して命を長らえ、仏法との縁を厚くすることを勧めます。これは良忠『看病御用心』にみられる浄土教の立場と決定的にちがいます。良忠は第五条で神仏への祈祷や治療を積極的に求めてはならない、と言います。浄土往生を心安らかに迎える心境をととのえることが重要と考え、身命に執着することをとくに嫌います。

『一期大要秘密集』で、とくに密教色の濃いのは、次のような部分です。たとえば、第五、第六用心で阿字観に言及し、第七用心で、大日如来の密厳浄土へ密教の修法によってこの世にいながら即身成仏できると説きます。第八用心では、往生するには真言念仏して三密加持をおこたらないこと、善知識は不動明王に祈念し、慈救呪を唱えるように勧めることなどが、あげられます。

とくに注目すべきは、第七用心に説く密教阿弥陀浄土です。第七用心で、「顕教（密教に対する）では、極楽は西方十万億の仏国土を過ぎた所にある浄土で、法蔵比丘の悟りの結果得られた仏国土です。ところが、密教では極楽は十方にあって、それらはすべて一つの仏国土で、一切の如来はすべて一つの仏身です。この娑婆で、とくに十万億土を隔てた西方極楽を観じることはないし、大日如来を離れて別に阿弥陀仏があるわけでもありません」（大意）と、密教の浄土観が述べられています。つまり、顕教の極楽は覚鑁の説く密厳浄土（大日如来の浄土）に含まれ、阿弥陀仏は大日如来と一体とされるので、顕教でいう阿弥陀仏と真言密教の阿弥陀仏は同じではありません。ただし、『孝養集』で言及される阿弥陀如来については、以下でふれるように、顕教の概念であることに留意する必要があります。

『孝養集』は三巻から成り、その巻下は「臨終正念往生極楽」を説きます（『大日本佛教全書　第70巻　真言念仏集外八部』所収）。良忠『看病御用心』と内容が類似し、密教色は薄まっています。また、平仮名で平易に書かれ、「民間における実際の施行を知る手がかりとなる」（神居文彰、他『臨終行儀―日本的ターミナル・ケアの原点―』第二章第一節　56頁）と、されます。

『孝養集』（巻下）が述べる看病の心得を以下に紹介します――（1）前もって臨終の用意をする、（2）臨終の道場を荘厳する、（3）善知識の在り方、（4）病人の状態にしたがって励ますこと、（5）病人を苦しめないこと、

（6）臨終の十念を習い知ること、（7）最後の一念によって往生すること、（8）仏の来迎儀式、（9）浄土で楽を受けること、（10）浄土に生まれてから、娑婆に帰り、縁ある人たちを浄土に導くこと。さらに、火急のことであれば、看護人は第七条の心得を読み、病人には第八条を読んで聞かせなさい、と助言します。

病人が臨終を迎えたとき、善知識が心得るべきことが第七条であげられています。善知識の他はその場に近づけず、静寂を保つこと、病者には五色の糸を持たせ、浄土往生の心を保ち、心に彌陀を念じ、口に名号を唱えさせ、もし南無阿弥陀仏の六字まで唱えられないならば、「阿」の一字を唱えさせます。それができなくても、西方に仏がおられるという思いを忘れなければ、往生ができるとします。『無量寿経』巻下（「往覲偈《おうごんげ》」）の「其佛本願力　聞名欲往生　皆悉到彼國　自致不退轉」（〔大意〕その佛の本願力により、名を聞き往生せんと欲せば、皆悉くかの国に至り、おのずから不退転に至る）を引用し、如来の言うことにはひとつも誤りがないので、念じても、唱えても、名を聞いても、往生できる、と信じ、臨終の十念（十声の念仏）を具足させ、十念が不足すれば、善知識がその不足を補うように勧めます。さらに、絶命後は、善知識は佛眼《ぶつげん》、大日の真言を唱え、他のものは阿弥陀仏の名号を唱え、真言の行者は不動明王・烏瑟沙摩《うすさま》明王の像を掛けてしばらくは立ち去ってはいけない、と述べます。浄土教と真言密教が共存しています。

第八条については、臨終に心が乱れず、「南無阿弥陀仏」と唱え終われば、西に音楽がほの聞こえ、異香が匂い、紫雲が空にたなびいて、聖衆とともに観音・勢至菩薩と阿弥陀仏が来迎することを説き、それは念仏の功徳、大聖明王（不動明王）の力によるとします。ここにも、浄土・真言密教の共存がみられます。

第六条では、阿弥陀仏の第十八願を引用し、臨終の十念を重視、善知識の声にあわせて病者も唱え、善知識は十念の数を数え、金を打ち、「南無西方極楽化主阿彌陀如来の本願は誤りなく、聖聚とともに来て、行者を必ず引摂してください」と願います。また、第九条でも、西方浄土に生まれる楽を説き、十方浄土の楽しみは西方極楽にきわまるとします。これは浄土教の発想です。他方では、真言宗の仏・諸尊、とくに不動明王の威力を強調する部分が随所にみられます。

『孝養集』の臨終行儀には源信の『往生要集』にさかのぼるものがあります。たとえば、第二条で、臨終の道場（無常堂）を用意して、そこに阿弥陀如来の立像を置き、五色の糸（幡）を病人に持たせ、顔を西に向けて念仏をさせ、看病人は香をたき、華を散らし、大小便などを取り除いて清浄にするなどです。これらは『往生要集』やその理念の実践を目的とする二十五三昧会の『起請八箇条・十二箇条』にもみられる行儀です。「屏風、沐浴・浄衣」も従来の浄土教系行儀で行われたものです。また、たとえば、第二条で五色の糸の製法を細かく述べるなど、『往生要集』などの以前の行儀書とくらべて、各段に精緻な規定となっている所があります。逆に、「光明真言・土砂加持」は書かれていません。死後の入棺・埋葬作法とみなされ、臨終行儀に含めなかったからでしょうか。土葬の場合、棺に土砂を撒く作法は、皇嘉門院聖子（１１８１年没）にもみられました。

「末期の水」の作法は、『孝養集』以前に、貞慶《じょうけい》（１１５５―１２１３）の『臨終之用意《りんじゅうのようい》』に「臨終の時は咽かはく故に清き紙に水をひたして。まま少しつつうるおすへし」と書かれていますが、『孝養集』では「清水を置いて、紙にひたしてぬらし、また、蛤の貝殻で唇を常にぬらせ」（大意）がみられます。「末期の水」は鎌倉時代初期には定着していた行儀でしょう。良忠『看病御用心』の第十条にも「又常に紙に水をしめして　喉をうるへて念佛をすゝめ給へく候」とあります。

このように、『孝養集』は中世の喪葬儀礼をかき集めたもので、とくに密教に偏しているとはいえないようです。第一条に「命をむやみに捨てるべきでない。人によっては、三宝に祈り、医師の治療を受けることがあっても、それは命を惜しむからではなくて、延ばした命で念仏の功を積み、臨終の時に心を落ち着かせるためである」（大意）とありますが、これは密教と浄土教を妥協させようとする発想と考えられます（斎藤雅恵『前掲書』１３５頁）。

密教では、『一期大要秘密集』（第一用心）にみられるように、「病気を治して、身命を安らぎ、仏法との真の縁を厚くする」（大意）のが病人のつとめとされます。ところが、『一期大要秘密集』の「〔原文〕唯欲レ厚下守二真乗一之結縁上也」〔訳〕ただ、真乗を守る結縁（仏法との真の縁）を厚くすることを欲するなり）に対応して、『孝養集』では「加療して、命を伸ばし、念佛の功を積む」（大意）という表現があらわれます。『孝養集』が臨終の十念を重んじていることからも、「念仏の功を積み」は浄土教の影響を受けた表現とおもわれます。ただし、「加療して、命を延ばす」は密教的な発想です。よって、密・浄の妥協と考えられ、広い読者層を対象とする臨終行儀書とすることができるでしょう。

『孝養集』は在家の人を意識して書かれたと考えられ、制作にかかわった複数の人（作者の他に三人の聖が加わったとされます）の中に、浄土教系の僧侶がいた可能性があって、この書が「寄せ集め」の性格をもつ、と斎藤雅恵氏（『前掲書』１５９頁）は指摘します。「寄せ集め」であることから、中世の臨終行儀を総合的に扱ったものとみなし、新義真言宗の開祖・覚鑁の偽作とされているにもかかわらず、ここで取り上げたわけです。良忠『看病御用心』と『孝養集』は、取り上げられた個々の臨終行儀について、類似したものが多いことからも、鎌倉期で流布した一般的な臨終作法を寄せ集めたものでしょう。

まとめ　―天台浄土教との距離―

〔法然の往生観〕法然は比叡山で天台教学を学びましたが、遁世して西塔黒谷の別所に移り住みました。ここで二十五三昧会の伝統をひく天台浄土教にふれたものの、諸行往生と観想念仏を重んじる学風に満足できず、嵯峨の釈迦堂に参籠し、南都に遊学して学識を深めるなど研鑽を積みました。黒谷で一切経を読破し、四十三歳で善導の『観経疏』によって専修念仏の信仰を得たとされます。ただし、法然には「内《ない》専修・外《げ》天台」という二面性があり、「外天台」の具体的なあらわれが「三昧発得」と「授戒」です。また、法然は「持戒堅固」の清僧、「智慧第一の法然房」の学僧として尊敬をあつめたものの、寺院を建立しようとせず、黒染め法衣をまとう「念仏聖」の側面が濃厚でした。

専修念仏に帰入した法然は天台浄土教に付随する諸行往生の考えと距離をとりました。念仏だけを往生業と宣言する『選択本願念仏集』は諸行の位置を浄土往生の「助業」としました。ところが、天台浄土教では、往生するには臨終正念によって仏菩薩の来迎を待たねばならず、臨終正念は厳格な臨終行儀によって保障されるという往生観が定着していたので、臨終行儀の位置は法然の専修念仏では天台浄土教よりも低下するのが避けられません。法然は、『往生浄土用心』(『拾遺語燈録』所収)で、臨終時の念仏は、死に方によっては思うようにはいかないこともあり、仏の本願を信じて、普段の念仏を唱えることが肝要で、そうすれば絶命する時に仏菩薩が迎えに来ていただけると信じなさい、とします。

また、『浄土宗略抄』(『和語燈録』所収)で、臨終で仏菩薩が来迎するのは、念仏するものが臨終で正念を乱さないようにするため、とします。これには『阿弥陀経』の異訳『称讃浄土經』の「慈悲加祐令心不亂」(大意　仏が慈悲を加えて助けられ、心が乱れないようにしてくださる)が論拠として引用されます。法然は「平生の念仏」→「臨終」→「来迎」→「正念」→「往生」というプロセスを想定します。ここで重要なのは「念仏」と「仏の本願への信」です。また、『浄土宗略抄』で、本願を信じて念仏する人は、臨終行儀をしいてする必要もない、とします。「大胡太郎實秀へつかはす御返事」(『和語燈録』)でも同様の考えを述べています。法然が天台浄土教での臨終行儀の象徴ともいえる「五色の糸の作法」を自身の臨終で拒絶したのも、専修念仏へ帰入したことから説明できます。

〔**戒師・善知識を勧めた法然**〕法然の臨終については『法然上人臨終行儀』（『西方指南抄』所収）にくわしく書かれています。ここには高僧奇瑞譚が散りばめられています。死期が近づくと、紫雲が京の各所から見られ、異香が部屋に薫りました。法然が息をひきとったのは建暦二年正月二十五日の正午頃で、頭北面西に臥し、年来所持の九条袈裟をかけて、念仏を唱え、眠るように往生したとのことです。

「頭北面西」の臨終行儀はともかく、九条袈裟をかける作法については、浄土往生を確実にするためとするのは小山聡子氏（『前掲書』90頁）です。奈良時代には「河渡衣《かとい》」、平安時代には「野草衣《やそうえ》」という遺体に掛ける布（紙）があって、これに梵字を書いたものが、経帷子に発達した、と五来重氏（『著作集』第十一巻　266―269頁）は主張します。滅罪と鎮魂成仏のための覆いで、袈裟もこの伝統に立脚し、今日では棺にかける棺掛袈裟《かんかけげさ》として用いられるとします。袈裟をかける作法を法然が望んだのであれば、法然は天台浄土教の諸行往生の発想から免れていなかったことになります。「外《げ》天台」という評価が当てはまるわけです。行儀に関して、法然は専修念仏の信仰を徹底できなかった面があったようです。

善知識の付添いについても、法然は「いても、いなくてもよい」という態度をとりました（『往生浄土用心』）。善知識の付添いについてあいまいな態度を示したのは、世間の習わしを頭から否定するのはよくないとおもっていたからでしょう。

法然自身が善知識を勧めた記事が『法然上人行状絵図』にみえます。三十九歳で死亡した遊蓮房円照の臨終で、法然は円照にもう一度念仏を唱えるように勧めています。法然が四十五歳のときのことで、『選択念仏本願集』

が完成する二十年ほど前でした。なお、法然が病中の後白河法皇の戒師となり、臨終では善知識をつとめたとする説は疑問視されます（田村圓澄『法然上人傳の研究』第二部第十五章）。

ただし、この頃、貴族の要請に応えてたびたび授戒の師となっています。九条兼実などは何度も受戒しました。受戒は延命・治病の呪術でした。法然は十八歳で比叡山の西塔黒谷で師・叡空の門下に加わりましたが、叡空は持戒堅固と知られ、貴族階級は戒律の堕落した天台教団に対してではなく、遁世聖の上人に授戒を求めたとされます（井上光貞『日本浄土教成立史の研究』305頁）。法然が戒師として貴族階級に対して授戒したのは、叡空の轍を踏んだのかもしれません。田村圓澄氏（『法然』102頁）は、「法然は終生、僧位・僧官をもたず、「上人」（念仏聖）といわれる身分の僧にすぎなかった」と指摘しますが、そのような身分の低い聖が授戒の師となったのは、受戒に呪術的な効用が期待されたからとされます。戒師としての法然は「外天台《げ》」を象徴します。

〔**関東門人の自害・予告往生**〕関東御家人である津戸三郎為守《つのとのさぶろうためもり》（1163―1243）は「自害往生」で知られます。法名は尊願《そんがん》。専修念仏の教えに帰入したのは為守が三十三歳のときで、「但信称名の行者《たんしんしょうみょう》」として、ひたすら本願を信じ、念仏にはげみました。ところが、本国の武蔵国でおもわぬ誹謗を耳にして、法然に書簡を送っています。それは、「為守のように学問のないものには、念仏をする他に浄土往生の方法がないから、念仏を勧めたのだ」という誹謗でした。確かに、為守は学問がなく、為守自身もそれを気に掛けていたとおもわれます。法然は、仏が無智・有智を差別することはなく、無智・破戒の者を嫌うこともない、との返信を出しています。

幕府の許可を得てやっと出家できたものの、師・法然が死去したこともあって、為守は「厭離穢土《えんりえど》・欣求浄土《ごんぐじょうど》」の思いが強まり、八十歳で自害往生を企てるに至りました。人並みはずれて強健であったことから死にきれず、飲みものを断って五十七日後、正月十五日に臨終行儀を整えて往生しました。天台浄土教の臨終儀礼と変わりませんでしたが、糸引き作法はみられません。

津戸為守の自害企画の理由は判然としません。合戦で罪業を重ねた罪悪感かもしれませんが、師・法然は自殺に否定的な言葉を遺しています（『法然上人行状絵図』巻第二十八第三段）。罪障を滅して浄土に往生するつもりならば、一心に念仏を唱えればすむはずです。為守にとって、苦痛を伴う自害に意味があったのでしょうか。割腹自殺をすることで浄土往生を確実にするつもりであったとすれば、自力的発想が武人であった為守に最後までつきまとっていたのでしょう。健康体であるうちに自殺すれば、臨終正念が確実に達成できると考えて自殺した「異相往生人」の話が中世で見られます（新村拓『死と病と看護の社会史』１４９頁）。『一遍聖絵』（巻第六第二十三段）にも、鯵坂《あぢさか》入道の入水往生がとりあげられています。一遍はこの自害往生について評価の言葉をのこしていません。無視にちかい態度だったとおもわれます。

いずれにしても、為守の自害は自力的発想を前提とするでしょう。平安時代末では、苦行（捨身）によって贖罪をはたさなければ浄土往生はむずかしいという認識がありました。贖罪は念仏で可能という浄土教の考えは為守にとって完全には信じがたいことであったのでしょう。

関東の御家人で、勇猛を馳せた熊谷次郎直実《くまがいじろうなおざね》（１１４１―１２０８）は直情径行の野人で、法名は法力房蓮生《ほうりきぼうれんせい》。九条兼実公の御殿での振舞い、「不背西方の東行逆馬」の逸話などで、「曲者《くせもの》」（変わり者）として知られ、強直で粗暴なところがあったそうです。勝手な理屈を述べ立てて平然としているところもあり、偏執気質と考えられます。

直実は、幕府の命に逆らい出奔し（建久二年〔１１９１〕頃）、伊豆走湯山《そうとうざん》で、妙真《みょうしん》という尼僧から法然の教えを聞き、専修念仏に関心をもった、と推定されます。この妙真は予告往生したことで知られます（『法然上人行状絵図』巻第二十四第六段）。妙真の浄土往生については、「音楽・異香」の奇瑞が人々を驚かせたそうです。

上洛して法然の門に入ってから十年ばかり経った頃、六十七歳の直実は来迎曼荼羅の阿弥陀仏にむかって「上品上生」を発願しました（元久元年〔１２０４〕）。その理屈は身勝手なもので、「上品上生に往生できる決定心（不動の心）を起こし、それを疑う煩悩も断ち切り、悟りもひらいています」と、断言します。さらに、直実は浄土往生の夢を見た、と主張。何度も往生の夢を見たし、その夢を見たと告げる者もいる、と『夢の記』に記しました。二年後、直実は自分の極楽往生を予告しました（建永元年〔１２０６〕八月）。法然は「極楽往生の許しが得られた」とする直実の慢心を諌める書簡をだしています。

直実は来年二月八日に往生するという高札を立てさせ、往生予告の日に沐浴し、高声念仏を唱えたのですが、結局は往生の延期を告げ、九月四日に必ず往生すると言い、そのとおり往生を遂げました。平安時代の往生伝で定型化された奇瑞が羅列されます。五色の糸を引く作法はみられませんが、天台浄土教の臨終儀礼にしたがって往生したようです。

以上のように、幕府の御家人であった津戸為守・熊谷直実の専修念仏信仰は、法然に対して一途に傾倒するものの、自力的な発想を取り除くには至っていません。また、彼らの臨終は奇瑞に満ちたものとして語られ、天台浄土教の臨終行儀の影響下にある往生伝であった、といえるでしょう。

〔**法然門下の糸引き作法**〕天台浄土教の臨終儀礼を代表する「糸引き作法」について、西口順子氏（前掲論文）によれば、往生伝に載せられた三百四十六人のうち、五色の糸を持った往生人はわずか二十七人です。『法然上人行状絵図』で取り上げられた関東御家人の六人すべてに、糸引き作法はみられません。また、巻第十二で法然に帰依したとされる六人の貴族についても、糸引き作法はみられません。ほかに、九条兼実や後白河法皇の臨終でも五色の糸は使われなかったようです。このように、「糸引き作法」は天台浄土教の影響下にある臨終作法でも必ずしも行われませんでした。臨終の場に三尺の阿弥陀仏像を安置し、安置する高さ、方向、病人との距離などが指示される場合もありますので、手軽には実行できるものではありません。

例外的に、『法然上人行状絵図』で糸引き作法を行ったのは、隆寛と聖光房弁長の二人です。法然は臨終で五色の糸を手に掛けようとする弟子に対し、「これは大方の人のする儀式で、必ずしもそのようなことはしなくてよい」（大意）と、言ったのですが、この時、上記の二人はそれぞれ六十四歳と五十歳でした。師・法然の流儀にしたがい、自分の臨終で糸引き作法をやめても、不自然ではなかったはずです。

隆寛は専修念仏の信仰をもつと同時に、天台浄土教の諸行往生・観想念仏の影響下にもあり、法然教団の指導者的存在で、『選択本願念仏集』の書写を許された法然の信頼が篤かった高弟でした（弁長およびその後継者・良忠については、次項〔**天台浄土教への回帰**〕で述べます）。隆寛は「臨終の一念」を重視し、多念義を実践し、三昧発得の経験者だったことから、天台的「糸引き作法」に執着したのでしょう。隆寛の臨終にまつわる奇瑞は多すぎて語りつくせない、と『法然上人行状絵図』（巻第四十四第四段）は書いています。その往生の有様は典型的な天台浄土教の高僧を想わせるものだったでしょう。ただし、「内《ない》専修、外《げ》天台」の二面性が顕著でした。嘉禄の法難（1227年）で流罪に処せられ、死亡したのは相模国。八十歳でした。その著書『一念多念分別事』『自力他力事』を親鸞は高く評価しています。

〔**天台浄土教への回帰**〕法然滅後、教団の最長老であった法蓮房信空《ほうれんぼうしんくう》の提案で、法然の中陰法要が行われました（『法然上人行状絵図』巻第三十九第一段）。また、『本朝祖師伝記絵詞』（善導寺本）巻第四などによれば、初七日の導師は信蓮房《しんれんぼう》、本尊は不動明王でした。五七日《ごしちにち》は隆寛が導師を勧め、本尊は地蔵菩薩。七七日《しちしちにち》は三井寺の僧正・公胤《こういん》が導師で、施主は信空。阿弥陀仏の来迎像に胎蔵界《たいぞうかい》・金剛界《こんごうかい》の種字《しゅじ》を書き入れ、これを本尊としました。

平松令三氏（『聖典セミナー「親鸞聖人絵伝」』第十段【補説】）が指摘するように、このような中陰法要（とくに初七日、七七日）は法然の専修念仏の教えから外れた密教的な法要といえます。『西方指南抄』（中末九）に収められている『起請没後二箇條事』の「一、葬家追善事」に、図仏・写経などの善、浴室・檀施の行はせず、ひたすら念仏の行だけをしなさい、と追善供養についての法然の考えが書かれています。このような遺弟《ゆいてい》の行動は師・法然の教えとは正反対ともいえる天台浄土教への回帰を示すものです。

専修念仏教団に対する弾圧令が、比叡山延暦寺や興福寺などの先導で出されたことも、法然遺弟の天台浄土教への回帰を助長した、と考えられます。京都で旧仏教側の弾圧を避けるにはそうするより他に方法がなかったのでしょう。嘉禄の弾圧では、綸旨《りんじ》により専修念仏の中心人物四十六人が京都から追放、「黒衣の色」が京都から排除されました。『選択本願念仏集』も禁書となります。法然の墓所の破却も企てられ、法然教団は統一性・活性を失いました。さらに、鎌倉幕府が破戒の念仏者追放を布告したのは文暦二年（１２３５）、弘長元年（１２６１）です。その後も比叡山などによる弾圧の動きがつづきましたが、そのような動きは専修念仏教団が旧仏教の諸行往生を否定したことにも起因します。

京都では、勢観房源智の門流が東山大谷の法然墓堂を復興したのですが、源智の門流と組んで東山大谷を浄土宗の本拠地としたのが鎮西派です。鎮西派の実質的な派祖は弁長で、鎮西上人と称され、『念仏名義集』などの臨終行儀書が知られます。臨終での善知識の付添いなど、行儀面を重視しました。また、臨終の善し悪しで往生できたかどうか分かるとします。「行」重視の立場から、糸引き作法および多くの瑞相がその臨終で語られるのは自然です。

弁長の跡を継いだ良忠は故郷の石州から京都へ、さらに関東を遍歴（１２５８―１２８７年）しました。良忠が関東で武士階級の帰依を得たことから、鎮西派は「本願の『信』よりも念仏の『行』を重視した」と、田村圓澄氏（『法然』２４９頁）は判断します。鎌倉で良忠の弟子となった了慧《りょうえ》が京都に出てきたのが文永九年（１２７２）頃とされます（田村圓澄『法然上人傳の研究』２０１頁）。弁長を法然の正統な後継者と主張する鎮西派が京都で教勢をひろめたのは十四世紀初頭以降で、東山大谷の知恩院が浄土宗鎮西派の本山となり、浄土宗の本流の位置を占めるに至ります。

良忠の『看病御用心』は浄土門の臨終行儀の高度に発達した段階を示すものです。平安時代中期の二十五三昧会で行われた天台浄土教の臨終行儀を基盤に、善知識（看病人）の心得を展開する懇切丁寧な指南書と評価できます。良忠は、弁長の臨終行儀を受け継ぎ、臨終での「善知識の付添い」および「臨終正念」を重視します。また、念仏の行的側面を重視したのは、田村圓澄氏（『前掲書』）の指摘するように、武士階級の帰依を得たことによるのかもしれませんが、天台浄土教の諸行往生の考えに近づき、比叡山延暦寺による執拗な弾圧の風波を避ける意味もあったとも考えられます。十三世紀中頃、『看病御用心』は専修念仏への弾圧が激しい時期に書かれたとおもわれます。

『看病御用心』には、法然の専修念仏の教えから離れている部分がみられます。念仏を普段から唱えることによって浄土往生できるというのは法然の考えを継承するのですが、第一八条にみられるように、善知識は最期の瞬間を見届けるのが大切で、臨終の一念を間違ってしまえば、六道を遍歴することになる、と普段の念仏よりも臨終の一念を重視します。

その臨終正念を保証するのが善知識で、良忠にとって、臨終ではどのような苦しみに襲われるか分からず、善知識の慈悲による念仏への勧誘がなければ、極楽往生が成し遂げられない、と断言します。また、病人は善知識に臨終で見た事などを報告する義務があり、もし往生に悪い相が見えた時には、善知識はそれに対処する滅罪の念仏を勧めます。つまり、良忠は、普段から念仏を相続するだけではなく、善知識の助力によって臨終の際に正念を乱さないことを重視します。これは源信の『往生要集』巻中「別時念仏　臨終行儀」で説かれていることに他なりません。『看病御用心』の第一四条に、善知識が臨終の病人へ勧めるべき言葉として、「正念みたれす　口稱おこたらすして　命のつくるをまち　聖衆の迎へを期すへしと云云」をあげています。

『看病御用心』は、むしろ在家富裕層向けに書かれたとされ、中世の臨終行儀を総合的に扱ったものですが、ほぼ同時代の『孝養集』（伝覚鑁）は、密教色と浄土教色が入り乱れた内容ではあるものの、鎌倉期で流布した臨終行儀を寄せ集めた点で、『看病御用心』と類似します。臨終の十念と善知識の助力によって極楽往生が決定されるという考えも『看病御用心』と共通します。『孝養集』では、「糸引き作法」について詳細に規定されていることが特に注目されますが、両書とも在家の富裕層向けに書かれた臨終指南書で、天台浄土教に由来する臨終儀礼がふんだんに取り上げられています。

法然没後、法然門流の多くは程度の差こそあれ天台浄土教に回帰しました。次章では、比叡山で二十年間修行し、法然とともに流刑に処せられた親鸞の臨終を扱います。親鸞は天台浄土教へ回帰しませんでした。

恐山・賽の河原の地蔵尊

恐山・ワラジ呪願

第四章　親鸞の信仰と臨終（付、一遍の臨終）

第一節　東国門弟の臨終

『改邪鈔』で覚如が非難したこと

法然滅後、旧仏教側の弾圧によって法然教団は分裂・弱体化し、また、弾圧を避けるためもあって、天台浄土教へ回帰する動きをみせました。法然の専修念仏を受け継いだ親鸞は、越後流罪赦免後、関東方面に布教の足跡を残しました。中核となる弟子は五十人ほどで、各々の門弟にはそれぞれ弟子がいました。全体で数百人にのぼるとする説もあります。この頃、親鸞は他力専修念仏への信仰をかためました。

六十歳頃に帰洛。その理由は不明ですが、関東門人との親密な交流は途切れずに続きました。親鸞の行実を知るうえで一級の史料はこの頃に書かれた書簡で、親鸞の本音がうかがえます。法然への絶対的な信頼、他力往生の教釈、信仰上の動揺（異義）への対処、などが書かれています。門弟の死を知らされ、他力往生の完遂を喜ぶところは、真摯な心情の発露そのもので、親鸞は他力の行者には一切自力的な臨終儀礼は要らないと考えていました。法然の臨終行儀への態度をさらに徹底しています。

親鸞は晩年に息男・善鸞の異義に悩まされました。関東方面は修験道・善光寺信仰などがもともと根付いていたこともあって、親鸞の他力信仰は必ずしも十分には理解されなかったようです。さらに、親鸞没後、関東の門弟は自力的な信仰に回帰する動きを見せ、親鸞の廟所から発展した大谷本願寺から分離・独立し始め、本願寺は経済的にも苦境におちいりました。そのような背景があって、本願寺第三代宗主・覚如《かくにょ》（1270―1351）は親鸞の他力信心を伝えるべく尽力しました。だが、その努力は必ずしも報われたとはいえません。覚如は祖師・親鸞の教えに反する異議をただすために『改邪鈔《がいじゃしょう》』（全二十箇条）を書きました。「無常講」「知識帰命」が非難のおもな対象です。いずれも祖師の他力信仰にもとると覚如はみなしています。

「報恩講」が「無常講」となる

『改邪鈔』の第一六条の非難内容は、喪葬儀礼について、鎌倉時代末期の教団の実状を知る上で有益です。覚如は、まず、問題の異議の概略を提示します――「当流《とうりゅう》の門人《もんにん》と号《ごう》するともがら、祖師《そし》（親鸞）・先徳《せんどく》〔の〕報恩謝得《ほうおんしゃとく》の集会《しゅうえ》のみぎりにありて、往生浄土《おうじょうじょうど》の信心《しんじん》においてはその沙汰《さた》におよばず、没後葬礼《もつごそうれい》をもつて本《ほん》とすべきやうに衆議評定《しゅうぎひょうじょう》する、いはれなき事《ごと》」（〔大意〕当流の門人と称する連中が、祖師の親鸞聖人や先代の高僧に報恩謝徳する集会で、浄土往生のための信心については話しあうことなく、死後の葬礼を主に話し合うようにするとの衆議をまとめるのは、正当な理由がないこと）。ついで、真宗の浄土往生の教えが他宗とは根本的に違うにもかかわらず、わが宗の浄土往生について話し合うこともなく、没後葬礼という補助的なことをわが宗の肝要とするので、祖師があきらかにした信心もあらわれず、僧俗ともに浄土往生の道も知らない、と難じます。わが宗が世間のあさはかな無常講のようにみなされているのは、残念である、と嘆いています。覚如は「報恩講」と「無常講」の区別もできない門徒の意識の低さを問題にします。

「報恩講」の趣旨については、覚如の『報恩講私記』（1294年成立）に書かれています。当初は毎月の親鸞忌でこれを拝読し、蓮如の時代頃になると親鸞の祥月命日を中心に『御伝鈔』が読まれた、と推定されます（重松明久「覚如と親鸞聖人伝絵」『真宗重宝聚英』第五巻）。

ここで非難されている「無常講」は喪葬を互助する組織のことですが、勝田至氏（『日本中世の墓と葬送』202頁）によれば、南北朝期では覚如の『改邪鈔』の他に喪葬互助組織にふれた史料はみられないものの、鎌倉時代後期以降の五輪塔などに「六道講衆」「念仏衆」などの名称が刻まれているので、この頃が相互扶助組織の形成される途上期だった、とします（「念仏講」については戦国期に増加）。無常講や念仏講の起源は二十五三昧会にさかのぼれそうです。次第に結縁の幅が広がったことは本書第二章第三節の**【二十五三昧会と念仏講・無常講】**でふれました。

一般門徒が親鸞の難解な信心よりは自分たちの葬礼行事に関心をもっていたことは『改邪鈔』によって分かります。ただし、これには臨終行儀そのものについては何も書いてありません。わずかに、第一六条の末尾で、親鸞自身が没後儀礼に無関心であることを示す言葉をのこした、と覚如は書いています――「本師《ほんし》聖人《しょうにん》（親鸞）の仰《おお》せにいはく、『某《それがし》親鸞《しんらん》閉眼《へいがん》せば、賀茂河《かもがわ》にいれて魚《うお》にあたふべし』」（大意）「わたし、親鸞が目を閉じたら、賀茂川に入れて魚に与えよ」と、聖人は言われた）。覚如はこの親鸞の言葉をふまえ、「いよいよ喪葬《そうそう》を一大事《いちだいじ》とすべきにあらず。もつとも停止《ちょうじ》すべし」（大意）ますます喪葬を一大事とすべきではありません。一番してはならないことです）と、断言します。喪葬を大事にするなどという覚如の発言は一般民衆の意識と離れているといえるでしょう。以下に述べる本願寺低迷の一因と考えられます。

覚如、知識帰命を警戒する

『改邪鈔』で覚如が執拗に非難しているのは門信徒による「善知識」崇拝です。善知識を重んじるのは天台浄土教の伝統で、法然は善知識を喪葬儀礼で必須とは考えていなかったのですが、法然没後、善知識の重用が復活したことは、鎮西派第三祖・良忠の『看病御用心』にみられます。

親鸞は同行《どうぎょう》・同朋《どうぼう》主義をしっかりと保持していました。たとえば、『歎異抄』第五条で、親鸞は、自分の父母を供養のために一度も念仏をしたことがない理由として、「一切の有情はみなもつて世々《せせ》生々《しょうじょう》の父母《ぶも》・兄弟なり」（〔大意〕生きとし生きるものはみな生き代わり死に代わってきた私たちの父母・兄弟です）をあげています。続く第六条では、「専修念仏の同朋が、自分の弟子、ひとの弟子という争いをすることはもってのほかで、親鸞は弟子を一人ももちません」（大意）と、知識帰命を非難します。

『改邪鈔』第四条で、覚如は上記の親鸞の知識否定の言葉を紹介しています――「自分（親鸞）は一人も弟子をもちません。弥陀の本願を保持させることのほかに、何を教えて弟子というのでしょうか。弥陀の本願は他力の仏智が授けるものですから、みな平等の同行で、わたしの弟子ではありません」（大意）。また、親鸞の書簡（『注釈版聖典』第三通）に、「もとあしかりしわがこころをもおもひかへして、とも同朋にもねんごろにこころのおはしましあはばこそ、世をいとふしるしにても候はめ（下略）（〔大意〕もとは悪かった自分の心を思い返し、友や同朋にも丁寧に信心を勧めあってこそ、世を厭うしるしといえるでしょう…）と、念仏の仲間は互いに同じように救われていく、とします。親鸞の同朋主義のもとでは知識帰命は起きにくかったはずです。なお、覚如の『執持鈔《しゅうじしょう》』第二条にみえるように、親鸞にとって善知識とは師・法然であって、臨終の場を取り仕切る僧侶ではありません。

覚如は、『改邪鈔』第二条、第九条、第一八条で、善知識帰命を拒絶します。ただし、臨終で付き添う善知識の問題ではなく、本願寺教団経営にからんだ発言のようにおもわれます。大谷の本願寺は、「（前略――引用者）高田・佛光寺・錦織寺・及越前三門徒等各々獨立の教團を形作り、大谷は漸く孤立の狀態に陥りて（下略――引用者）」（山田文昭『真宗史稿』115頁)、高田派や仏光寺の隆盛に比して困窮したことも、「善知識帰命」への非難に結びついたようです。

仏光寺派は自派の法脈を肖像画によって示す「絵系図」の方法で門信徒を集めました。これは僧俗男女の絵像を赤線で結ぶ「一流相承系図」といえます。また、仏光寺派は「名帳《みょうちょう》」に自分の名が書かれたときに往生が定まるという教えも喧伝したようです。こうした名帳を視覚化したのが絵系図で、これに肖像画を描いて崇めることを覚如は親鸞の教えたことではないと非難します。肖像を崇めることは善知識崇拝につながる危険があります。さらに、知識崇拝は、堂宇建立とならび、小教団が独立していく結果である、と山田文昭氏(『前掲書』95頁)は考えます。

室町時代に作られた絵系図で、筆頭者だけが右向きで礼盤に座っているのは、「開基像を善知識と仰ぎ、善知識に統率される集団のかたちを示したもの」と、平松令三氏(『真宗史論攷』142頁)は考えます。また、絵系図が制作された頃、先徳の肖像画が門徒の要望に基づいて制作されることが少なくなく、それを抑制するかのような文言が絵系図の序題(表白文)にみられることについて、仏光寺派内でも「おそらく門徒の知識帰命化を恐れたため」であった、と平松令三氏(『前掲書』148頁)は推測します。親鸞の同朋主義が生きていれば、知識帰命は起きにくかったでしょうし、祖師・親鸞を中核とする本願寺体制が危機に瀕することもなかったものとおもわれます。

『改邪鈔』第一八条でも、「仏身・仏智を本体とおかずして、ただちに凡形の知識をおさへて、如来の色相と眼見せよとすすむらんこと、聖教の施設をはなれ祖師の口伝にそむけり」(〈大意〉仏身や仏智を本体にしないで、凡夫の身にすぎない知識を如来の仏身そのものと見るようにと勧めるのは、聖教の教えを離れ、祖師の口伝に背くことです)と、覚如は知識崇拝を警戒します。

仏光寺派とともに本願寺を圧倒、隆盛した高田派については、『三河念仏相承日記』が参考になります。これは貞治三年（１３６４）九月二日に記録されています。覚如没後十三年でした。この文書では高田門徒が数人ずつ団体を組んで三河から関東の高田に参詣したことが書かれています。これをもって、「高田専修寺の本寺化が進行している」と、平松令三氏（『親鸞の生涯と思想』１６１頁）は解釈します。この高田専修寺の本寺化は覚如の本願寺中心主義と衝突することにつながり、覚如に『改邪鈔』を書かせた、とも考えられます（平松令三『真宗史論攷』72頁）。『改邪鈔』第二〇条で、覚如は、「末の門弟が建てた私的な草堂を本所と言って、本願寺には参詣すべきではない、と言いふらすことは、神仏も許さないことです」（大意）と、高田専修寺の本寺化を暗に非難しています。

天台浄土教の臨終正念を否定

親鸞は専修念仏の教えを法然から引継ぎ、天台浄土教の基本である「臨終正念」を重んじることはありませんでした。臨終を待たず、仏の来迎をたのまず、一念の信心が定まれば、平生に念仏往生が決定される、という信仰です。親鸞にとっては、「正念」とは阿弥陀仏の本願を信じることで、それは臨終時に限定されることではありません。つまり、「臨終正念」という発想は親鸞にはありませんでした。

建長三年（親鸞七十九歳）九月二十日付の関東門人に宛てた書簡（『注釈版聖典』第一通）の冒頭で、親鸞は「来迎は諸行往生にあり、自力の行者なるがゆゑに。臨終といふことは、諸行往生のひとにいふべし」と、他力の行者のあるべき信仰を明確に説きます。法然も同様の信仰をもっていましたが、臨終行儀を軽視するのはよくないとも発言しました（『往生浄土用心』『拾遺語燈録』所収）。門徒の理解能力をおもんばかり、世間一般の習わしを頭から否定するのを避けたのでしょうか。親鸞は法然から継承した専修念仏の信仰を徹底させました。旧仏教との摩擦を避けながらも、天台浄土教に回帰しなかったどころか、さらにそこから遠ざかりました。法然の場合は、よくいえば、包容力に富んでいる分、天台僧の片鱗がいつまでも抜けませんでした。

『歎異抄』第一四条によれば、親鸞は念仏を唱えることで罪障を消そうとする自力信仰を否定し、罪が消えなくても、阿弥陀仏の本願に帰依すれば、たとえ念仏を唱えずに死んでも、すみやかに浄土往生できるとしました。この「平生業成《へいぜいごうじょう》」の考えを、覚如は『改邪鈔』第一五条で「凡夫往生の得否は乃至一念発起の時分なり。このとき願力をもつて往生決得すといふは、すなはち摂取不捨のときなり」（大意）凡夫の往生の可否は、ひとたび信心が起こるときに決定する。このとき仏の本願力によって往生が決定するというのは、弥陀は決してわれらを見捨てないという意味である）と、臨終を待つこともなく、仏の来迎を頼む必要もないと親鸞の信仰を解説します。

文応元年（１２６０）十一月十三日の乗信房（茨城県の門人）への書簡（『注釈版聖典』第一六通）で、親鸞は「まづ善信（親鸞）が身には、臨終の善悪をば申さず、信心決定のひとは、疑なければ正定聚《しょうじょうじゅ》に住することにて候ふなり。さればこそ愚痴無智の人も、をはりもめでたく候へ」（大意）まず、善信の場合は、臨終の善し悪しをとやかく言いません。信心が決定している人は、疑いがないので正定聚の位にあります。それでこそ、愚痴無智の人も、善い臨終が迎えられるのです）と、聖光房弁長『念仏名義集』とは正反対の往生観を示しています。「正定聚」とは「仏の悟りを開いて成仏することが定まっている者」と、されます。臨終の有様が悪く、愚かで無智の者でも立派な往生がとげられる、という親鸞の考えは、天台浄土教とはかなり離れた立場です。弁長の考えは第三章第二節の**【聖光房弁長《しょうこうぼうべんちょう》の臨終行儀】**でふれました。

親鸞の他力信仰を引き継いだ結果、覚如は、臨終行儀が基本的には自力的な営みであることから、臨終行儀について、関心が薄れるどころか、むしろ敵意をもちました（覚如『改邪鈔』第一六条）。阿弥陀仏の本願を信じて念仏すれば、極楽往生できるのですから、わざわざ臨終のための行儀をととのえる必要はありません。また、覚如の説く他力信仰は抽象的で難解な印象を与えたこともあったでしょう。そのこともあって、親鸞の門弟が独立・分派するとともに、覚如の運営する本願寺教団は衰微する傾向を示しました。このころの有力な集団として、高田派系だけでも、「高田門徒」「布川門徒」「阿佐布門徒」「和田門徒」「安積門徒」「伊達門徒」などがあげられます（山田文昭『前掲書』69頁）。

親鸞はどのような法会に参加したのか

親鸞は一生のあいだ専修念仏の信仰をかわらずに保っていたわけではありません。比叡山時代には「諸行往生」、法然門下時代は「自力念仏往生」、『教行信証』の草稿を完成させた頃からは「他力念仏往生」を信仰していた、とおもわれます。なお、ここで「自力念仏」というのは「多念仏」の意味です。天台浄土教の影響下にあって、法然の教えがまだ十分に理解されていない段階です。親鸞が勧進聖だった時代にあたるでしょう。

越後流罪を赦免された親鸞は勧進聖として関東へ移動したようです（**図⑳**）。上野国佐貫《さぬき》庄で浄土三部経の千

図⑳　『親鸞伝絵』西本願寺本　下巻第二段（京都・西本願寺蔵）
「稲田興法」

部読誦を試みましたが、「諸行往生」の自力行であることに気付き、念仏の信心よりほかに何が不足なのかと思い返して、読誦を中断しています。親鸞の妻・恵信尼の書簡（弘長三年〔1263〕二月十日付『注釈版聖典』第三通）によると、おそらく、建保二年（1214）、親鸞四十二歳の頃のことで、飢饉・天候不順に苦しんでいる住人の要請で、浄土経典を千部読誦する法会を集団で行った、とおもわれます。

同じ恵信尼の書簡に、寛喜三年（1231）四月、発熱して臥せていたとき、上記の千部読誦の記憶に誘発されたのか、親鸞はおそらく無意識に『無量寿経』を読み続けていたのですが、ふと目を閉じると、経の文字がすべて輝くように見えたことから、自力の執心に気を付けなければならないとおもい、経を読むのをやめた、と書かれています。この挿話は「寛喜の内省」と呼ばれます。経典読誦という自力作善の行為を恥じて、他力念仏の信仰に転入します。親鸞五十九歳のときの話です。このことから、親鸞も天台浄土教の不断念仏のような法要を「自力念仏往生」の時代には請われて行っていた、と推測できます。

さらに、比叡山時代および法然門下として東山吉水にいた頃には、阿弥陀堂で貴族の追善供養に参加して、不断念仏の美声を披露した、と考えられます（山田文昭『前掲書』191―192頁）。比叡山では、親鸞は常行堂で不断念仏を修する堂僧だったようです。

なお、関東から帰洛した後のことですが、法然没後の二十五日の忌日に、法会を行っています。関東の主要な門人である性信（1187―1275）に宛てた書簡（『注釈版聖典』第四三通、日付なし）に、「聖人（法然）の二十五日の御念仏」の記載がみられます。法然の命日に法要を修した、とのことです。これは帰洛後、息男・善鸞が引き起こした訴訟沙汰が解決した頃に出された書簡です。建長七年（1255）、親鸞八十三歳の頃でしょうか。

覚如が正安三年（1301）に作らせた『拾遺古徳伝絵』（常福寺本）の巻第九第七段に上記の「二十五日の御念仏」の詞書があります。「親鸞は入洛して五条西洞院あたりに住み、先師法然の没後中陰の追善法会に参加できなかったことを残念におもい、法然の聖忌をむかえるたびに、声明の達人を頼み、黒衣の僧を集め、月々四日四夜の礼讃念仏を執り行った。先師報恩謝徳のためである」（大意）と、書かれています。この段の絵相では、白い帽子《もうす》をしているのが親鸞で、何やら絵像に向かっていますが、画面が不鮮明で、本尊が何かは分かりません。

光照寺本法然絵伝（建武五年〔1338〕）の第三幅最上段にも、この法会が描かれています（図㉑）。本尊の絵像に斜め前から向かい、帽子を首に巻いているのが親鸞です。伝統的な追善法要と変り映えはないようにおもえます。古来の追善供養と専修念仏とがどのように折り合うのか、気になります。専修念仏では、阿弥陀仏の摂取不捨の本願力によって往生・成仏が定まっていることから、供養をして死者の冥福を祈ることは専修念仏の教義とは相いれません。性信宛の書簡（『注釈版聖典』第四三通）によると、法然のための「二十五日の御念仏」を親鸞は伝統的な追善供養とは考えず、念仏を誹謗する人々を救済するために唱えあう法会と意識しました。この親鸞の発想は重要です。

図㉑『光照寺本法然絵伝』第三幅（広島県・光照寺蔵）「法然忌日法会」

覚如は上記の法会を「先師報恩謝徳」を目的とするという解釈を『拾遺古徳伝』（常福寺本）で示し、専修念仏との折り合いをつけています。おそらく、親鸞が「二十五日の御念仏」を自力的な追善供養としなかったことに覚如は暗示をうけたのでしょう。また、覚如は、永仁二年（１２９４）、親鸞の三十三回忌にあたり『報恩講私記』を書きました。聖人の徳を偲び、その恩に報じる意図で毎月の月忌に読まれるようになり、現行の報恩講に発展した、とされます。真宗では、報恩講、年忌・月忌などの没後供養の意図はすべて阿弥陀仏への報恩謝徳へ集約されます。

臨終・喪葬・追善の法要について、親鸞がことさらに伝統的な法要を避けた、との史料はみられません。むしろ、法然の追善法要にみられるように、表向きは通常の法会を開いたでしょう。ただし、その法会の趣旨は、先徳への報恩謝徳と同時に、専修念仏をひろめて衆生を救済すること、としたのでしょう。これは親鸞の「他力念仏往生」の時代だけに当てはまり、それ以前の信仰段階には当てはまらない解釈でしょう。

悲歎に涙する遺族が他力の対象

親鸞が門弟に向けて書いた書簡には喪葬儀礼についての発言は皆無です。信心が決定したときに往生がきまるので、臨終正念も臨終行儀をととのえることも必要がないのですから、当然です。ただし、文応元年（親鸞八十八歳）十一月十三日付の乗信房《じょうしんぼう》への書簡（『注釈版聖典』第一六通）で、多くの人々が死亡したことを悼んでいます――「なによりも、去年《こぞ》・今年《ことし》、老少男女《ろうしょうなんにょ》おほくのひとびとの、死《し》にあひて候《そうろ》ふらんことこそ、あはれに候《そうら》へ」（〔大意〕何よりも、去年・今年と、多くの老少男女が死んだこと、とくにあわれにおもいます）。続けて、親鸞は、釈迦の諸行無常の教えに照らせば、驚くべきことではない、と諭します。さらに、自分は臨終の善し悪しをとやかく言うことはなく、愚痴無智の人こそ終わりはめでたいもの、と学問の有無や臨終正念にこだわりません。法然の言葉「浄土宗（浄土門）の人は愚者になりて往生す」を親鸞は肝に銘じていました。

親鸞は、人は愚劣なもので、愛別離苦に会って、嘆き悲しむのが本来の姿で、そのような凡夫を如来は救ってくだされる、と説きます（『口伝鈔』第一七条）。他力の救済の目当てはそのような凡夫でした。親鸞は、遺族が枕元などでどれほど悲歎《ひたん》嗚咽《おえつ》、落涙し、狂乱しても、そのような人こそ他力の救済にあずかる身にふさわしい、と考えます。同じく第一七条によれば、臨終の際に、身内の愛着によって正念を失い、地獄などにおちるおそれがあるので、愛執のふかい妻子などを近づけない習俗があるのですが、親鸞はそのような配慮を自力として非難します。

天台浄土教の影響下にあった良忠（『看病御用心』第三条）は、病人の臨終正念を乱さないように、妻子などを近づけないように注意します。伝善導『臨終正念訣』でも、家族親族が慟哭嗟嘆の泣声を出すことを戒めています。概して、臨終指南書の多くは、妻子の出入りを禁じ、そこまで言わなくても、臭気の強い食物を摂取した家族の出入りを禁じます。

また、『口伝鈔』第一八条によれば、もっとも切実な愛別離苦の悲歎に暮れる家族・親族に対するケアを親鸞は次のように述べています――「酒はこれ忘憂の名あり。これをすすめて笑ふほどになぐさめて去るべし。さてこそとぶらひたるにてあれと仰せありき」（大意）酒には忘憂の名があります。これをすすめて、相手が笑い出すほどに慰めて帰るべきです。それでこそ本当の弔問になります、と仰せられました）。親鸞は、遺族に対し堅苦しく教義を説いて「かなしみにかなしみを添ふる」ような慰め方は避けるべきで、酒を用いて遺族の気持ちを慰める方法を勧めています。親鸞はけっして硬直した教義を押し付けたりしなかったでしょう。

覚信房の臨終

関東から上洛する旅の途中で発病し、聖人のもとで死亡した覚信房《かくしん》について、代筆の蓮位《れんい》がその息子慶信《きょうしん》へ書簡（『注釈版聖典』第一三通、正嘉二年〔1258〕十月二十九日付）を出しています。親鸞八十六歳のときです。発病したのが一日市《ひといち》で、仲間は国に帰るように勧めたのですが、本人は聖人のもとで死ぬものならば死のうとおもって参上した、と話したとのこと。その臨終の様子は専修念仏者の理想とされるものだったようです。「をはりのとき、南無阿弥陀仏、南無無礙光如来、南無不可思議光如来ととなへられて、手をくみてしづかにをはられて候ひしなり」（〔大意〕臨終のとき、南無阿弥陀仏、南無無礙光如来、南無不可思議光如来と唱え、合掌して静かに亡くなりました）と、その臨終は簡素だったようです。

ここでは、合掌して、念仏を唱えることだけが臨終行儀らしきものだったでしょう。おそらく、枕元には同行の友がいたでしょうが、だれが善知識となるかといった気遣いはなかったでしょう。阿弥陀仏の大悲につつまれたすべての人が同朋・同行です。同時期に書かれた良忠の『看病御用心』の精緻なお膳立てと比べて、親鸞門下ではあらたまった臨終行儀といえるようなものはほぼ皆無だった、と推測できます。浄土往生は自力の計らいではどうにもならず、いかなる臨終行儀も無効です。

蓮位は覚信の臨終について間違えたことを慶信に書いたかもしれないとおもい、手紙を親鸞聖人の前で読んで聞いてもらったところ、聖人はこれ以上のものはない、と覚信房のことが書いてあるところでは、涙を流したそうです。蓮位（？—1278）は京都で親鸞に仕えた門弟です。茨城県常陸太田市の枕石寺の開基とされます。

覚信房の挿話は覚如の『口伝鈔』（第一六条）にもみられます。「重病《じゅうびょう》をうけて御坊中《おんぼうちゅう》にして獲麟《かくりん》にのぞむとき、聖人《しょうにん》親鸞《しんらん》入御《じゅぎょ》ありて危急《ききゅう》の体《てい》を御覧《ごらん》ぜらるるところに、呼吸《こきゅう》の息《いき》あらくしてすでに絶《た》えなんとするに、称《しょう》名《みょう》おこたらずひまなし」（〔大意〕重病になって、聖人の坊で死にかけていたとき、聖人が病室に入ってきて、危篤の姿を御覧になった。呼吸の息が荒く、いまにも死のうとしているのに、覚信房は念仏を怠らず唱え続けていた）と、覚信の臨終を描写します。専修念仏者として息絶えるまで念仏を続けようとする覚信房へ聖人は「病苦であるのにもかかわらず、念仏を唱えているのは立派だが、どのような気持でとなえているのか」（大意）と、問いました。覚信は「弥陀への御恩報謝の念仏を息がある間は唱えます」（大意）と、答えました。親鸞は喜びの涙を流したそうです。

これより二年ほど前、康元元年（１２５６）五月二十八日付の覚信房宛の書簡（『注釈版聖典』第七通）で、親鸞は信と行についての疑問に答えたあと、「いのち候はば、かならずかならずのぼらせたまふべし」（〔大意〕命があれば、かならずかならず上京してください）と、覚信にやさしい言葉をかけています。

覚信房の臨終場面でも、念仏をひたすら続けることだけが書かれています。その念仏も、他力本願への信心が定まれば、極楽往生は確定するので、それからは弥陀への御恩報謝の念仏を唱えることになる、と覚如は他力念仏の教えを説きます。このような信心本位の信仰では、臨終行儀をあれこれ整える余地はないでしょう。念仏だけで十分ですし、たとえ念仏を唱えられない状況であっても、信心が定まっていれば、浄土往生は、臨終ではなく平生《ふだん》から保証され、その後は御恩報謝の念仏が口に出てくることになります。臨終正念（念仏）と臨終来迎は否定されます。

八十歳の親鸞は、建長四年（１２５２）二月二十四日付書簡（『注釈版聖典』第二通）で、明法房など、門弟の浄土往生をめでたいと喜んでいます――「明法《みょうほう》御房の往生のこと、おどろきまうすべきにはあらねども、かへすがへすうれしく候ふ。鹿島・行方・奥郡、かやうの往生ねがはせたまふひとびとの、みなの御よろこびにて候ふ。またひらつかの入道殿の御往生のこときき候ふこそ、かへすがへす申すにかぎりなくおぼえ候へ。めでたさ申しつくすべくも候はず。おのおのみな往生は一定とおぼしめすべし」（〔大意〕明法房の往生のこと、当然のことですが、かえすがえす嬉しくおもいます。このような往生を遂げたいと願う鹿島・行方・奥郡の人々のみなの喜びです。また、平塚の入道殿の往生のことを聞き、かえすがえす喜びを言いつくせない気持ちです。めでたいこと筆舌に尽くせません。皆さま、往生は定まっているとおもってください）。

明法房については、もとは修験道の行者だったようですが、信仰を改め、親鸞門下に加わりました。江戸時代には弁円とも呼ばれたようです（『親鸞伝絵』下巻本第三段「弁円済度《べんねんさいど》」）。明法房は京都の聖人へ首巻（帽子《もうす》）を進上した、と推定されます（『存覚袖日記』三九）。聖人とは懇意の仲でした。覚信房の場合と同じく、この書簡でも、臨終・喪葬・追善行儀への関心は一切みられません。ひたすら弥陀の本願を信じ、浄土往生を遂げた門弟をめでたいと賞賛しているのですから、他力往生を疑うような儀礼を執行したとは、まったく考えられません。

問題は、門弟が等しく他力信仰を理解していたかどうかです。覚信や明法のような篤信の門徒が臨終儀礼を行ったとは考えられないのですが、たとえば、真宗の本流を一時期形成した高田門流は善光寺信仰の影響が濃いことで知られています。また、高田派の第三祖・専空は「秘事法門」「夜中の法門」と呼ばれる密教的な信仰を高田専修寺に取り入れたそうです（重松明久『覚如』２１１―２１２頁）。

親鸞は晩年に息男・善鸞（慈信房）を関東に送り、教義の混乱を治めさせようとしたのですが、逆に混乱を助長したことから、善鸞を義絶しました。高田門徒と善鸞の関係について、重松明久氏（『前掲書』２１０頁）は、「親鸞は（中略―引用者）消息で、善鸞の異義への同調者が常陸・下野に多いことをのべているが、この地域は大体高田系の主要な地盤であった」と、指摘します（この消息は康元元年〔１２５６〕五月二十九付、性信宛、『注釈版聖典』第八通）。善鸞は関東で修験道的念仏集団の頭目になったとおもわれます。呪術的な行法を好み、名号をひたすら唱えていたそうです（『慕帰絵』巻四）。親鸞の信仰とはだいぶ違います。

上記の性信宛の書簡（『注釈版聖典』第八通）で、「さては慈信が法文のやうゆゑに、常陸・下野の人々、念仏申させたまひ候ふことの、としごろうけたまはりたるやうには、みなかはりあうておはしますときこえ候ふ。かへすがへすこころうくあさましくおぼえ候ふ」（〔大意〕ついては、慈信（善鸞）の説いた法文のために、常陸・下野の人々の念仏を申す様子が、年来聞いていた姿とは、すべて変わってしまったと聞いています。返す返すも心憂く、浅ましくおもいます）と、関東の門徒の信仰が混乱しているのを嘆いています。他力信仰が衰微すれば、この地方にかつて根付いていた善光寺信仰、修験道、密教などにつながる儀礼が復活してもおかしくないでしょう。

関東では念仏の教えについて異義が生じ、そのときの騒動にからんで、東国の門弟が親鸞のもとに他力の教えをただしにやってきました。その際、常陸河和田の唯円が親鸞の言葉を聞き覚えていて、それを『歎異抄』（第二条）に記しています――「おのおの十余箇国のさかひをこえて、身命《しんみょう》をかへりみずして、たづねきたらしめたまふ御こころざし、ひとへに往生極楽のみちを問ひきかんがためなり」（〔大意〕あなた方が、命がけで十余箇国の国境を越えて京都の私のところを訪ねてきたのは、ひとえに往生極楽の道を問いただすおもいからです）。

覚信房の挿話にみられるように、京都の親鸞を遠方から命がけで訪ねて来る門徒は少なくなかったようです。師弟関係がいかに緊密だったかがうかがわれます。門弟が金銭や物品を親鸞のところにつけ届けたことに感謝する書簡が六通あります（明法房が帽子《もうす》を贈ったらしいことは、先に指摘しました）。一度に二十貫文もの大金が届けられたこともありました（『注釈版聖典』第三八通）。

正元元年（１２５９）閏十月二十九日付の高田の入道宛の書簡（『注釈版聖典』第一五通）でも、「人々の御こころざし」を感謝しています。親鸞八十七歳の時の手紙ですが、ここで「かくねむぼう」（覚念房？）の死を知って、先立たれたことに言葉もない、とその死を悼み、続いて、上洛して病死した覚信房ともども、浄土で再会できると書きます――「かくしんばう、ふるとしごろは、かならずかならずさきだちてまたせたまひ候ふらん。かならずかならずまゐりあふべく候へば、申すにおよばず候ふ」(〔大意〕覚信房は先年亡くなっていますが、必ず必ず先に浄土にまいって待っていることでしょう。必ず必ず浄土で会うことは申すまでもありません)。『阿弥陀経』の「倶会一処《くえいっしょ》」(ともに同じく浄土で会う)の精神がここにもみられます。三年後には親鸞も入滅しました。

第二節　親鸞の臨終場面

親鸞の遺言

本書第三章第一節の【法然の臨終と喪葬】でふれたように、親鸞の師である法然について、「足曳御影《あしびきのみえい》」などの肖像画から、豊満な体格であったことがうかがわれます。病身を嘆く言葉をのこしていますが、マラリア(瘧《おこり》)に罹患していたことを除けば、長寿の体質で、八十歳で死亡しました。老衰にちかい死に方だったようにおもわれます。

親鸞も同様に強健な体質だったようで、九十歳という長寿を保ちましたが、さすがに八十五歳のときに書かれた書簡(『注釈版聖典』第一〇通、三月三日付、正嘉元年〔1257〕と推定)で、老病をかこっています。死亡までまだ五年の猶予がありました。浄土教の教義について質問に答えた後、親鸞はつぎのように述べます——「これらはかやうにしるしまうしたり。よくしられんひとに尋《たず》ねまうしたまふべし。またくはしくはこの文《ふみ》にて申すべくも候はず。目もみえず候ふ。なにごともみなわすれて候ふうへに、ひとにあきらかに申すべき身にもあらず候ふ。よくよく浄土の学生《がくしょう》にとひまうしたまふべし。あなかしこ、あなかしこ」(〔大意〕以上のようにお答えしましたが、教義をよく知っている人に訊いて下さい。くわしいことはこの手紙で申し上げられません。眼も見えず、何事もみな忘れてしまった上に、人に明確に説明できる学識もない身です。よくよく浄土門の学者たちにお尋ねください。あなかしこ）。

文応元年（1260）十一月十三日付の乗信房宛ての手紙（『注釈版聖典』第一六通）は八十八歳の時に書かれたものですが、柔軟な心が込められた雄渾・簡潔な文体です。帰洛後、驚くべき熱意で著作や聖教書写にはげんでいた親鸞も、死亡二年ほど前には筆の動きが鈍ったようです。文応元年十二月二日に自著『弥陀如来名号徳』を書写し、同年、『正像末和讃』の補訂を行いました（『原典版聖典　解説・校異』15頁）。これ以降、私信を除き、文筆活動を示す著述はのこされていません。補訂の二年後、親鸞は弘長二年（1262）十一月二十八日に善法坊《ぜんぽうぼう》で示寂しました。九十歳という高齢でした。善法坊は親鸞の弟・尋有《じんう》の坊舎です。

死亡時刻は「親鸞伝絵」の詞書によると午時《うま》（正午頃）です。日下無倫氏（『總説親鸞傳繪』180頁）によれば、『教行信証』後序に法然の入滅が「午時入滅」とあることに注目し、覚如が親鸞の死亡を午時とするのは、法然上人の死亡時刻を先例としたから、と考えます。仏教では、古来、太陽が中天に位置する午時（正午頃）を尊び、高僧伝では僧の往生を午時とする習慣があって、これに覚如はしたがったのではないかとします。

親鸞の死亡時刻は実際には未時《ひつじ》（午後二時ころ）だったようです。存覚の『存覚袖日記』（三九）や西本願寺蔵の古写本『教行信証』化身土文類末尾の奥書に「未（時）剋」と書かれているのがその根拠とされます（西本願寺本では「未」の右注に「午歟」とあり、「午」説に疑問符が付けられています）。この奥書は親鸞が死んでから十三年経た文永十二年（1275）に書かれたもので、死亡時刻についてはもっとも古い記録と考えられます（『原典版聖典　解説・校異』8頁）。

親鸞は死期を悟ったのか、死亡二週間ばかり前と推定されるのですが、遺言状らしき手紙（十一月十二日付、『注釈版聖典』第三六通）を常陸の門人に出しています。内容は「いまごぜんのはは」と「そくしやうばう」の世話を依頼するもので、平松令三氏（『親鸞』2頁）は乱れた筆跡と哀願するような内容から最晩年の遺言状と判断します――「このいまごぜんのははの、たのむかたもなく、そらうをもちて候はばこそ、譲りもし候はめ。せんしに候ひなば、くにの人々、いとほしうせさせたまふべく候ふ（中略）このそくしやうばうも、すぐべきやうもなきものにて候へば、申しおくべきやうも候はず。身のかなはず、わびしう候ふことは、ただこのことおなじことにて候ふ。ときにこのそくしやうばうにも、申しおかず候ふ。常陸の人々ばかりぞ、このものどもをも、御あはれみあはれ候ふべからん（下略）」（〔大意〕この今御前の母は、頼みとする人がなく、所領を持っていれば譲れるのですが、それも出来ません。私（善信）が死んだら、国の人々にお世話をくれぐれも頼みたいのです…この即生房も生きていく術も知らない者なので、言いおいてやることもありません。過ごし方も知らず、わびしい有様であることは、今御前の母と同じです。この即生房にも何も言いおいてありません。常陸の人々こそこの者たちを憐れんでいただきたいのです…）。

この書簡で親鸞が気に掛けている「いまごぜんのはは」と「そくしやうばう」が何者であるか分かっていません。中澤見明氏（『史上之親鸞』第六章）は、「そくしやうばう」と「いまごぜん」が親鸞の子で、「いまごぜんのはは」がその生母ではないか、と推測します。「即生房」という名は『存覚一期記』（延慶元年十九歳条）に出ていますが、同一人であるかどうかも分かりません。ただし、即生房の外孫・源伊が山門堂僧であるという記載がみられ、その縁で源尹が親鸞の弟・尋有の坊舎を相続した、とあるので、中澤説はむげに否定できません。とにかく、この二人は親鸞にとって縁のふかい人であったことは確かです。

親鸞は十一月十一日付の「いまごぜんのはは」宛の手紙（『注釈版聖典』第三五通）に「常陸の人々の御中に、この手紙を見せて下さい。皆に申しあげてきたことと、すこしも変わりありません。この手紙に過ぎたものはありません。この手紙を国の人々に見せてください。同じ心であるはずです。かしこ」（大意）と、上記の依頼状（第三六通）を携えて行き、常陸の人々に見せるように伝えています。なお、この即生房を親鸞の長子とする見方もありますが、断定するには根拠が十分ではありません（「『いまこせん』のはゝ私見」『宮崎圓遵著作集』第一巻）。

伝絵・絵伝に描かれた臨終

親鸞の行実を知るうえで一級の史料は親鸞の書簡ですが、数も少なく、晩年のものに限られます。また、臨終について親鸞が書き置いた指図もありません。そこで、覚如が制作させた「親鸞伝絵」などの伝記を参考にせざるを得ませんが、覚如は宗祖・親鸞の荘厳化に熱心だったようで、そのような脚色が少なからずみられるところから、「伝絵」の史料的価値には疑問符が付けられているという問題があります。「伝絵」の親鸞像は理想化されたもので、必ずしも史実に基づいて構築されたものとは限らないわけです。この問題を最初に取り上げたのは中澤見明氏（『史上之親鸞』大正十一年〔１９２２〕）ですが、中澤氏は「覺如上人の手に成つた『善信聖人親鸞傳繪』であるが、その中には史實と見るべきものが尠く、殆んど夢物語を以て充されて居る」（第一章序説）と、断定しました。中澤氏の見方はかなり極端なところがあり、その後、山田文昭氏（『真宗史稿』昭和九年〔１９３４〕）などによって修正されました。また、大正十年に、親鸞の妻・恵信尼の書簡が西本願寺で発見され、「伝絵」に書かれている重要部分が史実と確認され、「伝絵」の史料的価値が再評価されました。さらに、覚如は親鸞の臨終について、詞・絵ともに、専修念仏の行者として親鸞を描いていることに、疑問はないようです。

「伝絵」にはいくつかの写本があります。原初本は建武三年（１３３６）の兵火で焼失しましたが、原初本（初稿本）に近い写本として、西本願寺本（『善信聖人絵』）と高田専修寺本（『善信聖人親鸞伝絵』）が「初稿本系」として重視されます。また、覚如が晩年の七十四歳で増補させた康永本（１３４３年）が決定版で、『本願寺聖人伝絵』と名付けられ、上下本末四巻十五段から成ります。各段の略称は後世に付けられたもので、親鸞の臨終場面は、康永本では下巻末第六段「洛陽遷化」（〈入滅葬送〉）に配当されます。以上の写本の他に、照願寺本・弘願《ぐがん》本・仏光寺本などがあります。写本によって、絵相や詞書に差異がみられます。ただし、「洛陽遷化」については、仏光寺本に数行の追加が見られることを除き、各本の詞書に大きな違いはありません。絵相の違いについては、後述するように、康永本系伝絵に終末期を迎えた聖人を具体的に描こうとする工夫が加えられたことで生じた、と考えられます。

「伝絵」に少し遅れて「絵伝」が作られました。「伝絵」は詞書と絵が交互に書かれている絵巻物ですが、絵の部分だけを集めて掛軸形式につくられたのが「絵伝」です。建武五年（１３３８）の光照寺所蔵の一幅絵伝が古いものに属します。他に、二幅、三幅、四幅、六幅、八幅の絵伝がつくられました。四幅絵伝は多数にのぼるものの、大部分は近世で康永本に基づいて類型化されたものです。史料的価値はほとんどありません。

親鸞の臨終を描く「洛陽遷化」段の詞書を紹介します――「聖人（親鸞）弘長《こうちょう》二歳《にさい》　壬戌《みずのえいぬ》　仲冬下旬《ちゅうとうげじゅん》の候《こう》より、いささか不例《ふれい》の気《き》ましします。それよりこのかた、口《くち》に世事《せいじ》をまじへず、ただ仏恩《ぶつとん》のふかきことをのぶ。声《こえ》に余言《よごん》をあらはさず、もつぱら称名《しょうみょう》たゆることなし。しかうしておなじき第八日《だいはちにち》　午時《うまのとき》　頭北面西《ずほくめんさい》右脇《うきょう》に臥《ふ》したまひて、つひに念仏《ねんぶつ》の息《いき》たえをはりぬ。ときに頽齢《たいれい》九旬《きゅうしゅん》にみちたまふ（下略）」（〈大意〉聖人は弘長二年十一月下旬のころより、少し健康不良の気味に陥った。それからというものは、世間の事を話すことなく、ただ仏恩が深いことだけを口にした。ほかのことは口にだすことなく、ひたすら称名念仏だけを行った。そして、その月の二十八日正午頃、頭を北に、顔を西に向け、右脇を下に臥して、ついに念仏の声が絶え、息をひきとった。御歳は九十歳だった…〉）。

覚如は若い頃から親鸞の専修念仏の教えを正当に継承する立場にある、との矜恃をもち、〈法然―親鸞―如信〉の三代伝持の血脈《けちみゃく》を強調し、その延長線上に位置する、と『口伝鈔』『改邪鈔』の巻末で自認するに至ります。

六十歳代のときでした。覚如が「伝絵」を制作させたのは若干二十六歳のときです。それよりまえ、二十一歳から二年間ほど関東で親鸞の遺跡を巡る旅をしていますし、常陸河和田の唯円や如信から直接に他力法義を伝授されています。

覚如の伝記絵巻『慕帰絵』巻五第二段には、覚如が絵師に指図して「伝絵」を描かせている場面があります。「報恩謝徳」のために制作させたそうですが、その前年に同じ趣旨の『報恩講私記』を書いています。その「伝絵」に、天台浄土教的な臨終行儀といえるようなものが描かれていないのは、実際に親鸞の臨終がそうであったからかもしれませんが、覚如の意図もあるにちがいありません。宗祖とも崇められる高僧の臨終には紫雲がたなびき、異香・音楽が感じられるなど、様々な奇瑞譚が付随するのが当時では当たり前でした。覚如は、専修念仏の教えにしたがって、親鸞の臨終を飾りたてる臨終行儀を描かせなかったのでしょう。詞書にも覚如はそのような文飾を施していません。

親鸞の臨終場面は簡素そのものでした。わずかに、「枕直し」といわれる「頭北面西右脇」の体勢で寝ているのですが、これは必ずしも臨終行儀を意識したものだったとは言えず、覚如が単に古来の習俗を再現してみせたのにすぎないでしょう。この体勢は釈迦の涅槃図にみられます。『ブッダ最期の旅―大パリニッバーナ経―』（中村元〔訳〕、岩波文庫　126頁）によれば、釈尊は弟子のアーナンダに沙羅双樹の間に頭を北に向けて床を用意させ、右脇を下に横たわった、とあります。中村元氏は、「頭北」の注釈（274頁）で、現代でもインドの教養人の寝方、と説明します。『涅槃経』後分（唐若那跋陀羅《じゃなばだら》・訳）で、右脇に臥し、頭を北に枕をし、顔面は西に向かう、と釈尊の体勢を説明しているそうです（『佛教儀礼辞典』**死装束**）。日本でも、平安時代の上流階級では「頭北面西右脇」がかなり習慣化されていたようです。ただし、民俗では「西枕」の風習があり、琉球列島ではよくみられました。仏教が浸透する以前の風習だったのでしょうか（拙著『日本の葬送儀礼―起源と民俗―』85頁）。

なお、鎌倉時代の代表的な臨終指南書とされる良忠『看病御用心』では、頭北面西の指示はないのですが、同時代の『孝養集』では、端坐して正しく西に向かうか、釈迦の涅槃にみられる「頭北面西」のどちらかを尊重しなさい、と指示します。どちらにするかは病状によります。光照寺本絵伝に描かれる親鸞の仰臥の臨終姿は特異ですが、これについては後述します。

臨終の法然が慈覚大師の九条袈裟を着け、頭北面西に臥すのを見て、門弟が「ただ今まで端坐して念仏を唱えられていたのに、臨終の時に至って臥すのはなぜですか」と問いた逸話については、すでに紹介しました（本書第三章第一節の**［袈裟を掛けることの意味］**）。本来の行儀として勧められるのは端坐で、頭北面西で臥すのはそれができない場合という意識が鎌倉時代初期にあった、とおもわれます。

「伝絵」に描かれた親鸞の臨終姿勢は写本によって大きな差異はみられません。頭北面西右脇で臥し、衾《ふすま》が上に掛けられ、屏風が立てられています。初稿本系では、足元に屏風が置かれていますが、康永本では枕元に立てられ、衾は白く、大きめです。弘願本には屏風はみられず、磬《けい》台が置かれています。臨終に集まった僧俗が多数描かれています。仏光寺本では、屏風・本尊の荘厳具が描かれます。

初稿本系と康永本の大きな違いは、臨終姿勢ではなく、むしろ屏風で隔てられた右側です。初稿本系および仏光寺本では二人の僧が木棺の蓋をあけているようにみえますが、康永本では帽子《もうす》をした聖人が座って弟子に何かを伝授しているようです。かたわらの火鉢には火がみえます。異時同図画法です。弘願本では右側の部分は描かれていません。

照願寺本を含む康永本系の右側の図は、親鸞が死ぬ前に健康を害して療養している場面をあらわしているようにみえます（図㉒）。正嘉二年（１２５８）十二月、善法坊で顕智が「自然法爾《じねんほうに》」の教理を親鸞から聞き書きしていることから、その場面を想定して描かれた、と平松令三氏（『聖典セミナー 「親鸞聖人絵伝」』２７９頁）は考えます。高田派の重鎮・顕智が書写した『正像末和讃』の後跋《こうばつ》（後書き）に、「正嘉二歳戌午十二月日善法坊僧都御坊三条トミノコウチノ御坊ニテ聖人ニアイマイラセテノキヽカキソノトキ顕智コレヲカクナリ」（『原典版聖典—解説・校異』294—295頁）（〔大意〕正嘉二年十二月、僧都の御坊・善法坊、すなわち、三条富小路の御坊で聖人に会わせていただき、聞書きして、顕智がこれを書く）と、あります。聖人示寂の四年ほど前のことですが、仏光寺本の追加の詞書などによると、顕智が火葬に立ち会い、遺骨の一部を高田専修寺に持ち帰っているので、顕智を相手にした聖人の法談場面が康永本で描かれたのかもしれません。

上記の初稿本系と康永本系の違いは掛幅絵伝にも明白にあらわれます。康永本系伝絵の「洛陽遷化」の右側にある聖人の法談場面は、絵伝でも康永本系だけにみられます。絵伝のこの場面にしても伝絵に準拠して描かれているわけです。初稿本系の絵伝は二幅の上宮寺本、三幅の妙源寺本・如意寺本・願照寺本・東京本願寺本、四幅の専修寺本、六幅の万福寺所伝本です。これらには聖人

図㉒ 『親鸞伝絵』康永本 下巻末第六段（京都・東本願寺蔵）
「洛陽遷化・法談場面」

の法談場面は描かれていません（上宮寺本では損傷）。なお、同じく、この場面がみられない四幅の慈光寺本は仏光寺本伝絵に準拠しています。

　掛幅絵伝の一幅本は建武五年（１３３８）制作の光照寺本絵伝だけです。絵伝としてはかなり古いもので、この絵伝に特有の絵相がかなりみられます。最上段の右に「御往生所」の札銘《さつめい》がかろうじて読め、特異な絵相が展開します。他の絵伝では側臥しているのですが、ここでは仰臥《あおむけ》・合掌の姿が描かれ、枕元に阿弥陀仏絵像が掛けられています（図㉓）。

　仰臥の絵相を説明するうえで見逃せないのは、同寺の法然絵伝に酷似する場面があることです。光照寺本法然絵伝の第三幅第七段右で、紫雲たなびく中で、法然は仰臥して頭上の阿弥陀三尊像を指さしているのですが、この場面の左側でも「仰臥合掌」する法然に阿弥陀三尊・聖聚が来迎しています。光照寺の親鸞絵伝と法然絵伝は同筆の画工（隆円）の手で描かれていることから、親鸞の「仰臥合掌」は法然絵伝の影響で描かれたと考えられます。また、端坐もしくは頭北面西右脇が当時の仏教

図㉓　『光照寺本親鸞絵伝』第一幅最上部右（広島県・光照寺蔵）
「御往生所」

徒の臨終姿勢だったとすれば、光照寺本絵伝（第三幅第七段右）の法然が仰臥して空中の三尊像を指さす構図は、仰臥でなければ頭上を指さすことが難しいという事情からも、説明できそうです。

なお、平松令三氏（『親鸞』91頁および口絵写真）によると、「洛陽遷化」段にみられる聖人の臨終がすべての「伝絵」で、詞書と同じく、側臥すがたに描かれているのですが、専修寺本伝絵について、修理過程で興味深いことが判明しました。この写本は初稿本完成の二ヶ月後高田専修寺に送られたことが分かっています。裏打紙を取り除き、透過光を当てたところ、仰臥すがたを側臥に描き直していて、しかも上の描き直した線が下の描線とは違うことから、別人が描き直したのであろう、とのことです。当初の画工が詞書とおりに側臥に描かず、仰臥にしてしまったようですが、光照寺本の親鸞の仰臥はそのような不注意によるものではないでしょう。

臨終の荘厳《そうごん》化

「伝絵」の詞書には、臨終で「頭北面西右脇」に臥したことだけが書かれていますが、たとえば江戸時代後期に成立した高田派の五天良空の『親鸞聖人正統伝』は、聖人の臨終を詳述し、高僧奇瑞譚にちかいものに仕上げようと努めています。中核となる「本伝」では荒唐無稽な奇瑞譚はそう目立ちませんが、高田派に伝来したと称される「下野記《しもつけ》」を引用した部分では荘厳化が進んでいます。『親鸞聖人正統伝』は、同著者の『親鸞聖人正明伝』と並んで、江戸時代に通俗的な親鸞伝としてもてはやされました。なお、『正明伝』は存覚（1290－1373）の著書であるかのような奥書がありますが、「いま本書を存覚の作と考えている学者は一人もない」と、平松令三氏（「解題」『真宗史料集成』第七巻、25頁）は断じます。

「伝絵」の詞書にみられる臨終は脚色が少なく、史実にちかいものでしょう。これに対して、通俗説の代表として『正統伝』の臨終記を紹介します――（大意）十一月二十三、四日からは他に何も言わず、常に念仏を唱え、時々、阿弥陀如来と救世観音の二尊の広大な御慈悲や法然上人に出あえたことを喜んでいました。二十七日午後四時頃に、沐浴されました。専信に命じて、御髪《みぐし》を剃《そ》らせました。その後、人々をさがらせて、顕智一人を呼び、ひそかに談話され、桐の念珠をあたえました。しばらくして顕智は涙をおさえて退出し、御往生が近いとおもわれるので、御存命のうちに、聞きたいことがあれば言って置きなさいと各々に申し伝えました。聖人はひかえめに「何事も浄土で」と言い、後は念仏だけを唱えました。二十八日正午に頭北面西右脇に臥し、念仏の息とともに御遷化されました。門人たちは上下をへだてず、仏日（仏法の光）はすでに滅し、法燈は消えた、と悲しみの声がやむことがありませんでした――（以上、本伝）。

以下、「下野記」――二十三日より、御称名を絶え間なくお勤めされました。御弟子たちは、あまりに念仏がすすんだので、お疲れではないのかと申せば、たしかにそうだと言われ、声がとだえました。御臨終の時に及び、香気がふくいくと漂い、西の方から光明が白い道を成して現れ、夜になっても坊の裏まで白日のように光り輝いていました。

『正統伝』に書かれている沐浴してから髪を剃る作法は天台浄土教の臨終行儀をおもわせます。また、異香や光明があらわれるのも浄土往生が確実であることの根拠とされます。親鸞の他力信心とは縁の遠い作法が書かれているのには唖然としますが、ベストセラーであったことから、それが当時の一般的な信仰レベルだったのでしょう。

「御臨末之書《ごりんまつのしょ》」

親鸞の遺書とされる「御臨末之書」は江戸時代後期に親鸞に仮託された偽書とされます（中路孝信「親鸞聖人の伝承――『親鸞聖人御臨末の御書』についての一考察――」『眞宗研究』四七輯）。この書が遺書として流布するのは門信徒の心情に取り入るように巧妙につくられているからでしょう。死に臨んだ親鸞が浄土で門信徒に再会することを願い、この世に残る人々に法義の有難さを伝える内容です。弘長二年十一月の日付があります。二十八日とは特定していないのは、偽作者がそこまではっきり書くことに後ろめたさを感じていたからでしょうか。それとも、死亡直前では、遺言を残すほど意識が清明でなかった可能性を斟酌したからでしょうか。また、「一人居《い》て喜《よろこ》はゞ二人とおもふべし、二人寄《より》て喜はゞ三人と思ふべし、その一人は親鸞なり」の部分は、四国巡礼の「同行二人」に基づいて、つくられたのでしょうか。ここでは、親鸞のカリスマ性が露骨に表現され、他力の法義はかすんでいます。とても親鸞の発言とはおもわれません。

ただし、御臨末之書にある「愚禿《ぐとく》、年《とし》つもり病《やまひ》に犯《おか》され候間《あひだ》、追付往生《おつつけわうじやう》の本意《ほんい》を遂《とぐ》べく候。今《いま》は唯極楽《ただごくらく》の蓮台《れんだい》にて一味《いちみ》の衆中《しゅぢう》を相待《あいまつ》ばかりに候」（〔大意〕愚禿親鸞、年を取り病に犯されたので、まもなく往生の本意をとげます。今は極楽の蓮台に乗って、みなさんの来るのを待つばかりです）は、有阿弥陀仏《ゆうあみだぶつ》宛の親鸞の書簡（『注釈版聖典』第二六通、七月十三日付）に基づいてつくられたものでしょう――「この身は、いまは、としきはまりて候へば、さだめてさきだちて往生し候はんずれば、浄土にてかならずかならずまちまゐらせ候ふべし」（〔大意〕この身は、今は、年を取って老齢の極みに達していますので、きっとあなたよりも先に往生します。かならず浄土でお待ちしています）。史実として親鸞が御臨末之書を書いた根拠はないのですが、上記の書簡をうまく利用しているようです。親鸞の他力信仰に照らせば、臨終では報謝の念仏だけが聞こえるだけだったでしょう。臨終の一念は無視され、信心が定まれば、それだけで往生できるので、臨終行儀はいっさい求められることはありません。さらに、念仏の行者には往生して同行同朋と会う楽しみがある、と親鸞は書いています。

恵信尼文書にみる親鸞の臨終

恵信尼は親鸞の正妻です。『日野一流系図』（実悟撰）によれば、六人の子どもの母でした。覚如『口伝鈔』（第一二条）にも、「恵信御房　男女六人の君達の御母儀」と注記されます。

『日野一流系図』は、長男・範意の母を九条兼実の娘としていますが、以下の六人の子供の母は三善為守の娘とします。結婚したのが京都であったかどうかについて、諸説が錯綜しています。承元五年（1211）三月三日に、第四子・栗沢信蓮房明信《くりさわしんれんぼうあきのぶ》が生まれていることが恵信尼の書簡（『注釈版聖典』第三通）から判明しています。親鸞の越後時代でした。越後を出て、関東に移住する旅に、親鸞は幼い子供たちを連れていた可能性があります。恵信尼書簡（第三通）によれば、信蓮房が四歳のときに、佐貫で三部経読誦を始めています。

大正十年に西本願寺で発見された八通の恵信尼書簡が親鸞のこうした行実を解明する重要な手掛かりを提供します。手紙は、京都に留まっていた末娘の覚信尼宛のもので、弘長三年（1263）から文永五年（1268）までの六年間に出されました。弘長三年は親鸞が死亡した翌年です。恵信尼書簡（『注釈版聖典』第七通）に「今年は八十六になり候ふぞかし、寅の年のものにて候へば」と、書かれているので、恵信尼が寿永元年（1182）に生まれたことが分かります。恵信尼書簡（『注釈版聖典』第二通）によれば、末娘の覚信尼は元仁元年（1224）に生まれています。帰洛した親鸞の身の周りの世話をしたのが覚信尼で、臨終にも立ち会ったとおもわれます。親鸞入滅時に覚信尼は三十九歳だったはずですが、「伝絵・絵伝」の臨終の場面では親鸞の近くにそれらしい女性は描かれていないようです。

恵信尼書簡（『注釈版聖典』第一通）によれば、覚信尼の出した弘長二年（1262）十二月一日付の書簡（散逸）に接し、越後の恵信尼は親鸞の死亡を知りました。、この通知に接した恵信尼は、返事の冒頭で、「去年《こぞ》の十二月一日の御文、同《おなじき》二十日あまりに、たしかにみ候ひぬ。なによりも殿（親鸞）の御往生、なかなかはじめて申すにおよばず候ふ」（大意）昨年の十二月一日付のお手紙、同月の二十日過ぎにたしかに見ました。殿が往生されたことは、いまさらあらためて申すまでもないことで、往生したことに疑いありません）と、往生を疑う覚信尼の不安を打ち消します。覚信尼は手紙に親鸞の往生を疑うようなことを書いたのでしょう。親鸞の身近で長年仕えた覚信尼の言葉とはおもわれません。覚信尼の他力法義の理解は不十分だったのでしょうか。

なお、恵信尼は、この手紙の後半で、親鸞が普通の人間ではなく、観音菩薩の化身だとおもっていた、と告白し、続いて、「されば御りんずはいかにもわたらせたまへ、疑ひ思ひまゐらせぬうへ、おなじことながら、益方も御りんずにあひまゐらせて候ひける、親子の契りと申しながら、ふかくこそおぼえ候へば、うれしく候ふ、うれしく候ふ」（〔大意〕ですから、父上の臨終の様子がどのようなものであっても、往生を疑っていません。また、臨終のことですが、益方もご臨終に間に合ったとのこと。これも親子の縁以上のことのようにおもわれ、とてもとてもうれしい）、と重ねて親鸞の往生を断言しています。親鸞が観音菩薩の化身であることを信じていたので、奇瑞があろうとなかろうと、極楽往生は疑えなかったのでしょう。

ここで、「益方」が登場しますが、親鸞の第五男で、当時、新潟県上越市の「とひたのまき」に定着し、子供もいました。親鸞の病状を知って京都に出てきたのでしょう。益方は地名由来の人名です。ほかに、「小黒」「栗沢」「高野」などの地名が「とひたのまき」周辺にみられ、これらの地名にちなんで恵信尼は子供の名を呼んでいます。「栗沢」については、天台浄土教との関連で、後で取り上げます。

恵信尼が親鸞の極楽往生を疑わなかったのに対し、覚信尼は往生を疑うようなことを書いたらしいのですが、この問題について、小山聡子氏（『親鸞の信仰と呪術―病気治療と臨終行儀―』第四章一　2）は覚信尼が天台浄土教の影響下で生活していたことをその理由としてあげています。平安時代後期の上層社会では、臨終正念のうちに息をひきとり、聖衆の来迎など、様々な奇瑞があらわれなければ、極楽往生は保証されない、とする風潮がありました。

ただし、この基準をあてはめれば、浄土往生を遂げられた人間は極めて少なかったでしょう。往生伝が書かれたのは、往生人がまれであったからです。紫雲・異香・音楽・夢告などは期待されたとしても、実際にはそれらを目撃・体験することはなかったでしょうし、臨終正念は善知識がそばで注意深く付き添わなければ確認がむずかしかった、とおもわれます。つまり、天台浄土教でいう「浄土往生」は現実には期待し難かったわけです。

覚信尼は、当時の大部分の人と同じく、難解な他力往生よりも、天台浄土教的な臨終の有様を理想的なものとおもい込んでいた、と考えられます（小山聡子『前掲書』第四章三　2）。そうとすれば、父・親鸞を尊敬していたが故に、親鸞の臨終に往生伝にみられる奇瑞がおきなかったことを意外におもったのでしょう。「父の臨終には高僧にみられるという奇瑞が起きませんでした。浄土に往生できたかどうか、分かりません」と、恵信尼にもらしたものとおもわれます。

親鸞の臨終では、覚如の「伝絵」によれば、糸引き作法は言うまでもなく、沐浴や袈裟をかけるといった呪術的な作法は行われなかったようです。天台浄土教の臨終行儀を理想としていた覚信尼にとって、物足りなかったでしょう。

臨終の席に集まった人は少数だったようで、覚信尼や益方などの親族と、拾骨に参加した専信・顕智などの古参の門人があげられます。京都の門弟は『親鸞聖人門侶交名《きょうみょう》牒』（三河妙源寺本）によると八人です。ひっそりとした臨終・葬送だったようで、特別な道具立てはされなかったでしょう。初稿本系および康永本の臨終場面には磬台・阿弥陀仏像などの荘厳道具はいっさいありません。初稿本系の西本願寺本では八人、高田専修寺本では十人が臨終に参集しています。しかし、康永本・仏光寺本・弘願本では人数が増える傾向にあります。親鸞の荘厳化が多少はすすんでいるからでしょう。

恵信尼は親鸞が浄土往生したことを覚信尼に保証したのですが、それは親鸞が観音の化身であるとの夢告を信じていたので、浄土往生が確実とおもい込んでいたからで、恵信尼にしても当時の喪葬・追善習俗の影響から免れることができなかったといえます。恵信尼、覚信尼とも、他力信仰が十分に身についていたとはいえないようです。たとえば、五重の卒都婆の建立について、恵信尼書簡（『注釈版聖典』第五通）に次のような言葉があります。この手紙は文永元年（１２６４）に書かれたと推定されます。前年は不作だったようで、飢饉に苦しんでいます。恵信尼一族は越後に所領をもち、下人を使役する地主でしたが、かろうじて生き延びる有様でした。

今年はさることと思ひきりて候へば、生きて候ふとき、卒都婆をたててみ候はばやとて、五重に候ふ石の塔を、丈七さくにあつらへて候へば、塔師造ると申し候へば、いできて候はんにしたがひてたててみばやと思ひ候へども、去年の飢渇に、なにも、益方のと、これのと、なにとなく幼きものども、上下あまた候ふを、殺さじとし候ひしほどに、ものも着ずなりて候ふうへ、しろきものを一つも着ず候へば、（以下欠失）。（大意）今年はもう余命がないものと思い切りましたので、生きているうちに、卒塔婆を建てておこうとおもい、五重の石の塔を、高さ七尺にあつらえて注文し、塔師が造ると言ったので、出来て来れば建ててみようとおもっていたのですが、去年の飢饉のために、益方のと、こちらの子どもなど、なにもかも、年齢もまちまちの多くの幼いものたちを飢え死にさせないようにとおもい、着物を始末して、白い布の着物もなくなってしまいました（以下、欠失）。

また、同年（文永元年）五月十三日付の恵信尼書簡（『注釈版聖典』第六通）でも、五重の塔（五輪塔）の建立にこだわっています。

さて生きて候ふときと思ひ候ひて、五重に候ふ塔の、七尺に候ふ石の塔をあつらへて候へば、このほどは仕いだすべきよし申し候へば、いまはところどもはなれ候ひて、下人どももみな逃げうせ候ひぬ。よろづたよりなく候へども、生きて候ふとき、たててもみばやと思ひ候ひて、このほど仕いだして候ふなれば、これへ持つほどになりて候ふときき候へば、いかにしても生きて候ふとき、たててみばやと思ひ候へども、いかやうにか候はんずらん。そのうちにも、いかにもなり候はば、子どももたて候へかしと思ひて候ふ。（大意）さて、生きている間にとおもって、高さ七尺の石塔を注文していたところ、このほど出来上がると聞いていたのですが、私たちはもとの住所を離れ、下人たちもみな逃げうせてしまいました。よろず頼りないのですが、生きている間に建てたいとおもいます。このほど出来上がり、こちらに持ってくると聞きましたので、なんとしても生きているうちに建てたいとおもうのですが、どうなるかわからず、そのうち子どもが建ててくれればとおもいます）。

恵信尼が建てようと願った五輪塔は密教色の強いものです。ただし、鎌倉時代では五輪塔は、笠塔婆とならび、少なくなかったそうです（光森正士「親鸞聖人の遷化をめぐって」『仏教美術の研究』）。なお、親鸞の墳墓（東山大谷）には笠塔婆が建てられました。また、生前から死後の冥福を祈る逆修《ぎやくしゅ》のためのものであるのか、それとも、親鸞のための追善供養のものなのか、議論が分かれているのですが、どちらにしても他力の法義にそぐわないことが問題です。ただし、親鸞の三回忌（文永元年〔１２６４〕）に建てられる追善供養の石塔である可能性は低いはずです。もしそうであれば、恵信尼が手紙にその趣旨を書かないわけがないからです。恵信尼は生きているうちに自分の冥福を祈る卒塔婆を建てようとしていた、と解釈するのが妥当でしょう（小山聡子『前掲書』１７２頁）。恵信尼はこの手紙を書いてから少なくても五年後の文永五年（１２６８）まで生きながらえた、とおもわれます（恵信尼書簡『注釈版聖典』第八通）。五輪塔の建立は恵信尼が旧仏教の信仰をもっていたことをはっきりと示すもの、と考えられます。

逆修の卒塔婆とみなす五来重氏（『著作集』第五巻　２４２―２４３頁）は、恵信尼が「修験道的専修念仏」に生きた人で、その信仰は修験道という山岳信仰に専修念仏が加わったもので、恵信尼が暮らしていた妙高地方の信仰であった、と考えます。たしかに、『慕帰絵』（巻四）、『最須敬重絵詞』（第五巻第十七段）によれば、義絶された善鸞は「修験道的専修念仏」を実践していたらしいのですが、恵信尼については、南都六宗、天台・真言宗を核とする「顕密仏教」の信仰の持主だったとおもわれます。

同様の信仰背景は第四男・栗沢信蓮房明信（１２１１―？）にもみられます。恵信尼書簡（『注釈版聖典』第八通）に、「また栗沢はなにごとやらん、のづみと申す山寺に不断念仏はじめ候はんずるに、なにとやらん撰じまうすことの候ふべきとかや申すげに候ふ。五条殿の御ためにと申し候ふめり」（〈大意〉また、栗沢はどうしたことか、のづみという山寺で不断念仏を始めました。何事か祈ることがあるとか申し、五条殿〔親鸞〕の御ためにと言うのです）と、栗沢は天台浄土教に由来する不断念仏を行じました。場所については、旧板倉町栗沢・丈ケ岳山麓の「山寺三千坊」にあった修験道の行場「聖《ひじり》の窟《いわや》」とか、これに近い東山寺地区の「薬師堂」とする説が有力です（内藤章『親鸞　越後の風景』第四章）。三島郡寺泊町の「野積」では遠すぎるという難があります。不断念仏については、親鸞自身が比叡山時代に堂僧として実践し、越後流罪時代から関東方面に移動するさいにも、請われて行った、と五来重氏は推測します（『前掲書』第二巻　４２５頁）。

逆修の石塔を建立することに加えて、恵信尼は天台浄土教の「浄衣」作法に執心していました。このことは小山聡子氏（『前掲書』第四章一　２）が詳述します。恵信尼は最晩年の書簡で、くどくどしく「浄衣」を着て臨終を迎えたいと書いています。

文永四年（１２６７）九月七日付の恵信尼書簡（『注釈版聖典』第七通）を紹介します。

また小袖たびたびたまはりて候ふ。うれしさ、いまはよみぢ小袖にて衣《きぬ》も候はんずれば、申すばかり候はず、うれしく候ふなり。いまは尼（恵信尼）が着て候ふものは、最後のことはなしては思はず候。いまは時日を待つ身にて候へば。またたしかならん便に、小袖賜《た》ぶべきよし仰せられて候ひし。このゑもん入道の便りは、たしかに候はんずらん。（〔大意〕また、小袖を何度もいただき、うれしくおもいます。今は、黄泉《よみち》小袖に使えます。また、絹の着物も入っていたので、お礼の言いようもないほど、うれしくおもいます。今は、着古したものでもよいのですが、臨終のときが気になってしまいます。今は、往生する日を待つ身なので。また、確実な便で小袖をいただけるということなのですが、この衛門入道に預けてください。確実とおもいます）

翌、文永五年（1268）、恵信尼八十七歳のとき、恵信尼書簡では最期のものになる三月十二日付の手紙（『注釈版聖典』第八通）でも、臨終を迎えるときに着る着物を送ってもらい、ふかく感謝しています。

またすかいのものの便りに、綾《あや》の衣《きぬ》賜《た》びて候ひしこと、申すばかりなくおぼえ候ふ。いまは時日を待ちて居て候へば、これをや最期にて候はんずらんとのみこそおぼえ候へ。当時までもそれより賜びて候ひし綾の小袖をこそ、最後のときのと思ひてもちて候へ。よにうれしくおぼえ候ふ。衣の表も、いまだもちて候ふなり。（〔大意〕また、すかい（地名？）の者の便りによせて、綾織の衣類をくださったこと、言いようもないほどうれしくおもいます。今は往生する日を待っているだけで、これが最後のいただきものであろうとおもっています。これまでにいただいた綾の小袖を最後の時の小袖にしようと大事に保管しています。とてもうれしくおもいます。絹の表着もまだ持っています）。

続いて、恵信尼は、「念仏をとなえ、極楽に行ってお互いに会いましょう」と、覚信尼へ遺言のようなことを書き残しています。恵信尼の信仰では、念仏を浄土往生の手段と考えている節があり、小山聡子氏（『前掲書』１７６頁）は、「他力の信心や報謝の念仏は全くでてこない。恵信尼の念仏は、親鸞の念仏よりもむしろ法然のそれに近い」と、します。法然は「内専修、外天台」と評されることもあって、その臨終では円仁の九条袈裟をかけ、天台浄土教の死装束にこだわる作法を実践しました（臨終で「浄衣」をまとう儀礼については、本書第三章第一節の**【袈裟を掛けることの意味】**参照）。逆修の卒塔婆を建てることを望み、「浄衣」をまとうことで、極楽浄土に往生できるとおもっていたとすれば、恵信尼は旧仏教の枠の中にいた、と考えられます。

覚恵・覚如の臨終描写では天台浄土教に回帰

親鸞は、弘長二年（１２６２）十一月二十八日午後二時頃（未刻）に息絶え、出棺は翌日の二十九日午後八時頃（戌刻）だったようです。東山の西の麓、鳥部野の南、延仁寺で火葬にふせられ、その北の大谷に埋葬されました。初稿本系の「伝絵」には、四角形の透垣《すいがい》に囲まれた石塔が墳墓として描かれています（序章**【まとめ】**の図④、高田専修寺本「聖人入滅」段の絵相を参照）。その後、文永九年（１２７２）冬、親鸞の末娘・覚信尼を中心に吉水に廟堂が建てられ、その管理は親鸞の子孫があたり、「留守職《るすしき》」の人選には門弟の同意が必要と取決められました。第二代留守職は覚信尼の長男・覚恵《かくえ》（？―１３０７）で、その長男が覚如《かくにょ》（１２７０―１３５１）です。覚如は親鸞にとって曾孫《ひまご》にあたります。

覚恵は天台・密教を学びましたが、寺を出て隠遁生活に入り、当時十八歳の覚如とともに、弘安十年（１２８７）十一月十九日、上洛してきた如信から浄土門の教えを伝授されたようです（『慕帰絵』巻三第三段、宮崎圓遵「最須敬重絵の指図書」『宮崎圓遵著作集』第六巻　４１５頁）。『最須敬重絵詞《さいしゅきょうじゅうえことば》』第一巻に、覚恵が如信を師として受け入れ、親鸞聖人を祖師と崇めた、とあります。如信は善鸞の長子で、本拠地は奥州ですが、時々上洛しています。毎年十一月の親鸞の御正忌に上洛して七日間の念仏法要を勤めた、と『大谷本願寺通紀』（巻一）にあります。

覚恵の臨終は『最須敬重絵詞』（第六巻第二十三段）に述べられています。これは絵巻としては未完ですが、詞《ことば》書《がき》と「指図書」は残っています。覚如の弟子・乗専《じょうせん》が書きましたが、天台浄土教の影響が色濃いもので、臨終の奇瑞譚が散りばめられています。

覚恵は五十歳過ぎで「瘻《ろ》」という病気（「首のあたりに出るはれもの」『日本国語大辞典』）にかかり、すぐに命に障る病気ではなかったものの、臨終まで十年近くも覚如は看病に努めたのですが、徳治二年（１３０７）四月上旬の末から、すこし風邪気味になり、健康悪化し、「もう死ぬだろう」と言いました。来客には「往生が近い。西の浄土の蓮台に乗るのを待ち受けている」と言いました。また、枕元に善導大師の像をかけて、臥しながら「初夜礼讃偈」を心中で唱え、随喜の色は浅くはありませんでした。覚恵は声明の名手でした。念仏するうちに異香がかおりました。そのうち、覚恵は、抱き起すように看病人に言い、西に向かい、端坐し、念仏を百遍余り唱え、息が絶えた、ということです。このとき、法興院《ほこいん》のあたりに紫雲がたなびくのが見えたので、人があやしく思い「今朝の病気の様子はどうですか」と尋ねると、ただいま死んだということでした。『最須敬重絵詞』は、臨終の霊瑞はおどろくべきことで、往生浄土は第一の悦びであるものの、恩愛別離の悲しみはやるかたない、と書いています。

覚如の臨終の様子は『慕帰絵』巻十第二段に書かれています。作者は次男の従覚《じゅうかく》です。覚如は、『口伝鈔』『改邪鈔』で、〈法然―親鸞―如信〉という三代伝持の血脈上に自分を位置づけ、廟堂の留守職継承者として自己を権威づけるのと同時に、廟堂から発展した本願寺を他派の攻勢から守ろうとしました。仏光寺派の隆盛には目をみはるものがあり、本願寺への参拝は減少傾向でした（重松明久『覚如』１９０頁）。

覚如が他力信仰の継承者を自認していたことは、覚如が作らせた「親鸞伝絵」に天台浄土教の潤色がみられないことから分かります。それに対し、覚如の生涯をたどる『慕帰絵』『最須敬重絵詞』は、覚如自身ではなく、従覚、乗専によってつくられたのですが、覚如やその父・覚恵の臨終を描写した部分で、他力信心は後退し、天台浄土教の奇瑞譚が前景に出ています。『慕帰絵』（巻十）の臨終図に、頭北面西に臥す覚如が五条袈裟を着けているのがみえます（**図㉔**）。親鸞の涅槃図には概して袈裟が描かれていないのと好対照でしょう。数ある「親鸞伝絵・絵伝」のうち、袈裟がはっきりと見られるのは弘願本だけです。初稿本系、康永本系を問わず、臨終では白衣姿が目立ちます。

覚如の次男・従覚が作成した『慕帰絵』（巻十第二段）に書かれている覚如の臨終を紹介します――観応二年（1351）正月十七日の晩よりすこし不調となりました（『最須敬重絵詞』第七巻第二十七段では、一時的な中風「風痺《ふひ》」とみられました）。世上の騒乱もまだ落ち着いていなかったので、医師を迎えるべき時分ではありませんでした。それが、十八日の朝から、重病となって、このころから世事は口にすることなく、念仏ばかりが苦しい

図㉔　『慕帰絵』巻十第二段（京都・西本願寺蔵）
「覚如の入滅」

息のもとに聞こえるようになり、このとき、世話役の僧に二首の歌を書かせました。このたびは、此の世の終となるはずと覚悟して、医療も辞退したのですが、そうはいかないので、十九日の払暁に医師が招へいしされました。脈は弱く、良薬も効き目がありませんでした。酉の刻（午後六時頃）の末、頭北面西で眠るが如く息絶えました。不思議なことには、発病してから死亡の時まで、三日ほどずっと、空に紫雲が見られたという報告が所々でありました。名残惜しいことから、両三日は葬送を延期したのですが、二十三日第五日目の夜明けに出棺、葬礼は知恩院の長老僧衆を迎えて行い、延仁寺で火葬にふされました。二十四日には遺骨を拾ったのですが、白骨の一つ一つが玉になって仏舎利のように五色に分かれました。なお、『存覚袖日記』（五三）によれば、葬送は親鸞の行装にならい、「揚輿《あげこし》、先に松明一対、火の番は赤衣四人」、赤衣は葬送作業に従事した犬神人《いぬじにん》のようです。「伝絵」の「洛陽遷化」段に描かれている清水坂の住人でしょう。「焚香《ふんこう》は従覚、俊玄、存覚、乗専、および上足の弟子の順番」でした。拾骨では、遺骨を「かめ」に入れ、読経は「礼讃無常偈」でした。

『最須敬重絵詞』（第七巻第二十八段）でも、覚如の葬送について、「終焉彩雲ノ奇異《しゅうえんさいうんのきい》」「滅後霊骨ノ勝相《めつごれいこつのしょうそう》」が強調されています。

　覚如は如信から専修念仏の教えを継承したのですが、その如信の臨終にしても天台浄土教を想わせるものでした。異香・妙音楽・瑞雲・霊夢など、往生の奇瑞譚が多く語られます（『最須敬重絵詞』第六巻第二十二段）――如信上人は奥州大網東山（福島県西白川郡・同石川郡などに当たるとされます）に住んでいましたが、金沢（茨城県大子町）の本願を信じる乗善房という人に請われて正安元年（１２９９）十二月二十日頃から乗善房の草庵に滞在して、昼夜、法義を談じたのですが、やがて正月二日から、いささか健康を害して臥せるようになり、それ以後は世事に関心を示さず、長時間、称名念仏を怠りませんでした。すると、異香が部屋の内でかおり、音楽が外から聞こえ、二日二晩のあいだ、たえず耳鼻にふれました。かくして、同月四日午前十時頃、臨終正念して、ついに称名念仏の息が止まりました。近隣の人々は瑞雲を見て驚き、遠方の人は霊夢をみて、集まって来ました。

一遍の臨終

一遍の臨終は高弟の聖戒《しょうかい》が編集した『一遍聖絵』（巻第十一、十二）にくわしく書かれています。一遍は「賦算」「踊念仏」で知られますが、「捨聖《すてひじり》」と称されるように、一切を捨て去り、宇宙の摂理（南無阿弥陀仏）と一体化する他力的な側面が濃厚です。

親鸞が没してから二十七年後、一遍は長年にわたる遊行の無理がたたったのか、正応二年（１２８９）六月一日、阿波国で発病しました。五十一歳でした。発病前に「生涯幾許《いくばく》ならず死期近きにあり」（大意）自分の生涯もあとどのくらいのこっているのか、死期が近い）と漏らしたのを聞いて、門弟は奇妙におもったそうです。発病してから、身心・寝食が平常と違うようになり、それが日増しに悪化したものの、修行は変わらずに行っています。

七月十八日、淡路国から明石に渡り、さらに兵庫の島の観音堂に入りました。はじめは、敬慕する教信の旧跡・印南野《いなみの》のあたりで臨終を迎えたいとおもっていたのですが、迎えの舟に乗ることになって、兵庫の島に向かいました（教信については、本書第二章第二節の**【親鸞が敬慕した教信の実像】**参照）。一遍は、『一遍聖絵』巻第九第三十七段によれば、弘安九年に印南野の教信寺で一泊しています（四十八歳）。八月二日、遺戒《ゆいかい》を書かせ、捨身往生を戒める言葉を残しています。八月十日、所持していた書籍を自らの手で焼き捨て、看病の弟子を三人選び、他の弟子は在家との仏縁を結ばせました（これより以下は巻第十二）。八月九日から七日間、紫雲が立ちましたが、一遍は「それでは臨終の時ではない、最後の時にはそのようなことは起きないものだ」と言いました。一遍にとっては、天人がなげかける華や紫雲も迷いの世界を離れる役に立たず、大切なのは「南無阿弥陀仏」だけでした。奇瑞を待ち受ける天台浄土教とは天地の落差があります。十七日にはもはや臨終だと人々が騒ぎ立て、一遍も一時は生きていても何の役にも立たないとおもいましたが、おもい直しました。十八日、「わたしの目に赤いものがある。それが消える時が最後だとおもいなさい」と、聖戒に言いました。目の赤い像は、六十六歳の法然の逸話を想わせます（本書第三章第一節の**【法然の臨終と喪葬】**参照）。

二十一日の日中法要の後、庭で踊り念仏をした門弟を前後に坐らせ、一遍は頭北面西で念仏を唱えました。多くの僧俗が騒ぎ立てたのですが、「今は臨終ではない」と言って、元のように坐りなおしたので、騒ぎが静まりました。一遍が、日中法要の後でうとうとしていた時、西の宮の大明神が最後の結縁をしに来たので目が覚めた、と話している所に、西の宮の神主がやって来て「昨年から知識と頼む聖が臨終と聞いて、十念を受けさせていただきたく参りました」と、申し上げました。一遍聖が十念を授けたのはこれが最後でした。一遍にとって神仏習合は違和感がなく、日本の神は仏の垂迹でした。

普段は三日に一度の水垢離《ごり》を二十日から三日続けて浴びたので、聖戒は一遍の臨終を覚悟し、最後の夜は足元の方に坐り看病しました。八月二十三日の午前七時頃、『帰三宝偈』が唱えられているうちに、息が絶えたように見受けられ、禅定に入るように往生しました。前に言っていたことに違いはなく、目に赤いものはありませんでした。

「良き武士と道者とは死する様をあだに知らせぬ事ぞ。我終らむをば人知るまじきぞ」（〔大意〕善い武士と道者は死ぬ様をむやみに知らせないものである。わたしの死ぬときを他人は知らないであろう）とは、一遍の生前の言葉でした。武家の出身であったことがこのような発言につながったのでしょうか。これを疑う者がいたのですが、果たして最期はそのとおりになったわけです。なお、門弟が訃報を聞き、前の海で入水往生したのは、一遍には不本意なことだったでしょう。

予告往生をした関東御家人の熊谷直実（法名、蓮生《れんせい》）の臨終は奇端に満ちたものであったと伝えられていますが、これに対し、一遍の臨終は簡素そのものでした。聖聚の来迎を信じ、執着の心を捨て、「南無阿弥陀仏」にすべてを託したときが一遍の臨終だったようです。最期に沐浴にこだわったことを除き、天台浄土教へ回帰する動きとは一線を画す生涯を一遍はたどりました。『一遍聖絵』巻第十二第四十八段の末尾に一遍の遺体が描かれています。袈裟・衣をまとい、仰臥した姿勢で合掌しています。白い衾《ふすま》が掛けられていますが、とくに臨終仏などの臨終行儀の道具は何もみられません（図㉕）。

一遍の法脈は法然にさかのぼり、その高弟・証空の弟子にあたる聖達《しょうだつ》から浄土教を伝授されました。鎌倉時代には、法然の法門から出た親鸞・一遍が天台浄土教から離脱し、弁長、良忠の鎮西派が天台浄土教に回帰する方向に向かいます。

臨終行儀は親鸞・一遍では重んじられませんでした。二人とも遺棄葬にせよと言い残した、と伝えられます。

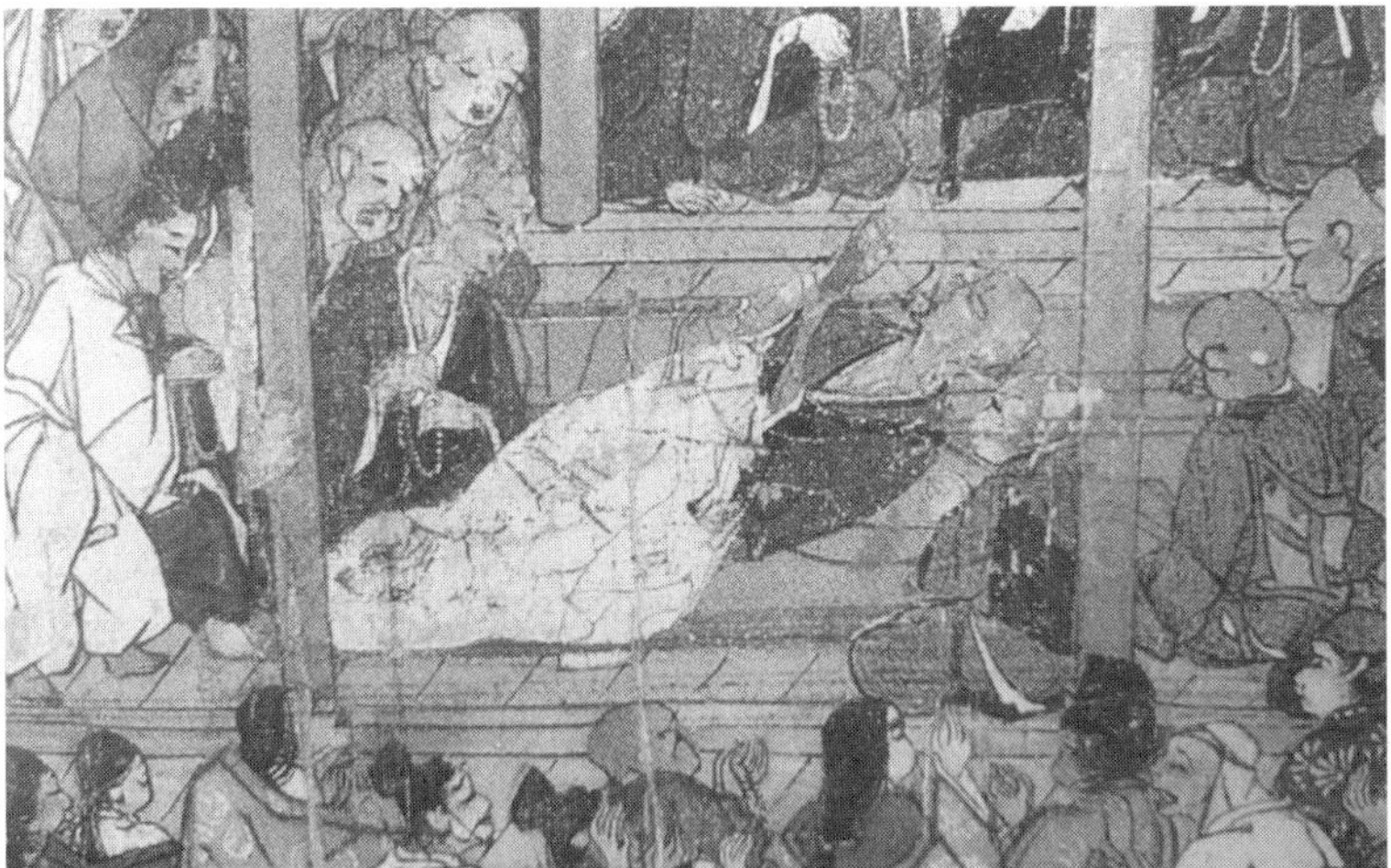

図㉕　『一遍聖絵』巻第十二第四十八段（神奈川県・遊行寺蔵）
「一遍の臨終」

まとめ――他力の教えと臨終行儀の衰退――

〔親鸞、天台浄土教から離脱する〕天台浄土教が善知識・臨終奇瑞・臨終正念を重視する傾向は、法然に至って「平生の念仏」へ転向・集約します。ところが、その後、その方向性は弁長、良忠などの後継者によって修正を受け、法然教団の大勢は天台浄土教へ回帰するようになります。その回帰傾向は、そもそも法然自身が抱えた「内専修、外天台」という複合性に由来するといえます。弁長、良忠などの動きとは違い、天台浄土教から離れて、法然の専修念仏を継承したのが親鸞でした。ただし、親鸞にしても、法然の他力・専修念仏の教えをすぐに完全には理解できなかったようで、関東に滞在しているときに深化させ、それは『教行信証』として結実しました。関東では親鸞のもとに門人が集まり、やがて有力集団がいくつか形成されました。

親鸞が帰洛してからも、関東から門人がはるばる訪ねてきます。親鸞の書簡には師弟とのまめやかな交流が書かれ、他力信仰の受容の様が具体的に知られます。覚信房は旅中で発病し、聖人の元で死亡した門人です。その臨終は合掌して称名念仏を唱えるだけでした。阿弥陀如来の慈悲にあずかる者はすべて同行・同朋で、とくに善知識といわれる指導的存在が臨終の枕元に必要とはされませんでした。親鸞門下にあっては、臨終行儀といえるものは念仏を除き皆無でした。本願を信じ、往生を確信し、状況が許せば報謝の念仏を唱える、これが親鸞の往生行のすべてです。そのような最期をむかえた門人のことを、親鸞は「めでたさ申しつくすべくも候はず」（〈大意〉めでたいこと筆舌に尽くせません）と、評しています（『注釈版聖典』第二通）。このように、他力往生を信じて往生をむかえるのですから、臨終儀礼は一切無用です。仏菩薩の来迎を待ち受けることも無用です。親鸞は、「かならずかならずまゐりあふべく候へば、申すにおよばず候ふ」（〈大意〉必ず必ず浄土で会うことは申すにおよびません）と、先立った門弟の死を悼み、浄土での再会を期します（『注釈版聖典』第一五通）。他力信仰を通じたうるわしい師弟関係がここにうかがわれます。

親鸞は文応元年の最晩年の手紙（『注釈版聖典』第一六通）で、「自分は臨終の善し悪しをとやかく言うことはありません。愚痴無智の人も終わりはめでたいものです」（大意）と、人間は、本来は、愚者であるが、そうであっても、本願を信じさえすれば往生が決定するとして、愛別離苦に苦しむ愚者こそ如来の救済の対象とみなします。親鸞の曾孫で、他力信心を継承した覚如は『口伝鈔』（第一七条）で、愛執のふかい妻子を病床に近づけさせない流儀を自力的な配慮として親鸞が非難したことを紹介しました。

同じく、『口伝鈔』（第一八条）によれば、親鸞は、遺族に対して杓子定規に教義を押し付けるのは「かなしみにかなしみを添ふる」ようなもので、遺族を慰めるには酒を用いて、笑い出すようにしてこそ本当の慰め方である、と言ったそうです。このように、親鸞は硬直した法義を押し付けるのではなく、愚者凡夫の心情をくみとる能力が備わっていました。親鸞書簡に師弟のこまやかな交流が書かれているのも、もっともなことです。

親鸞の臨終が描かれている「伝絵」は初期の初稿本系と決定版の康永本に大別され、両者には絵相の違いが少なからずあります（本書第四章第二節の**［伝絵・絵伝に描かれた臨終］**参照）。問題は「伝絵」が覚如の指図でつくられ、覚如の信仰が親鸞の臨終図に反映している可能性が強いことです。覚如の伝記絵巻『慕帰絵』が息男・従覚によってつくられ、天台浄土教の影響が濃厚にみられるのと、好対照をなします。覚如は親鸞の他力信仰の後継者を任じ、本願寺教団の確立に尽力したので、親鸞の臨終の絵相が専修念仏の信仰を反映しているのは、自然です。臨終を描く「洛陽遷化」（「聖人入滅」）段の詞書にも、天台浄土教の臨終行儀はいっさい書かれていません。ひたすら念仏を唱えて息絶えました。

親鸞は「頭北面西」で臥していたのですが、仏菩薩の来迎にそなえる自力的な「枕直し」の臨終行儀というよりも、覚如が、古来（古代インド）からの習俗にしたがって描くように、指示したのでしょう。天台浄土教では、「頭北面西」に臥すだけでなく、「西に向かって端坐する」作法もみられます。臨終姿勢はその人の健康状態に左右される面があるでしょう。法然上人は横（平）臥の姿勢で死にましたが、上人が端坐できない者へ心配りをしたから、と伝えられます（『法然上人傳記』巻第七下）。

〔覚如は知識帰命・無常講を警戒〕 覚如は『改邪鈔』で親鸞の教えに反する門弟の動きを痛烈に批判しています。「知識帰命」「無常講」などの問題です。前者については、第二、第九、第一八条で、知識帰命を厳しく拒絶し、凡夫が善知識になりたがっても、それは無理で、浄土往生は阿弥陀仏にお任せするしかないとします。そこからも、親鸞の同朋・同行主義が引き出されます。覚如は、信仰上の問題だけでなく、教団経営でも対処しなければならない難問を抱え、有力門徒が善知識となって分派・独立することを警戒していました。仏光寺派、高田派がこれにあたる有力集団でした。

また、第一六条では「祖師の報恩謝徳の集会で没後葬礼について話し合うこと」を非難します。親鸞が「某《それがし》親鸞　閉眼せば、賀茂河にいれて魚にあたふべし」と言ったとされることからも、葬礼を一大事にすることはやめるべきで、信心を根本に考えるべき、と主張します。当時の門徒集団が「無常講」といった天台浄土教的な組織に変わろうとしていたことが分かります。「知識帰命・無常講」の問題は門徒が旧仏教に回帰する動きと連動します。親鸞亡き後、その回帰傾向が覚如の臨終でも鮮明にあらわれます。覚如の一代記『慕帰絵』・『最須敬重絵詞』には、天台浄土教で往生の証《あかし》とされる瑞相が華々しく書かれています。作者は覚如の次男・従覚と高弟の乗専です。本来なら、他力信仰の継承者であるはずですが、かれらにしても天台浄土教へ回帰する傾向を覚如・覚恵・如信らの臨終描写で示します。他力信仰は後退し、先師の荘厳化が進んでいます。

〔**恵信尼文書にみる旧仏教の残滓**《ざんし》〕親鸞の正妻・恵信尼が、晩年に、京都の末娘・覚信尼に書き送った手紙から、親鸞の家族の信仰が親鸞のものとは違うことが分かります。親鸞の他力信仰は十分には理解されなかったようです。覚信尼は父・親鸞がはたして浄土に往生したのかどうか、不審におもったようです。臨終で高僧にみられるという奇瑞現象が起きなかったからでしょう。恵信尼は、親鸞が観音菩薩の化身であると信じていたことから、往生は疑いないと断言しますが、この問答から、彼女たちが他力信仰を十分に身に着けていなかった、と推察できます。また、恵信尼は死ぬまでに五重塔（卒塔婆）を建てることにこだわります。この卒塔婆は自身の逆修《ぎゃくしゅ》のためのもの、と考えられます。五重の塔は「五輪塔《ごりんとう》」と呼ばれ、密教の「空・風・火・水・地」の五大要素を具足するのですが、逆修の発想とともに、他力信仰とは縁が遠いといえます。ただし、中世では五輪塔を建てる習俗が一般的でした。さらに、恵信尼は、臨終のさいに着る小袖（「よもじ小袖」）を贈られて、覚信尼に何度も感謝の言葉を述べています。天台浄土教で「浄衣」を着て仏菩薩の来迎をむかえる臨終行儀が重んじられていたので、これに倣って浄土往生を円滑に運ぼうと考えたのでしょう。

恵信尼文書には、四男・栗沢信蓮房が「のづみ」という山寺で不断念仏を始めようとした、と書かれています。不断念仏は天台浄土教の典型的な修法です。栗沢は親鸞の追善のために修するつもりだったようです。このように、親鸞のそば近くにいた家族ですら、他力信仰は難解で、旧仏教の影響はぬぐいきれなかったようです。

かくして、親鸞の他力信仰は覚如には継承されたといえるのですが、覚如の長子で博学の存覚（1290―1373）でさえも天台宗にみられる「称名念仏の滅罪生善的善根（中略―引用者）への信から、これを行《ぎょう》的に励むべき」（重松明久『覚如』179―180頁）とする自力的な立場に近かったとされます。称名念仏にはげめば、罪を滅して善を生み出すよい報いが得られるという発想です。存覚は他派の教団との多様な付き合いがあり、本願寺との利害関係が複雑であったようです。また、念仏の現世利益をも主張しました（『破邪顕正抄』上）。覚如が存覚を義絶したのは、このような法義上の問題がありましたが、存覚が持っていた天台浄土教的な色彩が門徒の信望を集めたから、とも考えられます（増補改訂『本願寺史』319頁）。

〔**本願寺教団の臨終行儀**〕親鸞の他力信仰は本願寺第八代宗主・蓮如の時代まで低迷を余儀なくされます。他力信仰の教化に熱心であった覚如の時代ですら、門徒集団が無常講のような組織を形成したとされます。没後葬礼に門徒が熱心であったことは覚如が『改邪鈔』（第一六条）で述べているのですが、「無常講」組織は臨終行儀を盛んに行ったのでしょう。臨終行儀は、法然の場合、すたれる傾向にあったのが、弁長・良忠に代表される浄土宗鎮西派では天台浄土教的な臨終行儀が復活しています。また、法然の追善供養で、顕密仏教的儀式が執行されたことを考慮すると、法然教団一般が旧仏教儀礼へ回帰する傾向を示したことは否定できないでしょう。臨終行儀について、本願寺教団ではどうだったのでしょうか。

本書序章で指摘したように、蓮如の後継者・実如の臨終（1525年没）では、本来は死亡直前に行われるはずの臨終行儀が、死亡が確認されてから入棺されるまでの間に行われています。たとえば、「浄衣」「頭北面西（枕直し）」「沐浴」「屏風を立てる」などが死後に行われています。つまり、臨終では念仏を唱えることが目立つだけで、かつて生前に行われた臨終儀礼は死後の儀礼になります。真宗では、親鸞の教えにしたがい、臨終正念を尊ぶ意識はないので、臨終で唱える念仏をとくに臨終儀礼とみなすことはなくなった、とおもわれます。近現代では、これらの儀礼は「通夜」に取り込まれたようです。

真宗では、死後に行われる「枕経《まくらぎょう》」を臨終勤行とします。絶命後、枕経をすませてから、納棺し、それから通夜になります。「枕経」を臨終勤行と称するのは死後最初に行われる喪葬儀礼だからでしょうか。ただし、臨終勤行であるとすれば、本来は、死亡直前に行われるべき勤行であるはずです。なお、五来重氏（『著作集』第十二巻 Ⅳ四８）によれば、枕経は湯灌のための読経で、これを行うのは新潟県佐渡島で「にッかん坊主」（湯灌坊主）と呼ばれ（『旅と伝説』葬号〔報告者〕中山徳太郎）、もとは下級僧侶・聖が行ったそうです。その発祥は「遊部がかんがえられ、行基、空也によって三昧聖、念仏聖、阿弥陀聖、俗聖、毛坊主として念仏門に組み込まれ」（４４７頁）、これを基層に浄土教各宗が発展した、とされます。モガリの遊部が唱えた呪言を「枕経」の起源と推測する五来説はあまりにも漠然としていますが、五来氏（４５２頁）は、枕経が本来は「鎮魂・浄化・滅罪」のための読経で、湯灌・剃髪と一連につながる儀礼だった、と指摘します。

実如の場合、往生後、「通夜」とよばれる独立した行儀はみられません。ただし、死亡直前の臨終儀礼は消滅したものの、死亡後の儀礼は潤沢です。二月七日に入棺してから二月八日に拾骨するまで、石枕をさせるなど、民俗儀礼とされるものを含めて、喪葬儀礼が豊富に執行されました。

なお、佐々木孝正氏（「本願寺の葬制」『仏教民俗史の研究』）によると、本願寺では往生した座敷に臨終仏をかけ、遺骸を頭北面西に安置して「臨終の念仏」を行う風習があったとします。佐々木氏は、浄土往生のための臨終行儀というよりは、当時の一般社会の風習である「鎮魂の臨終念仏」に準じた儀礼とみなします。『蓮如尊師行状記』（江戸中期成立）に「御臨終の念仏のこと、高声はわるく、低く静かに唱えるべしとの遺言あり。故に御臨終仏を枕元にかけて、それぞれが念仏を唱える」（大意）と、あります。この「臨終の念仏」も死亡後に唱えられます。

江戸時代後半にもてはやされた『親鸞聖人正統伝』（九十歳条）では、生前に臨終行儀を執行する古典的な作法が書かれています。ここでは、臨終行儀が天台浄土教に準じて位置づけられています。臨終では「沐浴」「高弟に髪を剃らせ」、「頭北面西」に臥し、念仏の息とともに遷化。「香気ふくいくし、白道の光明が現れた」（『下野《しもつけ》記』）という瑞相は、天台浄土教の往生伝の影響を強くうかがわせます。覚如が作らせた「伝絵」の親鸞像とはかなり違います。儀礼の力を借りて浄土に往生しようとする意識が見え隠れしています。

〔**臨終行儀は通夜と一体化した**〕貴族趣味の天台浄土教の臨終行儀が衰退するのにともない、臨終行儀は死後に行われる葬礼のなかに吸収され、独立性を失うことになりました。一般庶民にとって、死亡直前に物心ともに臨終にそなえるのは負担が大きかったでしょう。また、死亡が確定する前の仮死状態で「枕直し」などの儀礼を整えるのは不吉とする意識があったようです。枕直しをしてしまえば、蘇生の希望は完全に潰えてしまう、と認識される場合もありました。

なお、死亡前に、頭北面西に臥し、または、西に向かって端坐する儀礼は、源信・法然・親鸞などの臨終にみられます。ただし、実如（1525年没）の時代では死後儀礼でした（本書序章の【**実如の臨終行儀は死後へ集約**】参照）。臨終には生と死をまたぐある程度の時間の幅があるので、死の直前に行われる行儀が死亡後に行われたとしても、それほど抵抗はなかったともおもわれます。

親鸞の他力の教えに照らせば、臨終行儀に重きを置くのは邪義です。如来の本願を信じればそれだけで十分です。かつて「生前」に行われた臨終行儀がその意義を失い、「死後」の儀礼に吸収される変化は、実如の葬礼にみられるように、真宗では中世後期には起きていたとおもわれます。ただし、藤原俊成（1204年没）の臨終行儀は、善知識の臨席は別にして、死後に行われました。苦痛が甚だしかったからでしょうか（本書第二章第五節の【**『明月記』にみる藤原俊成《ふじわらのとしなり》の臨終**】参照）。

現行民俗では、通夜儀礼が「枕直し」などの臨終行儀を取り込んでいるようにみえるのですが、通夜では、納棺するまで近親者が遺体に付き添い、死者の霊魂の再生もしくは生者がそれを受け継ぐのがその本義だったとおもわれます。やがて、通夜がもっていた本来の意味が失われ、親族が死者を悼む儀式に変わりました。浄土往生を願うはずの臨終行儀が死後儀礼の通夜で行われるというのは、臨終行儀が本来の意味を失ったからでしょう。さらに、通夜儀礼もその本来の意味をほとんど失います。

つまり、死後に行われるようになった臨終行儀は、近世で「添い寝」を本義とする「通夜」の民俗と一体化し、通夜儀礼に「添い寝による再生（生命継承）願望、死霊鎮送、悪霊防除、滅罪浄化」などの複数の意義が織り込まれるに至り、通夜の意義がますます分かりにくくなるという結果が生じたのでしょう。

なお、通夜を古墳時代のモガリの残存形と断定する明確な根拠はありません。類似する要素が両者にみられることは否定できないのですが、歴史的な継続性は確認できていません。

あとがき

「臨終行儀」の歴史を古墳時代のモガリからたどってきました。モガリは「仮死状態からの蘇生」を目的に行われたとする説が有力で、死を覚悟しながらも蘇生を切願する呪術、または、死が確定される前に行われる「臨終行儀」ともいえます。死は遺体の腐敗・骨化によって確かめられ、死の確認には時間がかかりました。ただし、腐敗がすすめば、「蘇生」よりも「鎮魂」の意図が重くなったでしょう。古代人にとっては、身体の原形が失われれば、遊離した霊魂がこれに復帰することができず、死が完全に確定されることになります。

モガリが衰退する白鳳・奈良時代では、仏教による呪術的な延命法が貴族階級で行われていますが、臨終行儀とはいえず、どちらかといえば治病の一環でした。

ついで、浄土教が伝来すると、「浄土往生」に限定された臨終行儀が平安時代中期以降、とくに上層階級で盛行しました。死に行く者が心安らかに最期を迎えられるというのは、いつの時代でも切実な願望で、本書序章の**【「臨終行儀」の盛衰】**でふれましたが、中世では、大勢の貧しい庶民が浄土往生を願い、阿弥陀如来像造立のための寄進をしています（十三世紀初頭）。その勧進名簿が仏像胎内にあるのが発見されています。また、十五世紀後半に書かれた勧進名簿には「モミ女」との記載がかなりみられたそうですが、金銭を寄進できない貧民がせめてもの志で「モミ」を寄進したようです。

浄土往生を保証するのが臨終行儀の意図でしたが、富裕階級でもなければ、死の直前に臨終行儀を物心ともに整えるのはかなりの負担でした。また、臨終行儀が死を連想させることからも、息がある間にこれを行うのを嫌って、死亡が確認された後で行われるようになり、やがて行儀の意味が忘れられてしまいました。現代では、臨終行儀は重んじられないどころか、実質的に消滅し、人々の意識に浮かぶことはまずありません。医師の「ご臨終です」にみられるように、「臨終」という言葉の使い方からしても、あいまいです。また、死後、枕元で読経する「枕経」を「臨終勤行」とするのも、厳密には理屈に合いません。

長寿社会でもあり、死亡原因の最多がガンである時代では、安らかに死にたくても、延命処置が高度に発達していることもあって、なかなかポックリとは死ねません。とにかく安楽に死ねればよいと願う人が圧倒的に多く、浄土往生などは贅沢な望みというよりは、眼中にもない有様です。かつて盛んだった浄土教の臨終行儀は、安楽国すなわち浄土への往生儀礼ですから、「安楽死」のためのものでもありましたが、「浄土往生」が信じられないとすれば、臨終行儀は無意味となります。

臨終行儀の中には、肉体的なレベルでの安楽死を助長するものがありました。たとえば、「死水《しにみず》」や「読経」がそうです（序章の**【「安楽死」の問題】**参照）。経をあげ、供えた水（死水）を飲ませると楽に死ねるなどの民俗例がみられます。これは呪術に類するもので、下手すると自殺幇助とみなされかねませんが、なかなか死ねないで苦しむ病人を目の当たりにする心痛はかなりのもので、安楽死を望むのには、同情すべき面があります。ただし、坊さんにこのような「安楽死勤行」を望むのは今では無理です。

今日、一般に、坊さんへの期待値は低く、むしろ医療関係者が患者の心理的なケアを行う事例が報告されます。このような現状を憂慮して、精神的なケアに積極的に取り組む「臨床宗教師」と呼ばれる宗教者が現れ始めているようです。終末期患者の心に寄り添う活動に従事し、最終的に「死を受け入れる準備」を手助けするために病室に出入りしているそうです。

仏教にはターミナル・ケアの長い伝統があります。法然（『往生浄土用心』）・良忠（『看病御用心』）などに代表される浄土門では、医療レベルが低かった当時、重病にかかれば死を覚悟せざるを得なかったこともあり、延命のための医療について否定的でした。法然は、穏やかに念仏を唱えるために治療するのは構わないが、命を惜しむのは往生の妨げである、と述べ、延命を目的とする治療は勧めません。良忠『看病御用心』第五条にも同趣旨の主張がみられます。ただし、命にかかわらない風邪などの病気について、法然は、「津戸三郎へつかはす御返事」（建久九年〔1198〕四月二十六日付書簡）で、灸や温浴、舶来の薬をつかって治療にはげんだ、と書いています。

浄土往生を願って、一心に念仏を唱えるために、医療によって苦痛を除くことは許されるのですが、延命治療は命を惜しむ心情をいたずらに助長する危惧があるとされました。病者は浄土往生の想いを抱き、ひたすら念仏を唱えて臨終を待ちます。看病人は病者に念仏を勧めます。このような臨終行儀は今日の終末期緩和ケアにだいぶ近づいています。

昨今の終末期ケアでは、延命処置をせずに自然にまかせることが選択肢として考えられるようになってきたようです。どのみち助からないのであれば、苦しい検査や治療はやめて、医療は鎮痛処置に限り、静かに力尽きて死ぬのを待ちます。これは中世浄土門の臨終行儀そのものです。

浄土門の臨終行儀は、基本的には、浄土往生の想いをもって念仏を唱え、死を迎えることに集約されます。病苦を除くのは現代ではかなり容易ですから、この行儀は実行できそうにみえます。ただし、理屈優先の現代人には、ただ念仏を唱えさえすれば往生できる、と信じるのは難しいかもしれません。そんなうまい話があるはずがない、と疑ってしまいます。なお、念仏と往生の因果関係は学問的には立証できませんが、これまで無数の人々が念仏を唱えて死んでいった事実について、それなりの重みをくみ取ることも可能でしょう。

現代人には逆説的とおもわれる往生観が親鸞の書簡（『注釈版聖典』第一六通、文応元年十一月十三日、乗信房宛て）

に載せられています。親鸞はその書簡で法然の言葉を引用しました――「法然上人は『浄土門の人は愚者になって往生する』と言われました。そのうえ、上人は何も知らない無学の人たちが訪ねてくるのを御覧になっては『往生は必定』と言って、笑っておられたのですが、いかにも物知り顔の人が訪ねてくると、『往生はどうであろうか』と疑っておられました」(大意)。愚者になれるのなら、大往生はむずかしくない、というのが法然の考えです。もっとも、「愚者」になるとはどのような意味であるのかが問題です。『無量寿経』(巻下)に「易往而無人《いおうにむにん》」という経文があります。「浄土には行きやすいけれど、行く人はまれである」という意味です(親鸞『尊号真像銘文《そんごうしんぞうめいもん》』本、参照)。法然・親鸞の浄土教では、臨終行儀を整えることよりも、愚者になることがまず望まれるわけですが、そう簡単に愚者になれるわけではないようです。

覚如の『口伝鈔』(第一九条)および親鸞の門弟・唯円が書いたとされる『歎異抄』(第三条)に「善人でさえ浄土に往生できる。まして悪人はいうまでもない」(大意)という高名な「悪人正機説《あくにんしょうき》」の言葉が紹介されています。また、『醍醐本法然上人傳記』「三心料簡《さんじんりょうけん》および御法語」の第二十七話にも、法然のその言葉と法然の高弟・源智による解説がみえます。『醍醐本』が『口伝鈔』『歎異抄』以前に成立していることもあり、発言元は法然で、法然から親鸞に伝えられた言葉が『口伝鈔』『歎異抄』に書かれた、と理解できます。愚かな悪人こそ往生できるという考えは「愚者になって往生する」という趣旨を言い換えたものでしょう。なお、「智慧第一の法然房」と評された法然は「十悪の法然房・愚かな法然房」を自認して、念仏を勧めています(『法然上人行状絵図』巻第二十一第一段)。巻第四十五第二段にも法然の同様の発言がみられます――浄土門の修行は、愚癡《ぐち》に還《かえ》りて極楽に生まると心得べし。

昨日、思いがけず、親しい友人の訃報に接しました。不思議な魅力の持主で、「わしが店に入ると、わしに吸い寄せられて客が入ってくる」のだそうです。同室の得度仲間でもありました。我が家では「いっちゃん」と呼んでいました。享年七十六。「倶会一処《くえいっしょ》」を想います。

二〇一六年十二月二十八日夜　岸田緑渓

恐山・極楽浜

参考文献（本書で言及した論文・著書に限る）

赤田光男『祖霊信仰と他界観』（一九八六年　人文書院）
浅野日出男・狩野充徳・福井芳夫・山崎誠「『空也誄』校勘並びに訳注」（『山陽女子短期大学研究紀要』14号、一九八八年）
石井義長『空也上人の研究―その行業と思想』（二〇〇二年　法蔵館）
『阿弥陀聖　空也』（二〇〇三年　講談社選書メチエ）
石田瑞麿「『往生要集』の思想史的意義」（『源信』日本思想大系6）（一九七〇年　岩波書店）
石村善右『仙厓百話』（二〇〇七年　石風社）
泉浩洋「密教における弥陀思想」（『阿弥陀信仰』民衆宗教史叢書　第十一巻）（一九八四年　雄山閣出版）
伊藤真徹『日本浄土教文化史研究』（一九七五年　隆文館）
伊東宏「愛知県の葬送・墓制」（『南中部の葬送・墓制』）（一九七九年　明玄書房）
稲葉秀賢「往生要集と往生拾因の念仏」（『源信』日本名僧論集　第四巻）（一九八三年　吉川弘文館）
稲村榮一『訓注　明月記』（第2巻）（二〇〇二年　松江今井書店）
井上光貞『日本浄土教成立史の研究』（一九五六年　山川出版社）
井上光貞・大曾根章介〔校注〕『往生傳　法華驗記』（日本思想大系7）（一九七四年　岩波書店）

井之口章次　『日本の葬式』（一九七七年　筑摩叢書２４０）
伊波普猷　「南島古代の葬制」（『葬送墓制研究集成』第一巻）（一九七九年　名著出版）
井原今朝男　『史実　中世仏教』第1巻（二〇一一年　興山舎）、第2巻（二〇一三年　興山舎）
今堀太逸　「法然の老病と臨終の絵解き―東国布教と女性―」（『念仏の聖者　法然』）（二〇〇四年　吉川弘文館）
岩脇紳　「『殯』（モガリ）」（『葬送墓制研究集成』第二巻）（一九七九年　名著出版）
宇津純　「元三大師とおみくじ」（『俗信と仏教』仏教民俗学大系８）（一九九二年　名著出版）
内田賢作　「埼玉県の葬送・墓制」（『関東の葬送・墓制』）（一九七九年　明玄書房）
恵原義盛　「奄美の葬送・墓制」（『沖縄・奄美の葬送・墓制』）（一九七九年　明玄書房）
遠藤一　『戦国期真宗の歴史像』（一九九一年　永田文昌堂）
大橋俊雄　『時宗の成立と展開』（一九七三年　吉川弘文館）
大林太良　『葬制の起源』（一九六五年　角川新書）
大橋俊雄　『法然上人伝』（下、法然全集別巻２）（一九九四年　春秋社）
『一遍』（人物叢書新装版）（一九八八年　吉川弘文館）
大間知篤三　「御通夜について」（『葬送墓制研究集成』第二巻）（一九七九年　名著出版）
小笠原宣秀　「道綽・善導」（『現代語訳　親鸞全集』第九集）（一九七五年　講談社）
小倉博　「千葉県の葬送・墓制」（『関東の葬送・墓制』）（一九七九年　明玄書房）
小原仁　「勧学会と二十五三昧会」（『源信』日本名僧論集、第四巻）（一九八三年　吉川弘文館）
朧谷寿　『平安王朝の葬送―死・入棺・埋骨―』（二〇一六年　思文閣出版）
折口信夫　「大嘗祭の本義」（『折口信夫全集』第三巻、中公文庫）（一九七五年　中央公論社）

梶村昇『熊谷直実―法然上人をめぐる関東武者（1）』（一九九一年　東方出版）
粕谷隆宣「光明真言信仰」（『初期密教　思想・信仰・文化』）（二〇一三年　春秋社）
勝田至『死者たちの中世』（二〇〇三年　吉川弘文館）
　『日本中世の墓と葬送』（二〇〇六年　吉川弘文館）
蒲池勢至「真宗の葬送儀礼」（『講座　蓮如』第三巻）（一九九七年　平凡社）
神居文彰・田宮仁・長谷川匡俊・藤腹明子『臨終行儀―日本的ターミナル・ケアの原点―』（一九九三年
　渓水社）
菊地大樹『鎌倉仏教への道　実践と修学・信心の系譜』（二〇一一年　講談社）
菊地勇次郎『浄土信仰の展開』（二〇一四年　勉誠出版）
岸田緑渓『日本の葬送儀礼―起源と民俗―』（二〇一二年　湘南社）
　『親鸞と葬送民俗』（二〇一三年　湘南社）
　『もうひとつの親鸞伝―伝絵・絵伝を読み解く―』（二〇一五年　湘南社）
木村博「『安楽死』をめぐる民俗」（『葬送墓制研究集成』第二巻）（一九七九年　名著出版）
久下陞「良忠上人における臨終行儀の相承」（『源智・弁長・良忠　三上人研究』（三上人御遠忌記念出版會〔編〕）
　（一九八七年　同朋舎）
日下無倫『總説親鸞傳繪』（一九五八年　史籍刊行會）
黒田彰「中世文学から見た法然上人」（『念仏の聖者　法然』）（二〇〇四年　吉川弘文館）
国立歴史民俗博物館編『国立歴史民俗博物館資料調査報告書』（死・葬送・墓制資料集成）（9　東日本編2
　一九九九年・10　西日本編2　二〇〇〇年）

小西輝夫『精神医学からみた日本の高僧』（一九八一年　牧野出版）
小林理恵「平安期の葬送と喪葬令」（『古代文化』第66巻第3号　二〇一四年）
小松茂美〔編集・解説〕『融通念仏縁起』（『続日本の絵巻』21）（一九九二年　中央公論社）
小山聡子『親鸞の信仰と呪術―病気治療と臨終行儀―』（二〇一三年　吉川弘文館）
五来重『五来重著作集』第一巻（二〇〇七年）、第二巻（二〇〇七年）、第三巻（二〇〇八年）、第五巻（二〇〇八年）、第九巻（二〇〇九年）、第十一巻（二〇〇九年）、第十二巻（二〇〇九年）（法藏館）
斎藤忠『東アジア葬・墓制の研究』（一九八七年　第一書房）
斎藤雅恵『密教における臨終行儀の展開』（二〇〇八年　ノンブル社）
佐伯有清『円仁』（人物叢書新装版）（一九八九年　吉川弘文館）
酒井卯作『琉球列島における死霊祭祀の構造』（一九八七年　第一書房）
坂本要「『念仏＝呪術論争』再考」（『俗信と仏教』仏教民俗学大系8）（一九九二年　名著出版）
坂本正夫「高知県の葬送・墓制」『四国の葬送・墓制』（一九七九年　明玄書房）
佐々木孝正「葬制資料としての往生伝―宗教者の葬法を中心として―」（『仏教民俗史の研究』）（一九八七年　名著出版）
「本願寺の葬制」（『仏教民俗史の研究』）（一九八七年　名著出版）
佐藤哲英・横田兼章「良忍上人伝の研究」（融通念仏宗教学研究所編『良忍上人の研究』）（一九八一年　百華苑）
笹田教彰「『臨終行儀』の思想史的一考察」（香川孝雄先生　古稀記念会〔編〕『佛教学浄土学研究』）（二〇〇一年　永田文昌堂）
重松明久『日本浄土教成立過程の研究』（一九六四年　平楽寺書店）

新谷尚紀『覚如』（人物叢書新装版）（一九八七年　吉川弘文館）
「覚如と親鸞聖人伝絵」（『真宗重宝聚英』第五巻）（一九八九年　同朋舎出版）
『日本人の葬儀』（一九九二年　紀伊國屋書店）
「火葬と土葬」（『民衆生活の日本史・火』）（一九九六年　思文閣出版）
新村拓『死と病と看護の社会史』（一九八九年　法政大学出版局）
水藤真『中世の葬送・墓制―石塔を造立すること―』（一九九一年　吉川弘文館）
末木文美士「法然の『選択本願念仏集』撰述とその背景」（『念仏の聖者　法然』）（二〇〇四年　吉川弘文館）
『鎌倉仏教形成論』（一九九八年　法蔵館）
鈴木重光「各地の葬禮　神奈川縣津久井郡地方」（『旅と伝説』誕生と葬禮號）（一九三三年　三元社）
関口忠男「『日本往生極楽記』の浄土往生思想をめぐって―平安時代浄土往生思想の一考察―」（『阿弥陀信仰』民衆宗教史叢書　第十一巻）（一九八四年　雄山閣出版）
曽根宣雄『法然浄土教と臨終行儀』（『佛教論叢』49号　二〇〇五年）
高取正男「本来的な世俗的宗教」（『民衆史の遺産』第一一巻）（二〇一七年　大和書房）
高橋修『熊谷直実　中世武士の生き方』（二〇一四年　吉川弘文館）
武田明『祖谷山民俗誌』（一九五五年　古今書院）
田中久夫「玉殿考―殯宮研究の前提として―」（『葬送墓制研究集成』第二巻）（一九七九年　名著出版）
「平安時代の貴族の葬制―特に十一世紀を中心として―」『葬送墓制研究集成』第五巻）（一九七九年　名著出版）
『生死の民俗と怨霊』（二〇一四年　岩田書院）

谷山俊英『中世往生伝の形成と法然浄土教団』（二〇一二年　勉誠出版）
玉腰芳夫『古代日本のすまい』（一九八〇年　ナカニシヤ出版）
田村圓澄『法然上人傳の研究』（一九七二年　法藏館）
『法然』（人物叢書新装版）（一九八八年　吉川弘文館）
『飛鳥・白鳳仏教史』（二〇一〇年　吉川弘文館）
玉山成元「良忠上人著『看病用心鈔』について」（良忠上人研究会編『良忠上人研究』）（一九八六年　大本山光明寺）
太郎良裕子「清めの作法―明治から平成へ―」（『葬儀と墓の現在―民俗の変容―』）（二〇〇二年　吉川弘文館）
塚本善隆「鎌倉新仏教の創始者とその批判者」（『法然』中公バックス　日本の名著　5）（一九八三年　中央公論社）
辻善之助『日本佛教史』（第一巻　上世篇）（一九四四年　岩波書店）
土井卓治『石塔の民俗』（一九七二年　岩崎美術社）
「葬りの源流」（『太陽と月』日本民俗文化大系第二巻）（一九八三年　小学館）
内藤章『親鸞　越後の風景』（二〇一一年　考古堂書店）
中井真孝「法然伝の系譜」（『念仏の聖者　法然』）（二〇〇四年　吉川弘文館）
中澤見明『史上之親鸞』（一九八三年　法藏館複刊）
中嶌容子「解題」（『明義進行集　影印・翻刻』大谷大学文学史研究会〔編〕）（二〇〇一年　法藏館）
中路孝信「親鸞聖人の伝承―『親鸞聖人御臨末の御書』についての一考察―」（『眞宗研究』四七輯、二〇〇三年）
中山徳太郎「各地の葬禮　佐渡島河原田町」（『旅と伝説』誕生と葬禮號）（一九三三年　三元社）

奈良弘元『初期叡山浄土教の研究』（二〇〇二年　春秋社）
西口順子「浄土願生者の苦悩―往生伝における奇瑞と夢告―」（『阿弥陀信仰』民衆宗教史叢書　第十一巻）（一九八四年　雄山閣出版）
「火・煙・灰―神仏の霊力をめぐって―」（『民衆生活の日本史・火』）（一九九六年　思文閣出版）
西澤明「原始社会の葬送と墓制　1縄文人と死、そして墓」（『日本葬制史』）（二〇一二年　吉川弘文館）
野間吉夫『シマの生活誌』（『南島の村落』日本民俗文化資料集成　第九巻）（一九八九年　三一書房）
箱山貴太郎「長野県の葬送・墓制」（『南中部の葬送・墓制』）（一九七九年　明玄書房）
服部英淳「善導大師の行儀分とその註書　解説」（『浄土宗全書』第四巻）（一九七〇年　山喜房佛書林）
林幹弥〔訳（『横川首楞厳院二十五三昧起請』以下）〕『源信』（中公バックス　日本の名著　4）（一九八三年　中央公論社）
速水侑「光明真言と初期浄土教」（『日本における社会と宗教』）（一九六九年　吉川弘文館）
「楞厳院廿五三昧結集過去帳」（『書陵部紀要』第三十七号　一九八六年）
『呪術宗教の世界―密教修法の歴史―』（一九八七年　塙書房）
「源信伝の諸問題」（『東アジアと日本　宗教・文学編』田村圓澄先生古稀記念会編）（一九八七年　吉川弘文館）
『源信』（人物叢書新装版）（一九八八年　吉川弘文館）
『地獄と極楽　『往生要集』と貴族社会』（一九九八年　吉川弘文館）
平林盛得『良源』（人物叢書新装版）（一九八七年　吉川弘文館）
『聖と説話の史的研究』（一九八一年　吉川弘文館）

『慶滋保胤と浄土思想』（二〇〇一年　吉川弘文館）
平松令三「解題」（『真宗史料集成』第七巻）（一九七五年　同朋舎）
『聖典セミナー「親鸞聖人絵伝」』（一九九七年　本願寺出版社）
『真宗史論攷』（一九八八年　同朋舎出版）
『親鸞』（一九九八年　吉川弘文館）
『親鸞の生涯と思想』（二〇〇五年　吉川弘文館）
堀一郎『我が國民間信仰史の研究』（二）（一九五三年　東京創元社）
「民間信仰に於ける鎭送呪術について」（『民俗學研究』第三輯　一九五二年）
堀大慈「二十五三昧会と霊山院釈迦講—源信における講運動の意義—」（『源信』日本名僧論集　第四巻）
（一九八三年　吉川弘文館）
堀哲「三重県の葬送・墓制」（『近畿の葬送・墓制』）（一九七九年　明玄書房）
本願寺史料研究所『増補改訂　本願寺史』（第一巻）（二〇一〇年　本願寺出版社）
増田美子『日本喪服史　古代篇—葬送儀礼と装い—』（二〇〇二年　源流社）
松野純孝『親鸞—その生涯と思想の展開過程』（一九五九年　三省堂）
松本保千代「和歌山県の葬送・墓制」（『近畿の葬送・墓制』）（一九七九年　明玄書房）
松村博司「栄花物語と往生要集—栄花物語雑記—」（『源信』日本名僧論集　第四巻）（一九八三年　吉川弘文館）
「往生要集と栄花物語の道長臨終記事」（『源信』日本思想大系6　月報5）（一九七〇年　岩波書店）
光森正士「親鸞聖人の遷化をめぐって」（『仏教美術の研究』）（一九九九年　自照社出版）
三宅酒壺洞〔編〕『仙厓語録』（一九七九年　文献出版）

宮崎円遵「「いまこせん」のはゝ私見」(『宮崎圓遵著作集』第一巻)(一九八六年　永田文昌堂)
「最須敬重絵の指図書」(『宮崎圓遵著作集』第六巻)(一九八八年　永田文昌堂)
柳田國男『葬送習俗語彙』(一九三七年　民間傳承の會)
柳田國男(酒井卯作〈編〉)『南島旅行見聞記』(二〇〇九年　森話社)
山田邦和「原始社会の葬送と墓制　③古墳時代」(『日本葬制史』)(二〇一二年　吉川弘文館)
山田風太郎『人間臨終図巻』(下)(二〇一四年　角川書店)
山田文昭『真宗史稿』(一九六八年　法蔵館複刊)
和歌森太郎「大化前代の喪葬制について」(『古代史研究』第4集〈古墳とその時代〉第2)(一九五八年　朝倉書店)
和田萃『日本古代の儀礼と祭祀・信仰』(上)(一九九五年　塙書房)
渡邊昭五「教信上人掛幅絵伝(難行図・易行図)の絵解き―加古川教信寺の絵解き―」(『宗祖高僧絵伝(絵解き)集』伝承文学資料集成15)(一九九六年　三弥井書店)

図版引用文献

小松茂美(編)『法然上人絵伝』(続日本の絵巻1〜3)(一九九〇年　中央公論社)
『融通念仏縁起』(続日本の絵巻21)(一九九二年　中央公論社)
『一遍上人絵伝』(日本絵巻大成　別巻)(一九七八年　中央公論社)
『餓鬼草紙　地獄草紙　病草紙　九相詩絵巻』(一九七七年　中央公論社)

信仰の造形的表現研究委員会〔代表〕千葉乗隆〔編〕『真宗重宝聚英』全十巻（一九八七～一九八九年　同朋舎出版）
中井真孝（編）『本朝祖師伝記絵詞（善導寺本）』（二〇〇八年　浄土宗）
沙門法龍『恵心僧都絵詞伝』（慶応二年刊版）（一九八九年　隆文館）
塚本善隆（責任編集）『法然』（中公バックス　日本の名著　5）（一九八三年　中央公論社）
加古川総合文化センター（編・発行）『特別展　信仰の美術～東播磨の聖たち～』（一九九六年　加古川総合文化センター博物館図録No. 12）

●著者プロフィール
岸田 緑渓（きしだ りょくけい）

昭和 20 年　島根県生まれ。
元セント・アンドルーズ大学客員研究員。
現在、浄土真宗本願寺派僧侶。
現住所　〒 177-0033　東京都練馬区高野台 5-9-4
電話　03-3996-8525

●カバー・表紙写真／多久田 均

『臨終行儀の歴史―高僧往生伝―』

発　行　2017 年 10 月 5 日　第一版発行
著　者　岸田緑渓
発行者　田中康俊
発行所　株式会社 湘南社　http://shonansya.com
神奈川県藤沢市片瀬海岸 3-24-10-108
TEL　0466-26-0068
発売所　株式会社 星雲社
東京都文京区水道 1-3-30
TEL　03-3868-3275
印刷所　モリモト印刷株式会社

ISBN978-4-434-23810-9　　C0015

岸田緑渓著

親鸞と葬送民俗

浄土真宗における習合の問題に迫る

宗祖親鸞への求心力と固有民俗に向かう遠心力が浄土真宗の葬送・墓制民俗を形成してきました。豊富な民俗例によって、真宗における習合の問題が明らかにされます。

ISBN978-4-434-18292-1 ● 四六判 374 頁 ● 2800 円 + 税

湘南社

岸田緑渓著

奥津軽の冥界紀行

―お坊さんがあなたをミステリーの世界へ 第一弾―

葬送に関する風習に惹きつけられている研究者のもとに秘境に孤立している墓跡を見つけたとの連絡が入り……。民俗学・宗教学を背景として、山奥の庵を中心にミステリーの世界がひろがります。

ISBN978-4-434-18397-3 ● 四六判 288 頁 ● 1500 円 + 税

湘南社